EL HOMBRE ETERNO

EL HOMBRE ETERNO

G. K. CHESTERTON

© Este libro fue publicado por
Ignatius Press
San Francisco (USA) 1993

Título original:
THE EVERLASTING MAN

Lo tradujo al español
MARIO RUIZ FERNÁNDEZ

Primera edición: junio 2004
1.ª reimpresión: julio 2005
2.ª reimpresión: diciembre 2006
3.ª reimpresión: diciembre 2006
Segunda edición: mayo 2007
12.ª reimpresión: septiembre 2017

Prólogo
JUAN MANUEL DE PRADA

© EDICIONES CRISTIANDAD, S. A.
Madrid 2017

ISBN: 978-84-7057-502-0
Depósito legal: M. 6.107-2011

Printed in Spain

CONTENIDO

Prólogo 9

Nota preliminar 15

Introducción 17

Parte I
LA CRIATURA LLAMADA HOMBRE

I. El hombre de la caverna 33
II. Hombres de ciencia y hombres prehistóricos 55
III. Antigüedad de la civilización 77
IV. Dios y religiones 111
V. Hombres y mitologías 135
VI. Demonios y filósofos 155
VII. La guerra entre los dioses y los demonios 181
VIII. El fin del mundo 201

Parte II
EL HOMBRE LLAMADO CRISTO

I. El dios de la cueva 221
II. Los enigmas del Evangelio 243
III. La historia más extraña del mundo 259
IV. El testimonio de los herejes 279
V. La huida del paganismo 301
VI. Las cinco muertes de la fe 323

Conclusión 339

Apéndice I: Respecto al hombre prehistórico 351

Apéndice II: Respecto a la autoría y la precisión 353

PRÓLOGO

En algún pasaje de su suculenta *Autobiografía*, Chesterton nos confiesa que su acercamiento a la Iglesia católica fue primeramente una expresión de curiosidad. La execración de la Iglesia se había convertido en el pasatiempo predilecto de los intelectuales de su época; tanta unanimidad en el vituperio acabó provocando en su temperamento inquisitivo un movimiento de rechazo. Una institución humana que concitaba tan ardorosos ataques y, sin embargo, lograba revestirlos debía, sin duda, estar animada por un fuego divino. Chesterton se preocupó de indagar la naturaleza de tales ataques, descubriendo en todos ellos un fondo de enconada falsedad; también descubrió —al principio con perplejidad, luego con rendido entusiasmo— que en la naturaleza íntima de la Iglesia latía un meollo de Verdad que en el transcurso de los siglos no había logrado agostar, un meollo de Belleza antigua y eternamente renovada que acabaría subyugándolo. Chesterton descubre que la única herejía que su época no admite es la ortodoxia; descubre que el catolicismo es la única religión que nos libera de la «degradante esclavitud de ser hijos de nuestro tiempo», esto es, de sus modas perecederas y de su tumulto de banalidades y tópicos enquistados.

Y esa curiosidad hacia lo que sus contemporáneos denigraban sumariamente, incapaces de taladrar la mugre de los prejuicios, acabaría convirtiéndose en un deslumbramiento. Los hombres de su tiempo coincidían en caracterizar la Iglesia como una suerte de cárcel del intelecto; Chesterton no tardaría en comprobar que, más bien al contrario, era un ameno prado donde la libertad del hombre podía retozar a su gusto con alborozo casi infantil. Así, lo que había empezado siendo una suerte de desplante o insumisión ante el pensamiento dominante de su época acabaría convirtiéndose en una jubilosa expedición en pos de la Verdad. Y la crónica de esa expedición, narrada en un puñado de libros que concilian la intención apologética con el esplendor verbal y los primores del ingenio y la paradoja, conforma uno de los edificios más imperecederos de la literatura del siglo XX.

Este libro que ahora acometes, querido lector, quizá sea el pináculo que remata tan hermoso edificio; pero es, al mismo tiempo, el basamento en que se funda su robusta piedra angular. En Chesterton, la gracia de la expresión nunca se alcanza en detrimento de la hondura del pensamiento: ambas forman una aleación que hace de su escritura un festín de la inteligencia y una exultante experiencia estética. En Chesterton descubrimos, en fin, que Belleza y Verdad constituyen una amalgama indisociable; y alcanzar esa íntima comunión, que es la exigencia máxima del artista, es también la exigencia máxima del católico. *El hombre eterno*, publicado originariamente en 1925, nace de la vocación polemista que incendió los días de Chesterton. Unos pocos años antes, Herbert George Wells había entregado a las imprentas un muy voluminoso ensayo titulado *Esquema de la Historia (The Outline of History)*, que, como casi todos los suyos, obtuvo un éxito instantáneo y multitudinario. En ese ensayo, Wells considera al hombre un resultado casi aleatorio de la evolución; al reparar en la figura de Jesús, Wells lo caracteriza como una criatura mortal, sin duda determinante para el destino posterior de la Humanidad, como en otras épocas lo serían Mahoma o Buda, fundadores de religiones que se habrían limitado a dar forma a un impulso humano que, para Wells, es quimérico y prescindible. Las tesis materialistas de Wells ya habían sido combatidas en la prensa por escritores católicos de la talla de Bellos; pero sería Chesterton quien se encargaría de elaborar una refutación en toda regla, proponiendo su propio «bosquejo de la Historia» en un libro que, rehuyendo las erudiciones de enciclopedia o almanaque que lastraban el mamotreto de Wells, fundaba su argumentación sobre dos tesis subversivas para la época (en realidad, subversivas para cualquier época, de ahí la eterna novedad del cristianismo): la unicidad de la criatura llamada hombre y la unicidad del hombre llamado Jesús.

Como suele ocurrir en Chesterton, su capacidad persuasiva disuelve sofismas y especulaciones con una fuerza irradiadora fundada en el sentido común. En su narración de los acontecimientos que jalonan la existencia del hombre sobre la tierra, Wells había actuado como un novelista a quien desagrada el protagonismo de su relato y no llega a penetrar su naturaleza más íntima. El hombre, según Chesterton, no es el fruto de una evolución, sino de una revolución; y para mejor explicar este aserto, nos lleva de la mano al interior de las cavernas que habitaron nuestros antepasados. Lo que encontramos en dichas cavernas —unas pinturas rupestres realizadas no sólo por la mano del hombre, sino por la mano de un verdadero artista— rebate esas hipótesis evolucionistas que lo enmarañan y complican todo para que no podamos comprender la verdad, la sencilla y escueta verdad. Aunque hubiésemos sido adoctrinados en las más ortodoxas teorías evolutivas, llegaríamos a la conclusión de que esas mismas pinturas nunca las habría podido concebir ni realizar un animal. Podríamos fatigar el entero atlas, pero jamás encontraríamos una línea trazada con intención artística por la garra de un animal. Resulta chocante que los hombres de las cavernas, tan alejados de nosotros en el tiempo, sean al mismo tiempo tan cercans a nosotros; y que bestias tan cercanas a nosotros en el tiempo, como el chimpancé o el gorila, sean a su vez tan lejanas. El arte es la firma del hombre, el rasgo exclusivo de su personalidad.

El hombre —sostiene Chesterton— no puede ser considerado sino como una criatura absolutamente independiente y singular respecto a las demás criaturas. La señal más evidente de su misteriosa singularidad, la prueba de que no es el producto de un mero *continuo* evolutivo, es el impulso artístico.

El hombre es único y diferente del resto de animales porque es creador además de criatura. La inteligencia humana no existía; y de pronto comenzó a existir. Y, ligado a la irrupción de la inteligencia humana, Chesterton sitúa el reconocimiento del misterio: el hombre que se sabe singular respecto a las demás criaturas se sabe también depositario de un don divino, se sabe elegido por Dios. Con el tiempo, llegará a perder el sentido de esa singularidad, llegará a extraviar su innato sentido religioso, hasta que en la historia humana irrumpe Dios mismo: las manos que habían modelado el mundo se convierten en las manos desvalidas de un niño que asoma a la vida. De nuevo, el milagro acontece en una cueva; pero esta vez quien nos invoca desde el interior de esa cueva ya no es un mero hombre, ni siquiera un hombre excepcional. Una lectura puramente «racional» de los Evangelios nos desvela que Cristo era alguien que odiaba el exhibicionismo; nada le repugnaba tanto como hacer alarde de sus dotes sobrehumanas. Cuando se ve en la tesitura de demostrar su capacidad para obrar milagros, siempre se muestra reticente. Recordemos, por ejemplo, el pasaje de las bodas de Caná: cuando su Madre le solicita una intervención, Jesús trata de escaquearse: «Aún no ha llegado mi hora», responde, antes de ceder a la insistencia materna. Más tarde, una vez iniciada su vida pública, comprobaremos que su aversión al exhibicionismo se mantiene incólume; son con frecuencia sus discípulos o seguidores quienes, después de muchos requerimientos, logran torcer su resistencia a curar enfermos, a devolver muertos a la vida o, en general, a obrar maravillas. Diríase que le molestara aparecer ante los hombres como un mero «hacedor de milagros». De hecho, el más portentoso de todos ellos, el de su propia Resurrección, decide culminarlo en secreto, y desvelárselo a unos pocos elegidos. Esta repugnancia al exhibicionismo revela, desde luego, al hombre de distinción intelectual. Sin embargo, ese mismo hombre que esconde o sólo utiliza a regañadientes sus facultades milagrosas no tiene rebozo en repetir una y otra vez, sin circunloquios ni eufemismos, que es el Hijo de Dios. Incluso cuando sabe que esta declaración puede costarle la vida vuelve a formularla sin que le tiemble la voz. ¿Cómo puede explicarse esta contradicción? Cuanto mayor es la grandeza de un hombre, mayor es también su repugnancia a los alardes. Ningún gran hombre se atrevería a proclamarse Hijo de Dios; sólo los hombres ínfimos y los energúmenos pueden incurrir en semejante rapto de vanidad. No podríamos imaginar a Sócrates afirmando que es Hijo de Dios. Por el contrario, no nos sorprendería que cualquier venado se atreviera a postularse como tal; los manicomios, de hecho, siempre han estado abarrotados de opositores a la divinidad. Sócrates, en medio de una vasta sabiduría, sólo sabía que no sabía nada; en cambio, un tarado como Calígula no tenía empacho en investirse de una naturaleza divina, y aun de hacerla extensiva a su caballo. Ni siquiera sus más furibundos detractores se atreverían a afirmar que el hombre que pronunció el Sermón de la Montaña, el hombre que acuñó las más perdurables y hermosas parábolas fuera un demente al estilo de Calígula. Entonces, ¿cómo explicar el desparpajo con el que se proclama repetidamente Hijo de Dios? Sólo un loco se atrevería a tanto. Pero Jesús, que a la vez que se proclama Hijo de Dios no procura tantas muestras de un juicio y discreción supremos, no puede tratarse de un loco. ¿No será, pues, que es algo más, mucho más, que un mero hombre?

Las delicadezas del pensamiento chestertoniano alcanzan en *El hombre eterno* su expresión más acendrada. Mientras avanzamos en su lectura descubrimos que la historia de la humanidad es en realidad una epopeya de salvación en la que Dios y el hombre caminan juntos de la mano sobre un jardín recién estrenado, como en el primer día de la Creación. *El hombre eterno* es, desde luego, una obra maestra de la literatura, pero también algo mucho más vertiginoso: es la gracia divina hecha escritura, transmutada en frases gozosas, de una belleza y un ardor intelectuales tales que quienes las leen tienen la sensación de haber sido bautizados de nuevo. Esta es la honda impresión que su lectura dejó en C. S. Lewis, quien algún tiempo después reconocería en *Cautivado por la alegría* que este libro fue la levadura de su conversión: «Entonces leí *El hombre eterno* de Chesterton, y por primera vez me fue deparado contemplar un completo bosquejo cristiano de la historia, expuesto de tal modo que me resultaba pleno de sentido… Ya entonces pensaba que Chesterton era el hombre más razonable de su tiempo, "aparte de su cristianismo". Ahora que verdaderamente creo pienso que el cristianismo en sí es muy razonable». Ojalá, querido lector, después de paladear cada razonamiento, cada fulguración de la inteligencia que alberga ese libro irrepetible puedas hacer tuyas las palabras de Lewis, puedas sentirte partícipe de la hermosa epopeya —eterna y siempre renovada— que Chesterton aquí nos narra con palabras imperecederas.

JUAN MANUEL DE PRADA

Madrid, mayo de 2007

NOTA PRELIMINAR

Antes de dar inicio a este libro me gustaría aclarar algunos aspectos para evitar malentendidos. Al tratar los temas, lo hago desde un punto de vista histórico más que teológico y no se ha de buscar ninguna relación con el cambio religioso que tan profundamente marcó mi existencia, sobre el que espero escribir un volumen de carácter más controvertido. Creo sinceramente que resulta imposible para cualquier católico escribir un libro sobre una determinada materia, en especial la que nos ocupa, sin manifestar su condición de católico. Pero no pretendo con esta obra establecer diferencias entre católicos y protestantes. Me dirijo, en buena parte, a toda la variedad de paganos existente más que a un sector concreto de cristianos. Intentaré demostrar que aquéllos que ponen a Cristo al mismo nivel que los mitos, y su religión al mismo nivel que otras religiones, no hacen otra cosa que repetir una fórmula anticuada, contradicha por un hecho sorprendente. No ha sido necesario para ello salirme del ámbito de la cultura general y acudir al saber científico, aunque en algunas cuestiones, por imposición de la moda, tendré que recurrir a él. Y, puesto que he mantenido frecuentes diferencias con H. G. Wells respecto a su manera de enfocar la historia, me parece justo felicitarle ahora por el coraje y derroche de imaginación desplegados a lo largo de su obra, tan abundante, variada y profundamente interesante. Y más aún por defender el razonable derecho del *amateur* a hacer lo que buenamente pueda con los hechos que le proporcionan los especialistas.

INTRODUCCIÓN

Hay dos formas de llegar a un lugar. La primera de ellas consiste en no salir nunca del mismo. La segunda, en dar la vuelta al mundo hasta volver al punto de partida. En cierta ocasión intenté plasmar dicho itinerario por escrito. Ahora, sin embargo, abandonaré aquel tema para abordar otra historia que nunca escribí. Un relato que, como todos los que nunca escribí, será sin duda el mejor que jamás haya escrito. Pero es tan probable que nunca lo escriba, que lo utilizaré aquí de modo simbólico, ya que constituye un símbolo de la misma verdad. El relato, tal como lo concebí, tendría lugar en un valle rodeado de amplias laderas, como las que sirven de fondo a los antiguos *Caballos Blancos* de Wessex[1]. Cierto muchacho, cuya granja se encontraba en una de las vertientes, decidió viajar un día en busca de la figura o los restos de algún gigante. Y, cuando se hallaba a cierta distancia, volvió la mirada atrás y descubrió que su propia granja y jardín, que brillaban sobre la colina como los cuarteles y colores de un escudo, formaban parte de una especie de figura gigantesca; un lugar en el que había vivido siempre y que había pasado desapercibido a su mirada debido a su cercanía y a la enormidad de sus dimensiones. En esta imagen creo que queda fielmente reflejado el progreso de toda inteligencia verdaderamente independiente hoy en día, y en ella reside el núcleo de este libro.

En otras palabras, trataré de demostrar que la mejor perspectiva para un hombre que forma parte del cristianismo, es

---

[1] Caballos blancos grabados en la caliza. En algunas zonas de Inglaterra es frecuente encontrar figuras de caballos y de otro tipo, aprovechando la superficie caliza del terreno.

la de hallarse precisamente fuera de él. Y resulta curioso que los críticos más habituales del cristianismo no se encuentren precisamente fuera de él. Su situación es francamente controvertida, en todos los sentidos de la palabra. Son dudosos en sus mismas dudas. Su crítica adopta un tono inquisitorial, con la carencia de oportunidad y falta de luces que caracterizan al impertinente, creando de esta forma tópicos generales y anticlericales que acaban convertidos en sal para todos los platos. Se quejarán de que los sacerdotes se vistan como tales, como si la gente fuera más libre si toda la policía vistiera de paisano. Se molestarán porque un sermón no se pueda interrumpir, calificando el púlpito de reducto de cobardes, pero no se atreverán a emplear el mismo calificativo para referirse al despacho de un redactor editorial. Tan injusto es emplear dicho calificativo para los periodistas como para los sacerdotes, pero en honor a la verdad sería más propio aplicarlo a los primeros. El clérigo se muestra en persona y se le podría abroncar fácilmente en cuanto saliera de la iglesia. El periodista, en cambio, oculta incluso su nombre de forma que nadie lo puede censurar. Los periodistas escriben cartas y artículos tediosos e insustanciales comentando por qué las iglesias se encuentran vacías. Pero ni siquiera se dignan comprobar si realmente lo están o cuáles se ajustan a sus críticas. Sus matizaciones son más insulsas y hueras que las del más insípido clérigo de una obra teatral en tres actos, por lo que cualquiera se sentiría inclinado a confortarles con las palabras que utiliza el clérigo de las *Bab Ballads*[2]: «No tienes la cabeza tan vacía como la de Hopley Porter». De la misma manera podríamos decir al clérigo más humilde: «No tienes la cabeza tan hueca como la del ciudadano medio, el pensador "políticamente correcto" o la de cualquiera de tus críticos en los periódicos, pues ellos mismos no tienen ni la más remota idea de lo que buscan, y

---

[2] Poesías humorísticas obra de W. S. Gilbert, dramaturgo y libretista inglés (1836-1911).

mucho menos de lo que tú puedes ofrecerles». En cualquier momento, se revolverán y acusarán a la Iglesia de no haber impedido la guerra, cosa que ni ellos mismos intentaron impedir, ni nadie en ningún momento se declaró capaz de impedir, a no ser algunos integrantes de aquella misma escuela de escépticos cosmopolitas y progresistas que son los principales enemigos de la Iglesia. Este mundo anticlerical y agnóstico era el que andaba siempre profetizando el advenimiento de la paz universal. El mismo mundo que se avergonzó o debería haberse avergonzado y afligido ante el advenimiento de la guerra universal. En cuanto a la opinión general de que la Iglesia se vio desacreditada por la guerra, podrían decir también que el Arca de Noé se desacreditó por el Diluvio. Cuando el mundo se equivoca, prueba más bien que la Iglesia tiene razón.

La Iglesia se ve justificada, no por el hecho de que sus hijos no pequen, sino precisamente porque lo hacen. Pero la actitud de aquéllos frente a la tradición religiosa es de permanente animadversión. El muchacho que vive en las tierras de su padre o se aleja de ellas lo suficiente para verlas en conjunto ve las cosas con claridad. Pero estas personas se encuentran en un lugar intermedio, ocultas en un valle desde el que no aciertan a distinguir las cumbres que tienen por delante ni las que se encuentran a su espalda. Se encuentran atrapados en la penumbra de la controversia cristiana. No pueden ser cristianos y no pueden dejar de ser anticristianos. El único aire que respiran es un aire de rebeldía, de obstinación, de crítica mezquina. Viven todavía a la sombra de la fe y han perdido su luz.

La cercanía de nuestro hogar espiritual es la mejor condición para amarlo. Después de ésta, la posición más saludable es estar lo suficientemente lejos como para no odiarlo. En estas páginas pretendo demostrar que mientras que el mejor juez del cristianismo es un cristiano, el siguiente mejor juez sería algo más parecido a un seguidor de Confucio. El peor juez de todos es el hombre que hoy día está más dispuesto a juzgar: el cristiano escasamente formado, que gradualmente se convierte en agnóstico agresivo, para terminar en una animadversión de la que nunca entendió el principio; frustrado por una especie de heredado aburrimiento hacia no se sabe qué, y cansado ya de oír lo que nunca ha escuchado. No juzga el cristianismo serenamente, como lo haría un seguidor de Confucio, no lo juzga como lo haría el confucionismo. No es capaz, con un esfuerzo de imaginación, de situar a la Iglesia Católica a miles de kilómetros en el lejano horizonte y juzgarla con tanta imparcialidad como se juzga una pagoda china. El gran san Francisco Javier, que estuvo a punto de lograr que la Iglesia emergiera en aquel lugar como una torre singular sobre las pagodas, vio parcialmente truncado su propósito ante la crítica de otros misioneros, que acusaron a sus seguidores de representar a los Doce Apóstoles con rasgos o vestiduras orientales. Pero más vale imaginarlos así y considerarlos como tales que contemplarlos como ídolos sin vida, simples objetos expuestos a la violenta crítica de los iconoclastas o blanco perfecto para entretenimiento de adolescentes ociosos[3]. Lo mejor sería verlo todo bajo el prisma de un antiguo culto asiático: las mitras de los obispos como los tocados que ornan las cabezas de unos misteriosos bonzos; los báculos episcopales como los bastones en forma de serpiente utilizados en algunas procesiones asiáticas; el libro de oraciones como el fantástico *molino de oraciones* oriental[4] o la Cruz como un encorvado símbolo semejante a la Esvástica. Así, al menos no perderíamos los nervios —por no decir la cabeza—, como parecen perderlos algunos críticos escépticos. Su anticlericalismo se ha convertido en una atmósfera de negación y hostilidad de la que no pueden escapar. Frente a esta actitud, sería me-

---

[3] En la expresión original se alude a un popular juego que tenía lugar los Martes de Carnaval y que consistía en arrojar piedras o palos a los gallos.

[4] Cilindro con oraciones grabadas sobre su superficie y que gira sobre su eje. Utilizado especialmente por los monjes budistas del Tíbet.

jor considerar todo como algo perteneciente a otro continente, o a otro planeta. Sería más filosófico mirar fríamente a los bonzos que permanecer eterna e insustancialmente quejándose de los obispos. Sería preferible caminar junto a una iglesia como si se tratara de una pagoda, que quedarse parado junto a la entrada, incapaz de entrar y ayudar, o salir y olvidar. A todos aquéllos en los que una simple reacción ha alcanzado las dimensiones de una obsesión, recomiendo encarecidamente el esfuerzo de imaginar a los Doce Apóstoles con rasgos orientales. En otras palabras, ruego a dichos críticos que intenten hacer tanta justicia a los santos cristianos como si se tratara de sabios paganos.

Pero con esto llegamos al punto final y de mayor importancia. A lo largo de estas líneas intentaré demostrar que, cuando hacemos el esfuerzo imaginativo de contemplar todo el conjunto desde fuera, nos encontramos con que realmente se parece a lo que tradicionalmente se ha mantenido sobre él desde dentro. Cuando el muchacho se aleja lo suficiente para ver el gigante, es precisamente cuando se da cuenta de que es un gigante. Cuando por fin vemos la Iglesia cristiana a lo lejos, bajo un cielo oriental despejado y luminoso, es precisamente cuando nos percatamos de que se trata realmente de la Iglesia de Cristo. En otras palabras, en el mismo instante en que adoptamos una actitud imparcial hacia Ella, entendemos por qué la gente es parcial. Pero esto es algo que requiere una argumentación más profunda y que trataré de exponer a continuación.

En cuanto tuve clara la idea de que había un elemento sólido en el carácter singular y único de la historia divina, me sorprendió encontrar en la historia humana que la precedió un elemento desconocido pero igualmente sólido. Y es que en la historia humana se entrevé también una raíz divina. Así como la Iglesia, considerada imparcialmente, parece descollar frente a la dimensión religiosa común a toda la humanidad, el hombre destaca sobre el resto de la naturaleza. La mayor parte de la historia moderna, por lo que he podido observar, es conducida hacia una especie de sofisma. Primero se trata de suavizar la repentina transición del animal al hombre y, a continuación, la que se da entre paganismo y cristianismo. Ahora bien, cuanto mayor es el realismo con el que abordamos estas transiciones, mayor distancia se percibe entre los puntos en cuestión. Los críticos no son capaces de ver la separación pues no aciertan a colocarse a suficiente distancia. No ven las cosas bajo una luz firme y, por ello, no son capaces de distinguir lo blanco de lo negro. Tienen una disposición agresiva y hostil que les lleva a defender que todo lo blanco es gris, y lo negro, no tan negro como lo pintan. No digo que no les falten razones para su actitud enconada, o que en cierto modo su actitud no sea comprensible. Lo que está claro es que su postura no es en absoluto científica. Un iconoclasta puede indignarse, con motivos fundados, pero no puede ser imparcial. Y es pura hipocresía pretender que el noventa por ciento de los mejores críticos, evolucionistas y profesores de religión comparada sean absolutamente imparciales. ¿Por qué habrían de serlo, en sentido estricto, cuando todo el mundo se encuentra dividido entre la superstición o la creencia en un ser superior? No pretendo ser imparcial al sostener que el acto final de fe determina la mente del hombre por el hecho de satisfacer su intelecto. Sin embargo, me atrevo a afirmar que soy bastante más imparcial que ellos, por cuanto puedo contar la historia con un derroche de imaginación igualmente equitativo para todas las partes, cosa que ellos no pueden hacer. Soy imparcial en el sentido de que me daría vergüenza decir acerca del Lama del Tibet estupideces tales como las que ellos dicen acerca del Papa, o tener tan poca comprensión con Juliano el Apóstata como la que ellos tienen con la Iglesia de Cristo. No, ellos no son imparciales. Ni por casualidad son capaces de mantener en equilibrio la balanza de la historia. Y, sobre todo, nunca son imparciales al tratar de la evolución o de la transición mencionada. En todas sus críticas se insinúa la triste degradación del crepúsculo, porque creen que es el crepúsculo de los dioses. Pero, se trate o no del crepúsculo de los dioses, está claro que no se trata del amanecer de los hombres.

Hay dos conceptos que, al exponerse a la luz, se nos muestran como algo único y novedoso, y sólo bajo la falsa oscuridad de un imaginario periodo de transición pueden llegar a parecer otra cosa. El primero de ellos es la criatura llamada hombre y el segundo es el hombre llamado Cristo. He dividido, por tanto, este libro en dos partes: la primera es un esbozo de la aventura más importante vivida por la raza humana hasta el término de su itinerario pagano; la segunda, un resumen de la sustancial diferencia que supuso su transformación al cristianismo. Ambas cuestiones plantean la necesidad de un cierto método, método nada fácil de seguir y menos quizá de definir o defender.

Con el fin de lograr la nota de imparcialidad en el único sentido posible o en el sentido más justo de la palabra, es necesario tocar el nervio de la novedad. En cierto sentido, los hombres vemos las cosas imparcialmente cuando las vemos por primera vez. Es por esto por lo que los niños tienen normalmente muy pocas dificultades con los dogmas de la Iglesia. Pero el carácter eminentemente práctico de la Iglesia, abierto a la reflexión y la discusión, se plantea necesariamente como un tema más apropiado para adultos que para niños. Por su propia naturaleza, ha de darse en la Iglesia mucha tradición, familiaridad e incluso rutina. Y, mientras se acepten con sinceridad sus fundamentos, ésta será la condición más saludable. Pero cuando sus fundamentos se ponen en duda, como en el momento actual, hay que intentar recuperar la inocencia y la capacidad de asombro de los niños; el inmaculado realismo y la objetividad de la inocencia. Si no fuéramos capaces de esto, al menos deberíamos intentar sacudirnos la rutina y tratar de ver las cosas como algo nuevo, aunque sólo sea como algo no natural. Las cosas que resultan familiares por el afecto, se desnaturalizan cuando la familiaridad engendra desprecio. Por ello, al abordar temas tan elevados como los que aquí se tocan, cualquiera que sea nuestro punto de vista, el desprecio debe considerarse equivocado. En realidad, al desprecio no deberíamos darle más mérito que el de la pura ilusión. Es necesario ejercitar la forma más elevada y abierta de imaginación: la que nos abre las puertas a la realidad presente a nuestros ojos.

Para comprender adecuadamente este punto lo mejor es utilizar un ejemplo de algo capaz de causarnos una impresión de natural belleza o magnificencia. En cierta ocasión, George Whyndham[5] me comentó la grata impresión que le había producido contemplar el ascenso de los primeros aeroplanos. Aquello, sin embargo, no le parecía comparable a la contemplación de un caballo dócilmente manejado por su amo. Mucha gente ha llegado a afirmar que un diestro jinete a lomos de un buen caballo podría considerarse el objeto corporal más noble del mundo. Es una afirmación a la que nada hay que oponer siempre que se entienda de manera adecuada. Y la mejor forma de comprobarlo es acudir a aquellas personas que tienen una relación más directa con los caballos. Cualquier muchacho que pueda recordar a su padre sobre un caballo, cabalgando con destreza y tratando de ganar su confianza, tendrá claro que es posible ganarse esa confianza y ser correspondido. Este mismo muchacho sentirá una gran indignación al ver que se maltrata a los caballos, pues sabe como deben ser tratados. Pero no le resultará raro ver un hombre montando a caballo. No atenderá a las razones del gran filósofo moderno tratando de convencerlo de que el caballo debería ir a horcajadas sobre el hombre. No seguirá los desvaríos pesimistas de Swift, ni dirá que los hombres deben ser despreciados como monos y los caballos adorados como dioses. Y, formando hombre y caballo a sus ojos una imagen humana y civilizada, le será

---

[5] George Whyndham (1863-1913). Parlamentario irlandés.

fácil, como lo fue en otros tiempos, imaginarlos juntos en una gesta heroica o fantástica, como la visión de san Jorge en las nubes. La fábula del caballo alado no le resultará completamente antinatural y entenderá por qué Ariosto colocó a muchos héroes cristianos sobre tan ligera cabalgadura, convirtiéndolos en jinetes celestes. Tan grande ha sido la estimación de los hombres por este animal que su nombre ha servido para nombrar a los «caballeros», y su raza para ensalzar la nobleza.

Pero si un hombre cayera en un estado de ánimo que le *impidiera* asombrarse de esta manera, habríamos de buscar su curación justo en el extremo opuesto. Supongamos que su humor se tornara tan pesimista que, para él, una persona a caballo no significara más que un hombre sentado en una silla. La maravilla de la que hablaba Whyndham, la belleza del monumento ecuestre y del porte caballeresco, podría volverse a sus ojos una mera convención, algo sin sustancia. Es posible que lo considerase sencillamente una moda actual o pasada, un tema de conversación agotado o erróneamente planteado, o quizá considerase un gran riesgo que su interés por los caballos pudiera derivar en afición por los mismos. En cualquier caso, en la condición en que se encuentra no mostraría mayor interés por un caballo que por los arreos de una mula. La carga de su padre en Balaclava[6] le parecerá tan aburrida y ajada como los viejos retratos de familia. Las fotos no le dirán nada; el polvo contribuirá a su ceguera y, una vez cegado, ya no será capaz de ver ningún caballo o jinete, mientras no sea capaz de verlo en su conjunto como algo totalmente ajeno y fuera de lo normal.

Volvamos los ojos momentáneamente al pasado. Cierto amanecer, de la oscuridad del bosque surge ante nosotros,

---

[6] Antigua población, hoy parte de Sebastopol, en Ucrania. De 1854 a 1856 se estableció allí el Cuartel General británico durante la Guerra de Crimea. El poeta inglés sir Alfred Tennyson la inmortalizó en su poema *La Carga de la Brigada Ligera*.

con movimientos torpes pero acompasados, una de las más extrañas criaturas prehistóricas. Distinguimos, por vez primera, una cabeza menuda sobre un cuello largo y ancho, como el rostro de la gárgola que asoma sobre el canalón. Una poblada cresta se extiende sobre su pesado cuello, como una barba en lugar equivocado. Sus patas, únicas y sólidas le hacen distinguirse entre el abundante ganado. Ver así al caballo, como un monstruo de carácter único, no es mera fantasía verbal, pues en cierto modo es realmente único. Cuando lo vemos como lo vio el primer hombre, empezamos a tener cierta idea de lo que significaría la primera vez que el hombre montó sobre él. Podría resultarnos una imagen desagradable pero no dejará de impresionarnos y aquella minúscula criatura de dos patas capaz de subir sobre él no nos dejará indiferentes. Por un camino más largo e irregular volveremos a la misma maravilla de hombre y caballo. Y la maravilla será si cabe más maravillosa. Contemplaremos de nuevo a san Jorge, en una visión gloriosa, pues san Jorge no monta sobre un caballo sino sobre un dragón.

En este ejemplo, que he escogido simplemente porque es un ejemplo, no digo que la pesadilla[7] vista por el primer hombre del bosque sea más verdadera o maravillosa que la visión normal de una yegua que posee cualquier persona civilizada. De los dos extremos, creo que la forma tradicional de ver la realidad es la mejor. Pero la realidad se encuentra en uno de estos dos extremos y se pierde en un estadio intermedio, de puro agotamiento y olvido de la tradición. En otras palabras, creo que es mejor contemplar un caballo como un monstruo que verlo solamente como un sustituto del coche. Si hubiéramos caído en la forma de entender el caballo como algo anticuado, no deberíamos bajar la guardia en su presencia pues conserva toda su extraordinaria viveza.

---

[7] En inglés *nightmare*. Expresión en la que Chesterton juega con las palabras, en alusión a la yegua (mare) vista en la oscuridad y al aspecto monstruoso que presenta (nightmare).

Ahora bien, lo mismo que sucede con ese monstruo llamado caballo, sucede con ese otro monstruo llamado hombre. Considero, por supuesto, mi filosofía la más adecuada para analizar al hombre. Aquél que sostiene el punto de vista católico y cristiano acerca de la naturaleza humana, tendrá certeza de que es universal y por tanto un punto de vista sano y quedará satisfecho. Pero si ha perdido la sana visión sólo podrá recuperarla mediante algo parecido a la lucidez de un loco, es decir, viendo al hombre como un animal extraño y dándose cuenta de que tiene rasgos muy peculiares. Pero de la misma forma que ver al caballo como un prodigio prehistórico nos hace recuperar la admiración por esa obra maestra que es el hombre, la consideración separada de la curiosa carrera emprendida por el hombre nos hará recuperar la antigua fe en los oscuros designios de Dios. En otras palabras, cuando nos damos cuenta de lo extraño que es un cuadrúpedo, es cuando admiramos al hombre que sabe montarlo. De igual manera, cuando nos damos cuenta de lo extraño que es un bípedo, es cuando admiramos la divina Providencia que lo creó.

El propósito de esta introducción es mantener la tesis siguiente: que precisamente cuando consideramos al hombre como animal es cuando percibimos que no lo es. Cuando tratamos de imaginarlo como una especie de caballo sobre sus patas traseras, nos damos cuenta de que se trata de un ser tan milagroso como el caballo alado que se eleva hacia las nubes del cielo. Todos los caminos llevan a Roma y, en efecto, todos los caminos conducen a la filosofía central y civilizada, incluidos los caminos de la fantasía. Pero puede que sea mejor no abandonar la tierra firme de una tradición razonable, donde los hombres saben montar con destreza y son poderosos cazadores a los ojos del Señor.

Al referirnos al caso cristiano debemos reaccionar, por tanto, contra la pesada inclinación de la fatiga. Es casi imposible conservar la frescura de los hechos cuando llegan a sernos familiares y, tratándose de hombres que arrastran pecado original, suele ocurrir que la familiaridad degenera en fatiga. Estoy convencido de que si pudiéramos contar la historia de Cristo, palabra por palabra, como si se tratase de un héroe chino, llamándole Hijo del Cielo en lugar de Hijo de Dios, y dibujando su corona estrellada sobre el tejido dorado de los bordados orientales o sobre el esmalte de la porcelana china en lugar de la pátina dorada de los devotos cuadros de la Iglesia, se produciría sin duda un testimonio unánime a favor de la pureza espiritual de dicha historia. No se escucharía entonces ninguna voz criticando la supuesta injusticia de sus padecimientos vicarios, la falta de lógica de la expiación, la supersticiosa exageración de la idea de pecado o la insolencia —de todo punto inadmisible— de infringir las leyes de la naturaleza. Nos resultaría admirable el espíritu caballeresco de la concepción china de un dios que baja del cielo para luchar contra los dragones y salvar a los malvados de ser devorados por su propia falta y locura. Admiraríamos la sutileza de la concepción china de la vida que percibe que toda humana imperfección es, sin duda, una imperfección clamorosa. Admiraríamos la sabiduría esotérica y superior de los chinos que sostiene la existencia de leyes cósmicas superiores a las leyes que conocemos, de la misma forma que creemos a cualquier adivino que se acerca a nosotros y nos habla con el mismo estilo. Si el cristianismo fuera sólo una nueva moda oriental no se le haría nunca el reproche de ser una antigua fe, y oriental. Y no es mi intención en este libro seguir el mencionado ejemplo de san Francisco Javier y convertir a los Doce Apóstoles en mandarines, no tanto para hacerlos parecer nativos como para hacerlos parecer extranjeros. No es tampoco mi intención llevar a cabo lo que, en mi opinión, sería una broma de gran éxito: contar toda la historia del Evangelio y de la Iglesia en un escenario de pagodas y subrayar con humor maligno lo mucho que sería admirada bajo la apariencia de una historia pagana por aquéllos mismos que la condenan como una historia cristiana. Pero me propongo buscar en la medida de lo posible la nota de lo nuevo y desconocido, por lo que el estilo, aun en temas tan profundos, puede algunas veces caer deliberadamente en lo grotesco y lo fantástico. Trataré de ayudar al lector a contemplar el Cristianismo desde fuera, en una visión de conjunto, en contraste con el origen de otros elementos históricos. De igual forma, trataré de considerar la humanidad en su conjunto frente al origen de la misma naturaleza. Desde este punto de vista, nos encontraremos que ambos casos ofrecen desde su principio un elevado componente sobrenatural. No se funden con el resto, con los colores del impresionismo. Destacan con los colores de la heráldica, vivos como la cruz encarnada sobre un escudo blanco o el negro león sobre un campo dorado. Así destaca el rojo del *barro* sobre el verde campo de la naturaleza o el *blanco Cristo* sobre la arcilla de los de su raza.

Una comprensión más clara del Cristianismo y de la Humanidad implica una visión de conjunto, que abarque tanto su desarrollo como su origen, pues es un hecho increíble en el decurso de su historia que de tales comienzos se haya producido semejante desarrollo. Fácilmente puede darse rienda suelta a la imaginación y pensar qué otras cosas podrían haber sucedido o qué otras instituciones podrían haberse originado. En tal caso, cualquier persona se inclinaría a pensar en una evolución gradual. Sin embargo, todo el que se enfrente a lo que sucedió se encontrará con un hecho excepcional y prodigioso. Aceptando el hecho de que el hombre en algún momento no pasó de ser un simple animal, resultaría sencillo imaginar su trayectoria aplicada a algún otro animal. Sería divertido aplicarlo a los elefantes e imaginarse sus mastodónticas obras arquitectónicas, con sus torres y torreones a semejanza de colmillos y trompas, formando ciudades de una grandeza colosal. Podríamos imaginar la agradable fábula de una vaca que aprendiera a diseñar su vestido, elaborando, según la moda, sus propias botas y pantalones. Podríamos imaginar un *supermono* capaz de superar la habilidad de nuestro más extraordinario *superhéroe*; una criatura cuadrumana capaz de pulir la piedra y pintar con las manos, de cocinar y trabajar la madera con sus pies. Sin embargo, si nos ceñimos a lo que sucedió, llegaremos a la conclusión de que el hombre se ha distanciado de cualquier otra criatura de forma astronómica y a la velocidad del rayo. De la misma forma, resultaría sencillo imaginarse a la Iglesia envuelta en el múltiple caos de las supersticiones maniqueas o mitráicas, enredados en disputas y buscando aniquilarse unos a otros al final del Imperio; y ver perecer finalmente a la Iglesia en el combate, cediendo su puesto a algún otro culto surgido por azar. Sin embargo, nos quedaríamos sorprendidos y un tanto perplejos al descubrir su presencia, al cabo de dos mil años, atravesando velozmente todas las épocas como el rayo alado del pensamiento y del perenne entusiasmo. Un hecho sin parangón y de tanta novedad como el tiempo que lo separa del pasado.

PRIMERA PARTE

LA CRIATURA LLAMADA HOMBRE

I

EL HOMBRE DE LAS CAVERNAS

Allá lejos, en alguna extraña constelación celeste infinitamente remota, existe una diminuta estrella que los astrónomos quizá lleguen un día a descubrir. Hasta ahora, al menos, no me ha parecido observar en el rostro o en la actitud de la mayoría de los astrónomos ningún signo manifiesto de haberla descubierto, aunque de hecho estuvieran caminando sobre ella todo el tiempo. Se trata de una estrella capaz de engendrar por sí misma plantas y animales de muy diversos géneros, entre los cuales el más curioso es el de los hombres de ciencia. Así es como empezaría yo una historia del mundo si hubiera de seguir la costumbre científica de comenzar con un relato del universo. Trataría de ver la tierra desde fuera, no desde la reiterada perspectiva de su posición relativa con respecto al sol, sino imaginando cómo vería las cosas un espectador que no habitara en nuestro mundo. Pero, por otra parte, no creo que salirse del ámbito de lo humano sea el mejor procedimiento para estudiar la humanidad. No soy partidario de insistir en distancias que se supone empequeñecen el mundo, de la misma manera que creo que hay algo de vulgar en burlarse de una persona por su tamaño. Y puesto que no es factible esa primera idea que pretende hacer de la tierra un planeta extraño para darle importancia, no buscaré hacerla pequeña para convertirla en algo insignificante. Me gustaría insistir más bien en que ni siquiera sabemos si se trata de un planeta, en el mismo sentido en que sí sabemos que se trata de un lugar, y un lugar verdaderamente extraordinario. Éste es el enfoque que pretendo aplicar desde el principio; un planteamiento no tanto astronómico como de carácter familiar.

Una de mis primeras aventuras o desventuras periodísticas giró en torno a un comentario sobre Grant Allen[1], autor de un libro sobre la evolución de la idea de Dios. Se me ocurrió señalar que sería mucho más interesante si Dios escribiera un libro acerca de la evolución de la idea de Grant Allen, a lo que el editor replicó que mi observación era blasfema, lo que naturalmente me resultó muy divertido. La gracia del asunto estaba en que nunca se había parado a pensar que el título de aquel libro sí que era realmente blasfemo, pues traducido al inglés venía a significar algo así como: «Les mostraré cómo la absurda concepción de la existencia de Dios se extendió entre los hombres». Mi observación era absolutamente piadosa, reconociendo el designio divino aun en sus manifestaciones aparentemente más oscuras o insignificantes. En aquella ocasión aprendí, entre otras muchas cosas, que la fonética tiene mucho que ver con esa especie de agnosticismo reverencial. El editor no había apreciado ese punto porque en el título del libro la palabra larga venía al principio y la breve al final, mientras que en mi observación la palabra corta iba al principio y eso le produjo una especie de conmoción. Con frecuencia he observado cómo, al poner en una misma frase la palabra «Dios» junto a la palabra «perro», la gente reacciona como si recibiera un balazo. Pero decir que Dios creó al perro o que el perro creó a Dios parece no tener importancia. De hecho, es una de las estériles discusiones de los teólogos más sutiles. Pero mientras empieces por una palabra larga como evolución, el resto pasará inadvertidamente de largo. Muy probablemente, el editor no había leído el resto del título, tratándose de un título tan largo y siendo él un hombre muy ocupado.

La anécdota, por otra parte, ha permanecido siempre en mi memoria como una especie de parábola. La mayoría de las

---

[1] Naturalista y novelista canadiense (1848-1899). Uno de los más entusiastas propagadores de las doctrinas de Darwin.

historias acerca de la humanidad comienzan con la palabra evolución y con una exposición bastante prolija de la misma, en gran parte por la misma razón que se daba en la anécdota. Hay un algo de lentitud, de moderación y de gradual en la palabra y aun en la misma idea. De hecho, aplicada a los hechos primitivos, no resulta una palabra muy práctica o una idea muy provechosa. Nadie es capaz de imaginar cómo de la nada pudo surgir algo. Nadie se encontrará un solo centímetro más cerca de imaginarlo por el hecho de explicar cómo algo puede convertirse en otra cosa. Realmente, es mucho más lógico empezar diciendo: «En el principio, un poder inimaginable dio lugar a un proceso inimaginable». Pues Dios es, por su misma naturaleza, un nombre que encierra misterio, y a nadie se le ocurrió imaginar cómo pudo ser creado el mundo, cómo no se le pasó por la cabeza la posibilidad de que él mismo pudiera crearlo. Pero el término evolución no es realmente acertado para dar una explicación. Tiene la desgraciada cualidad de dejar en muchas inteligencias la impresión de que entienden todo, por lo mismo que muchos de ellos viven en un mundo ilusorio tras haber leído el *Origen de las Especies*.

La idea de ese acontecer moderado y lento, como la ascensión de una ladera, constituye gran parte de la ilusión. Es algo ilógico, al mismo tiempo que una ilusión, pues la lentitud nada tiene que ver con el asunto. Un suceso no es más o menos comprensible en función del tiempo que tarde en producirse. Para un hombre que no cree en los milagros, un milagro lento será tan increíble como uno repentino. Con un simple toque de varita, Circe la hechicera podría haber convertido en cerdos a los marineros, pero no resultaría menos impactante que un marino amigo nuestro fuera convirtiéndose paulatinamente en un cerdo con sus pezuñas y su rabo rizado. Este hecho podría considerarse incluso más estremecedor y misterioso. De igual forma, podría entenderse que un mago medieval echara a volar desde lo alto de una torre, pero si viéramos a un anciano campando a sus anchas por el aire con ademán despreocupado, no dudaríamos en exigir una cierta explicación del hecho. A pesar de todo, es fácil encontrar en el análisis racionalista de la historia esta curiosa y confusa idea de que las dificultades se evitan o los misterios se resuelven atribuyéndolos a un lento transcurrir del tiempo o a la presencia de algún elemento dilatorio. Tendremos oportunidad de ver algunos ejemplos más adelante. Lo que nos interesa ahora es esa falsa atmósfera de facilidad y comodidad creada por la mera aceptación de la idea de lentitud; la misma sensación de tranquilidad que se podría ofrecer a una nerviosa anciana que viajara por primera vez en un coche.

H. G. Wells se reconoció a sí mismo profeta y se puede decir que, por lo que se refiere a esta cuestión, lo ha conseguido realmente a su propia costa. Es curioso que su primer libro de cuentos fuera una respuesta perfecta a su último libro de historia. *La Máquina del Tiempo* destruyó de forma anticipada todas las cómodas conclusiones fundadas en la mera relatividad del tiempo. En esta sublime fantasía, el protagonista ve crecer los árboles como verdes cohetes y extenderse la vegetación, visiblemente, como un verde incendio. O ve cruzar el sol de este a oeste sobre el cielo con la rapidez de un meteoro. Desde su punto de vista, las cosas eran tanto más naturales cuanto más acelerado era su desarrollo, mientras que a nuestros ojos las cosas resultan tanto más increíbles cuanto más lento es su proceso. Pero lo que importa, en último término, es conocer la causa de su movimiento. Por eso, todo el que realmente entienda este asunto, se dará cuenta de que detrás de ello ha habido y habrá siempre una cuestión religiosa o, al menos, filosófica o metafísica. Y, para resolverlo, no le servirá de respuesta que un cambio gradual se transforma en un cambio repentino, como quien pretendiera resolver el intrincado argumento de una película pasando las escenas a gran velocidad.

Ahora bien, para abordar estos problemas sobre la existencia del hombre primitivo, es necesario partir de su mismo espíritu. Al recrear la visión de las cosas primitivas, le pediría al lector que hiciera conmigo una especie de experimento de simplicidad. No me refiero a la simplicidad del ingenuo, sino a esa especie de claridad que percibe cosas que existen, como la vida, más que palabras, como la evolución. Haremos girar, pues, la manivela de la máquina del tiempo un poco más rápido para contemplar el crecer de la hierba y el despuntar de los árboles hacia el cielo. De esta forma centraremos nuestra atención y se podrá hacer patente el resultado de todo el asunto. Todo lo que sabemos, puesto que no sabemos nada más, es que la hierba y los árboles crecen, y que suceden otras muchas cosas extraordinarias: existen unas criaturas extrañas que se mantienen en el aire por el batir de unas alas de formas fantásticas y variadas o que evolucionan con soltura bajo el peso de las poderosas aguas. Otras extrañas criaturas caminan a cuatro patas o, en el caso de la más extraña de todas ellas, sobre dos. Todo esto son realidades, no teorías, y comparado con ellas, la evolución, el átomo o incluso el sistema solar son puras teorías. Teniendo en cuenta que el tema abordado aquí es de historia y no de filosofía, únicamente es necesario señalar, en este sentido, que ningún filósofo niega que exista un misterio ligado a las dos grandes transiciones que se dan en la historia de la humanidad: el origen del universo y el origen de la vida. La mayoría de los filósofos posee la suficiente clarividencia para añadir a éstos un tercer misterio, ligado al mismo origen del hombre. En otras palabras, se construyó un tercer puente sobre un tercer abismo insondable en el momento en que aparecieron en el mundo lo que llamamos entendimiento y lo que llamamos voluntad. El hombre no es mero producto de una evolución sino más bien una revolución. Es un hecho innegable que tiene espinazo y otras partes de estructura semejante a los pájaros o a los peces, independientemente de lo que este hecho signifique. Pero si nos paramos a considerarlo como lo que era, un cuadrúpedo erguido sobre sus patas traseras, encontraremos lo que sigue mucho más fantástico y revolucionario que si se mantuviera erguido sobre la cabeza.

Escogeré un ejemplo que sirva de introducción a la historia del hombre. Servirá para ilustrar lo que quiero decir al afirmar que es necesaria una cierta simplicidad infantil para poder percibir la verdad que se encierra en los primeros barruntos de la humanidad. Servirá igualmente para reflejar lo que quiero decir cuando afirmo que una mezcla de ciencia divulgativa y jerga periodística han creado confusión acerca de los hechos primitivos, hasta el punto de no dejar ver cuál de ellos sucede en primer lugar. Y servirá también, aunque sólo sea de un modo ajustado a nuestro interés, para mostrar lo que quiero decir al hablar de la necesidad de distinguir las marcadas diferencias que dan forma a la historia, en vez de sumergirnos en todas esas generalizaciones acerca de la lentitud y la identidad. Es realmente necesario, como señala H. G. Wells, un «esbozo de la historia»[2]. Pero podemos arriesgarnos a decir, parafraseando unas palabras de Mantalini[3], que esta historia evolucionista o no tiene esbozo o se trata de un esbozo imaginario. Nuestro ejemplo servirá en último caso para ilustrar la afirmación de que cuanto más miremos al hombre como animal, menos parecido le encontraremos.

Hoy en día no es difícil encontrar, en cualquier novela o en cualquier periódico, innumerables alusiones a un popular personaje conocido como el hombre de las cavernas. Su figura nos resulta bastante familiar, tanto en el aspecto público como en el privado. Su psicología constituye un serio objeto de estudio tanto para la novela psicológica como para los tratados médicos sobre la materia. Por lo que alcanzo a entender,

---

[2] H. G. Wells comenzó a publicar poco antes de esta obra una serie de capítulos bajo el título de *Esbozo de la Historia*. Dichos capítulos suscitaron una fuerte controversia, siendo éste uno de los motivos que llevó a Chesterton a escribir *El Hombre Eterno*. El mismo año que se publicó *El Hombre Eterno* se publicarían todos los capítulos del *Esbozo de la Historia* en un solo volumen. La obra de Wells fue criticada por su postura tácitamente anticristiana y su determinismo materialista de la Historia.

[3] Personaje de *Nicolás Nickleby*, obra de Charles Dickens.

su principal ocupación en la vida consistía en golpear a su esposa o en tratar a las mujeres en general con cierta violencia. Nunca me he topado con ninguna evidencia que corrobore esta idea y no sé en qué periódicos primitivos o en qué procesos prehistóricos de separación pueden estar fundados. Ni tampoco me explico, como ya indiqué en otro lugar, por qué habría de ser así, ni siquiera considerado como un *a priori*. Continuamente se arguye, sin ningún tipo de explicación o autoridad, que el hombre primitivo agarraba un palo y golpeaba a la mujer antes de llevarla consigo. Pero que aquellas mujeres insistieran en la necesidad de ser golpeadas antes de consentir que las llevasen consigo sugiere una enfermiza actitud de abandono y modestia por parte de la mujer. Y vuelvo a repetir que no acabo de entender por qué, siendo el hombre tan rudo, la mujer habría de ser tan refinada. El hombre de las cavernas puede haber sido bruto, pero no hay razón por la que hubiera de ser más brutal que los animales. Y no parece que el idilio amoroso de las jirafas o los hipopótamos del río se llevara a cabo con alguna de estas trifulcas o peleas preliminares. Puede que el hombre de las cavernas no fuera mejor que el oso de las cavernas, pero la cría del oso, aun manifestando grandes dotes para el canto, no parece mostrar ninguna tendencia a la soltería. Resumiendo, estos detalles de la vida doméstica de las cavernas me dejan perplejo ante el dilema de una hipótesis revolucionaria o estática. Y me gustaría contar con alguna prueba de aquello, pero desgraciadamente no he podido encontrarla. Lo más curioso es esto: que mientras diez mil lenguas chismosas de carácter más o menos científico o literario parecen hablar al mismo tiempo de este desafortunado individuo a quien se ha dado en llamar hombre de las cavernas, el único elemento razonable y relevante que nos permite hablar de él como hombre de las cavernas, curiosamente, ha sido olvidado. La gente ha abusado de la holgura de este término, utilizándolo de veinte formas diferentes, todas ellas igualmente imprecisas, sin que ninguno se haya detenido una sola vez a considerar el término por lo que realmente se podría extraer de su significado.

De hecho, se han interesado por todo lo que se refiere al hombre de las cavernas, menos por lo que hizo en la cueva. Y existen pruebas reales de lo que allí realizó. Son bastante escasas, como ocurre con todas las huellas de la prehistoria, pero guardan una relación directa con el auténtico hombre de las cavernas y su garrote. Y el simple hecho de considerar dicha evidencia, sin necesidad de ir más allá, constituirá un valioso material en nuestra percepción de la realidad. Lo que se encontró en la cueva no fue el garrote, el horrible palo ensangrentado, cubierto de tantas muescas como mujeres fueron objeto de algún impacto. La cueva no era la cámara de ningún sanguinario pirata, llena de esqueletos de esposas asesinadas, o abarrotada de cráneos femeninos, alineados y resquebrajados como si fueran huevos. Era algo que tenía poco que ver, de una forma u otra, con las frases modernas y las implicaciones filosóficas y literarias que lo complican todo para que no podamos entender. Si deseamos contemplar el verdadero escenario del amanecer del mundo tal como en realidad es, lo mejor será imaginarnos la historia de su descubrimiento como una leyenda de la tierra de la mañana. Exponer aquel descubrimiento con la misma sencillez con la que se cuenta cómo los héroes encontraron el Vellocino de Oro o el Jardín de las Hespérides. Quizás así podríamos escapar de esa nebulosa de teorías polémicas que se cierne sobre los colores claros y los perfiles limpios de dicho amanecer. Los viejos poetas épicos sabían contar historias que podían resultar increíbles pero que nunca se enmarañaban o deformaban, para tratar de ajustarlas a teorías o filosofías inventadas siglos después. Convendría que los investigadores modernos relataran sus descubrimientos con el estilo narrativo sencillo de los primeros viajeros, evitando toda esa reata de largas palabras, llenas de connotaciones y sugerencias irrelevantes. Entonces sí que podríamos hacernos una idea cabal de lo que sabemos acerca del hombre de las cavernas o, en todo caso, de la cueva.

Hace algún tiempo, un sacerdote y un muchacho se introdujeron por el hueco de una montaña. Encontrándose con una especie de túnel continuaron hasta llegar a un auténtico laberinto, formado por recónditos pasillos que, con frecuencia, se hallaban sellados por la roca. Se deslizaron por grietas casi infranqueables. Se arrastraron por cavidades más propias de topos que de otra cosa. Se precipitaron por simas, con tan poca esperanza de salvación que podrían considerarse enterrados en vida, planteando serias dudas sobre la promesa de alcanzar la resurrección. Así, podríamos describir una aventura típica emprendida con ánimo de exploración. Pero lo que se necesita aquí es que alguien exponga estas historias a la luz de su verdad primigenia, lejos de los tópicos habituales. Hay un hecho curiosamente simbólico, por ejemplo, en la circunstancia de que los primeros en introducirse en ese mundo subterráneo fueran un sacerdote y un muchacho, los arquetipos de la antigüedad y de la juventud del mundo. Y llegados a este punto, me interesa aún más el simbolismo del muchacho que el del sacerdote. A cualquiera que recuerde su infancia no le será difícil sumergirse como Peter Pan bajo las raíces de los árboles y hundirse más y más, hasta alcanzar lo que William Morris[4] denominaba las mismas raíces de las montañas. Imaginemos a alguien, con ese sencillo e intachable realismo que forma parte de la inocencia, llevando a cabo ese viaje hasta el final, no para ver lo que sería capaz de deducir o demostrar en alguna turbia controversia de semanal divulgativo, sino simplemente para ver lo que aquello podría ofrecerle a la vista. Aquella cueva parecería tan alejada de la luz como la legendaria cueva de Domdaniel[5], que se encontraba bajo la superficie del mar. La secreta concavidad de la

---

[4] William Morris (1834-1896). Pintor, escritor y decorador británico, pionero del «modern style» de ese país.
[5] Imaginario lugar en la profundidad de los mares, localizado cerca de Túnez, donde cierto mago o hechicero se reunió con sus discípulos.

roca, al ser iluminada tras una larga noche de incontables siglos, revela en sus paredes unos perfiles grandes y extensos de colores terrosos muy diversos. Y, al seguir las líneas de aquellos contornos, reconoce, a través de aquel vasto y vacío transcurrir de los tiempos, el movimiento y el gesto de la mano de un hombre. Son dibujos o pinturas de animales; realizados no sólo por la mano de un hombre sino por la de un artista. Dentro de las limitaciones de lo arcaico, aquellos dibujos muestran la tendencia de una línea alargada, amplia y vacilante que todo hombre que haya dibujado o intentado dibujar reconocerá siempre; y que cualquier artista defenderá siempre ante la crítica del científico. Allí se muestra patente el espíritu experimental y aventurero del artista; el mismo espíritu que no se arredra ante las dificultades sino que las afronta. Como esa escena del ciervo volviendo la cabeza, en un gesto familiar en el caballo. ¡Cuántos pintores modernos tendrían dificultades para representar esta escena! Muchos otros detalles parecidos denotan el interés y el placer con que el artista debió de haber observado a los animales. En este sentido podríamos decir que se trataba no sólo de un artista sino de un naturalista; el tipo de naturalista que busca reflejar fielmente lo natural.

No es necesario señalar más que de pasada, que nada hay en el ambiente de esa cueva que induzca a pensar en la triste y pesimista atmósfera de la periodística cueva de los vientos, que sopla y ruge sobre nosotros con incontables ecos relativos al hombre de las cavernas. En cuanto que tales indicios del pasado nos inducen a pensar en un individuo humano, el personaje que se presenta a nuestros ojos es un personaje muy humano e incluso humanizado. No se trata ciertamente de un personaje inhumano, como la idea que defiende la ciencia popular. Cuando novelistas, educadores y psicólogos de toda clase hablan del hombre de las cavernas, nunca lo hacen basándose en ningún elemento que se encuentre realmente en la cueva. Cuando el novelista escribe: «El cerebro de Dagmar ardía en chispas y sentía el espíritu del hombre de las cavernas alzarse en su interior», los lectores se sentirían muy decepcionados si la reacción de Dagmar fuera sencillamente la de levantarse y ponerse a dibujar grandes figuras de vacas en la pared de su habitación. Cuando el psicoanalista describe a un paciente: «Los instintos ocultos del hombre de las cavernas le están incitando, sin duda alguna, a satisfacer un impulso violento», no se refiere al impulso de pintar con acuarela o de hacer estudios concienzudos de cómo el ganado mueve la cabeza cuando pasta. Sin embargo, sabemos por un hecho real que el hombre de la cueva hizo estas cosas humildes e inocentes y no tenemos la menor prueba de que se dedicara a hacer acciones violentas y feroces. En otras palabras, el hombre de las cavernas, tal y como se lo presenta habitualmente, es simplemente un mito o más bien un engaño, pues el mito cuenta al menos con un perfil imaginario de verdad. Todos los modos de hablar actuales están impregnados de confusión y de equívoco, sin fundamento en ningún tipo de evidencia científica y con el único valor de servir como excusa para un humor muy moderno de anarquía. Si alguna persona deseara golpear a una mujer, se la podría tildar de sinvergüenza sin necesidad de buscar una analogía con el hombre de las cavernas, sobre quien no sabemos más que lo que podemos deducir de unas agradables e inofensivas pinturas en una pared.

Pero no es éste el aspecto que nos interesa de las pinturas o la principal conclusión que se ha de extraer de las mismas. Se trata de algo muy superior y más simple, tan superior y tan simple que cuando lo exponga por primera vez sonará infantil. Y, en efecto, es infantil en el sentido más elevado de la palabra y es la razón por la que en cierto sentido, he tratado de ver esta apología a través de los ojos de un niño. Probablemente sea el hecho más grande con el que se enfrenta el muchacho en la caverna, y quizá por ello, el más difícil de percibir. Suponiendo que el muchacho fuera uno de los feligreses del sacerdote, podríamos presumir en él una esmerada educación en el sentido común, ese sentido común que nos llega a menudo en forma de tradición. En ese caso, el muchacho reconocería simplemente el trabajo del hombre primitivo como el trabajo de un hombre, interesante pero de ninguna manera increíble por el hecho de tratarse de un dibujo primitivo. Vería lo que tenía delante y no se sentiría tentado, por el entusiasmo evolucionista o la especulación de moda, a ver lo que no estaba allí. Si el muchacho hubiera oído hablar de estas cosas podría admitir, sin duda, que las especulaciones estaban en lo cierto y que no eran incompatibles con la realidad de los hechos. Nada se opone a que el artista tuviera otras facetas de su carácter además de las que pudo plasmar en sus obras. El hombre primitivo podría haber encontrado tanta satisfacción en golpear a las mujeres como en dibujar animales. Pero todo lo que podemos decir es que los dibujos reflejan una cosa y no la otra. Es posible que cuando el hombre de las cavernas se cansara de perseguir a su madre o a su esposa, según el caso, le gustara recrearse en el murmullo del arroyo, o contemplar los ciervos bebiendo en sus orillas. Estas cosas son posibles, pero no tienen ninguna relevancia. El sentido común del niño le llevaría a aprender de los hechos lo que estos pudieran mostrarle; y las pinturas de la cueva son prácticamente los únicos hechos allí presentes. Por lo que se desprende de esas pruebas, el muchacho tendría razón al afirmar que un hombre había representado animales con tonos ocres rojizos sobre la roca, lo que deduciría de su propia experiencia, habiendo dibujado animales en muchas ocasiones con su carboncillo y sus pinturillas rojas. Aquel hombre había dibujado un ciervo lo mismo que él había dibujado en alguna ocasión un caballo, porque era divertido. Aquel hombre había dibujado un ciervo con la cabeza vuelta hacia atrás, lo mismo que él había dibujado un cerdo con los ojos cerrados, porque entrañaba dificultad. Niño y hombre, siendo ambos humanos, los encontramos unidos por la fraternidad de los hombres. Una fraternidad que se hace más noble cuando tiende un puente sobre el abismo de los siglos que cuando lo hace sobre el abismo de las especies. En cualquier caso, está claro que el niño no encontraría en el hombre de la cueva ningún signo evidente que le hiciera pensar en el crudo evolucionismo; porque no existe ninguno. Si alguien le dijera que todas las pinturas habían sido dibujadas por san Francisco de Asís movido por un puro y elevado amor a los animales, no encontraría nada en la cueva que pudiera contradecirle.

En cierta ocasión conocí a una señora que, medio en broma, me comentó que la cueva era una guardería en la que se colocaba a los bebés para que estuvieran seguros, y que los animales coloreados se dibujaron en las paredes para su entretenimiento; de modo muy parecido a como los dibujos de elefantes y jirafas adornan una guardería moderna. Y, aunque esto no era más que una broma, atrae la atención sobre algunas de las hipótesis que hemos esbozado sucintamente. Las pinturas ni siquiera prueban que los hombres de las cavernas vivieran en cuevas, lo mismo que el descubrimiento de una bodega en Balham[6], mucho después de que este suburbio fuera destruido por el hombre o la cólera divina, no probaría el hecho de que las clases medias de la época victoriana vivieran completamente bajo tierra. La cueva podría haber tenido una finalidad especial como la bodega; podría haber sido un santuario religioso, un refugio de guerra, el lugar de reunión de una sociedad secreta o cualquier otra cosa. Lo que está claro es que su decoración artística es más propia de una guardería que cualquiera de esas quimeras asociadas a la violencia y al temor anárquicos. Me imagino un niño en aquella cueva. Es fácil imaginarse un niño cualquiera, de nuestros días o de tiempos remotos, haciendo un gesto como tratando de acariciar aquellos animales pintados sobre la roca. Un gesto que, como veremos más adelante, es figura anticipada de otra cueva y otro niño.

---

[6] Suburbio aristocrático de Londres.

Pero supongamos que el muchacho no hubiera sido educado por un sacerdote sino por un profesor; por uno de esos profesores que tienden a reducir la relación entre el hombre y el animal a una mera variación evolutiva. Supongamos que el muchacho se viera a sí mismo con la simplicidad y sinceridad del mismo Mowgli, desenvolviéndose en el conjunto de la naturaleza y no diferenciado del resto más que por una pequeña variación recientemente obrada en su persona. ¿Cuál sería para él la lección más sencilla de aquel extraño libro de pinturas en la roca? Después de pensarlo, llegaría a la siguiente conclusión: que se había adentrado mucho y había dado con un lugar en el que un hombre había dibujado un reno. Pero sería necesario adentrarse mucho más antes de encontrar un lugar en el que un reno hubiera dibujado la figura de un hombre. Parece una perogrullada, pero esta relación esconde una enorme verdad. Podría descender a profundidades increíbles; bucear por entre continentes sumergidos, tan desconocidos como las más remotas estrellas. Podría llegar hasta el interior del mundo, alejándose tanto de los hombres como la otra cara de la luna, y vislumbrar en aquellos helados abismos o en las colosales terrazas de la roca, dibujados en los débiles jeroglíficos del fósil, las ruinas de dinastías perdidas de vida biológica: ruinas de sucesivas creaciones y de universos separados más que etapas en la historia de una sola creación. Encontraría las huellas de monstruos de formas increíbles, muy por encima de nuestros conceptos acerca de las aves y de los peces, moviéndose a tientas, agarrando y palpando la naturaleza con todo tipo de extravagantes extremidades: cuernos, lenguas o tentáculos; formando un conjunto natural de criaturas fantásticas, con sus garras, sus aletas o sus dedos. Pero en ningún lugar encontraría las huellas de un dedo que hubiera trazado una línea significativa sobre la arena. En ningún sitio encontraría señales de una garra que hubiera comenzado a rasgar, siquiera débilmente, la silueta de una forma. Sería algo tan impensable en aquellas huellas olvidadas por el paso de los siglos como lo es hoy en las bestias y pájaros que contemplamos. El muchacho no esperará encontrarse con nada parecido, más de lo que esperaría encontrarse un gato arañando la pared para tratar de esbozar una caricatura ofensiva del perro. El sentido común infantil impediría que aun el niño más evolucionista esperara encontrar una cosa semejante. Y, sin embargo, en las huellas de los rudos hombres primitivos y recientemente evolucionados habría visto exactamente eso. Seguramente le resultaría chocante que hombres tan alejados de él en el tiempo, fueran al mismo tiempo tan cercanos, y que bestias tan cercanas a él fueran a su vez tan distantes. A sus ojos sencillos resultaría extraño no encontrar el rastro de algún tipo de arte entre los animales. Y ésta es la sencilla lección que nos enseña la cueva de pinturas en la roca; una lección demasiado sencilla para ser aprendida. Es una verdad sencilla que el hombre se diferencia de los brutos en especie y no en grado, y la prueba es ésta: que suena a perogrullada que el hombre primitivo dibujara un mono mientras que tomaríamos a broma si nos dijeran que el mono más inteligente había dibujado un hombre. Existe una clara división y desproporción que además es única. El arte es la firma del hombre.

Ésa es la sencilla verdad con la que debería comenzar realmente la historia de los comienzos de la humanidad. El evolucionista se queda pasmado en el interior de la cueva ante cosas demasiado grandes para alcanzar a distinguirlas y demasiado sencillas para alcanzar a entenderlas. Intenta deducir todo tipo de cosas dudosas o sin relación directa con los detalles de las pinturas, porque es incapaz de ver el significado primario del conjunto. Saca conclusiones estrechas y teóricas acerca de la ausencia de religión o la presencia de superstición; acerca del gobierno tribal, la caza o los sacrificios humanos, o quién sabe qué otros asuntos. En el próximo capítulo trataré de abordar con más detalle la debatida cuestión de los orígenes prehistóricos de las ideas humanas, especialmente de la idea religiosa. Aquí sólo trato del caso concreto de la cueva como una especie de símbolo de aquella verdad más primaria con la que la historia debería comenzar. De todo lo dicho, el hecho principal que se desprende de la impronta dejada por el autor de aquellas pinturas de renos o de otros animales, es que aquel hombre sabía dibujar, mientras que el reno no. Si el autor de las pinturas hubiera sido tan animal como el reno, sería increíble que fuera capaz de hacer lo que estaba vedado al resto de los animales. Si se tratara del resultado final del proceso normal de crecimiento biológico, como cualquier animal, sería muy curioso que no se asemejara lo más mínimo a ninguna otra bestia. Resulta así que el hombre, en su estado natural, parece elevarse por encima de la naturaleza en mayor grado que si le considerásemos un ser sobrenatural.

Pero he empezado esta historia en la caverna, como la caverna de las especulaciones de Platón, porque ilustra particularmente el error en que se fundan las introducciones y prefacios puramente evolucionistas. No hay por qué empezar diciendo que todo era lento y sin discontinuidades y una mera cuestión de desarrollo y de grado, pues en las pruebas evidentes de las pinturas no existe ningún rastro de desarrollo o graduación. Las pinturas no fueron comenzadas por monos y terminadas por hombres. El Pitecántropo no hizo un pobre esbozo del reno que luego rectificaría el Homo Sapiens. Los animales mejor dotados no dibujan cada vez mejores retratos, ni el perro pintó mejor en su período de apogeo que en su temprana y ruda etapa de chacal. El caballo salvaje no fue un impresionista y el caballo de carreras un post-impresionista. Todo lo que podemos decir de la idea de representar la realidad con trazos sombreados es que no se da en ningún otro elemento de la naturaleza salvo en el hombre, y que ni siquiera podemos hablar de ello sin considerar al hombre como algo separado del resto de la naturaleza. En otras palabras, toda verdadera historia de la humanidad debería comenzar con el hombre en cuanto tal, considerado en su absoluta independencia y singularidad respecto a todo lo demás. Cómo llegó hasta allí, o cómo llegaron las demás cosas es asunto más propio de teólogos, filósofos y científicos que de historiadores. Una prueba excelente de la independencia y misteriosa singularidad que lo rodea es el impulso artístico. Esta criatura era verdaderamente diferente de todas las demás porque era creador además de criatura. En el sentido creador, nada se hizo bajo otra autoridad que la autoridad del hombre. Se trata de algo tan cierto que, aun no existiendo una creencia religiosa, debería asumirse en forma de algún principio moral o metafísico. En el capítulo siguiente veremos cómo este principio se aplica a todas las hipótesis históricas y éticas evolucionistas actualmente de moda; a los orígenes del gobierno tribal o de la creencia mitológica. El ejemplo más claro y adecuado es el de lo que el hombre de las cavernas hizo realmente en la cueva. El ejemplo nos muestra que de una forma u otra algo nuevo había aparecido en la noche cavernosa de la naturaleza, una inteligencia que es como un espejo, pues es verdaderamente un elemento capaz de reflexión. Es como un espejo porque solamente en él pueden verse reflejadas todas las demás figuras que existen, como sombras brillantes en una visión. Sobre todo, es como un espejo porque es único en su especie. Otras cosas se le pueden parecer o parecerse unas a otras de diversas formas; como en los muebles de una habitación una mesa puede ser redonda como un espejo, o un armario puede ser más grande que un espejo. Pero el espejo es la única cosa que puede contener a todas las demás. El hombre es el microcosmos, es la medida de todas las cosas, es la imagen de Dios. Éstas son las únicas lecciones auténticas que se han de extraer de la cueva, y es hora de dejarlas para salir a campo abierto.

Conviene en este lugar, sin embargo, resumir de una vez por todas lo que se ha de entender cuando digo que el hombre es al mismo tiempo la excepción a todo y el espejo y la medida de todas las cosas. Pero para ver al hombre como es, es necesario una vez más acercarse a aquella simplicidad que es capaz de mantenerse incólume ante los densos nubarrones del sofisma. La verdad más sencilla acerca del hombre es la de que es un ser muy extraño, en cuanto que es un desconocido sobre la faz de la tierra. Sin abundar en detalles, presenta una apariencia externa mucho más propia de alguien que trae costumbres extrañas de otras tierras que la de alguien que se haya criado en éstas. Cuenta con una injusta ventaja y una injusta desventaja. No puede dormir en su propia piel y no puede confiar en sus propios instintos. Es un creador que mueve las manos y los dedos de forma milagrosa y, al mismo tiempo, es una especie de lisiado. Se hace envolver con vendajes artificiales llamados vestidos y reposa sobre unos soportes artificiales llamados muebles. Su mente posee las mismas dudosas libertades y las mismas salvajes limitaciones. Único entre los animales, se ve arrebatado por la hermosa locura que llamamos risa, como si captara lo que se esconde tras lo oculto del universo. Único entre los animales, siente la necesidad de alejar su pensamiento de las realidades fundamentales de su propio ser corporal, de ocultarlas en la posible presencia de una realidad superior que es causa del misterio de la vergüenza. Podemos considerar estas cosas como algo laudable en cuanto natural en el hombre o censurarlas como algo artificial en la naturaleza, pero en cualquiera de los casos no deja de ser algo único. Es un hecho constatado por el instinto popular que llamamos religión, mientras no se vea contaminado por los pedantes, especialmente por los infatigables defensores de la «Vida Sencilla»: los más sofistas de todos los sofistas son los gimnosofistas.

Resulta antinatural considerar al hombre como el resultado final de un proceso natural. No tiene razón de ser considerar al hombre como vulgar objeto del paisaje. No es precisamente lo correcto verle como animal. No es una actitud sensata. Es una ofensa contra la claridad, contra la luz diáfana de la proporción que es el principio de toda realidad. A esto se llega a partir de hacer una excepción, de imaginar un caso, de seleccionar de forma artificial ciertas luces y ciertas sombras, de destacar los detalles más nimios que puedan resultar similares. El sólido objeto que se mantiene en pie a la luz del sol, ese objeto que podemos rodear y ver desde todos los ángulos, es muy diferente. Es también absolutamente extraordinario, y cuantos más aspectos vemos de él más extraordinario nos parece. Terminantemente, no es algo que se siga o brote espontáneamente de alguna otra cosa. Si pensáramos que una inteligencia no humana o impersonal podría haber captado desde el primer momento la naturaleza general del mundo no humano lo suficiente para darse cuenta de que las cosas evolucionarían de la forma en que lo hicieron, no habría habido nada en todo ese mundo natural que dispusiera esa inteligencia a enfrentarse a una novedad tan antinatural. A dicha inteligencia, con bastante certeza, el hombre no le habría parecido algo semejante a una manada de entre cien en busca de pastos más ricos, o una golondrina de entre cien surcando cielos extraños en verano. No estarían en la misma escala y ni siquiera en la misma dimensión. Podríamos añadir que no formarían parte del mismo universo. Sería más parecido a ver una vaca de entre cien saltar repentinamente sobre la luna o un cerdo de entre cien echar alas súbitamente y ponerse a volar. No sería cuestión tanto de que el ganado buscara su propia tierra de pasto como de construir sus propios cobertizos. Tampoco sería cuestión de cómo pasara el verano la golondrina sino de construir su propia casa para tal ocasión. Pues el mismo hecho de que los pájaros construyen nidos es una de esas similitudes que marcan la llamativa diferencia. El mismo hecho de que un pájaro pueda llegar tan lejos hasta el punto de construir un nido y no ser capaz de más, prueba que adolece de una inteligencia como la del hombre. Y lo prueba de forma más categórica que si de hecho no fuera capaz de construir nada en absoluto. Si se diera este caso, podría darse la posibilidad de que se tratara de un filósofo de la Escuela Quietista o Budista, indiferente a todo, salvo a la interioridad de la mente. Pero en cuanto es capaz de construir como lo hace y se muestra satisfecho, expresando su satisfacción con alegres cantos, podemos intuir la presencia de un velo real e invisible como un panel de cristal interpuesto entre él y nosotros, como la ventana sobre la que un pájaro se golpeará en vano. Pero supongamos que nuestro espectador imaginario viera a uno de los pájaros comenzar a construir a semejanza de los hombres. Supongamos que en un brevísimo espacio de tiempo se dieran allí siete estilos arquitectónicos por cada nido. Supongamos que el pájaro seleccionara cuidadosamente ramitas en forma de horquilla y hojas puntiagudas para expresar la penetrante piedad del gótico, pero decidiera cambiar y utilizar amplio follaje y lodo negruzco para levantar con oscuras intenciones las pesadas columnas de Bel y Astarot, convirtiendo su nido en uno de los Jardines Colgantes de Babilonia. Supongamos que el pájaro esculpiera pequeñas estatuas de arcilla de célebres pájaros, renombrados por sus logros literarios o políticos y las colocara en la parte frontal de su nido. Supongamos que un pájaro de entre mil empezara a hacer alguna de las mil cosas que el hombre ya hubiera realizado en los mismos albores de la humanidad. Podemos estar absolutamente seguros de que el que viera esto no consideraría dicho pájaro como una mera variedad evolucionada de otros pájaros. Lo consideraría como una temible ave de presa, probablemente como un ave de mal agüero y seguramente como un presagio. Aquel pájaro señalaría el augurio no de algo que iba a suceder, sino de algo que ya habría sucedido. Ese algo sería la aparición de una inteligencia aportando una nueva dimensión de profundidad; una inteligencia como la del hombre. Si Dios no existiera, ninguna otra inteligencia imaginable podría haberlo previsto.

Ahora bien, no existe de hecho ni sombra de evidencia de que la inteligencia fuera producto de ninguna evolución en absoluto. Ni existe el menor indicio de que esta transición se produjera lentamente o incluso de que se produjera de forma natural. Desde un punto de vista estrictamente científico, sencillamente no sabemos nada de cómo se desarrolló o si hubo un proceso de desarrollo o cómo fue su constitución. Podemos encontrar un rastro interrumpido de piedras y huesos que débilmente hagan pensar en el desarrollo del cuerpo humano. Pero no existe el más débil indicio que nos lleve a pensar en un desarrollo semejante de la mente humana. No existía y comenzó a existir. No sabemos en qué momento o en qué infinidad de años. Algo sucedió, y tiene toda la apariencia de una acción que trasciende los límites del tiempo. No tiene, por tanto, nada que ver con la historia en el sentido que habitualmente se le da. El historiador no tiene más remedio que aceptar este hecho o un hecho de parecidas dimensiones, como algo dado y cuya explicación no entra dentro de su competencia como historiador. Y si no puede explicarlo como historiador, menos aún lo podrá explicar como biólogo. En ningún caso supone una humillación para ellos tener que aceptar este hecho sin poder ofrecer una explicación, pues se trata de un hecho real, y la historia y la biología tratan de hechos reales. Es posible que llegue a cuestionar sin ningún problema la existencia del cerdo con alas y la vaca que saltó sobre la luna, por el mero hecho de que tanto el cerdo como la vaca existieron realmente. De igual forma, es posible aceptar sin problemas el concepto de monstruo aplicado a un hombre en cuanto que se acepta al hombre como una realidad. El hombre puede sentirse perfectamente cómodo en un mundo de locura y soledad, o en un mundo capaz de provocar dicha locura y dicha soledad. Pues la realidad es algo en lo que todos nos podemos desenvolver aun cuando nos resulte extraña. La realidad está ahí y eso es suficiente para la mayoría de nosotros. Pero si nos empeñamos en buscar cómo llegó aquello hasta allí; si insistimos en verlo evolucionado ante nuestros ojos desde un entorno más cercano a su propia naturaleza, en ese caso, ciertamente deberemos acudir a otras cosas muy diferentes. Debemos remover recuerdos muy extraños y retornar a sueños muy sencillos, si pretendemos llegar a un origen que pueda hacer del hombre otra cosa que un monstruo. Descubriremos causas muy diversas antes de que él se convierta en una criatura capaz de causar, e invocaremos otra autoridad para convertirlo en algo razonable o, incluso, en algo probable. En este camino se halla todo lo que es a un tiempo terrible, familiar y olvidado, con rostros terribles y brazos furiosos. Es posible aceptar al hombre como un hecho, siempre que nos demos por satisfechos con un hecho de explicación corriente. Podemos aceptar al hombre como animal, aceptando la posibilidad de vivir con un animal fabuloso. Pero si tenemos necesidad de una secuencia y una lógica, entonces precisaremos de un prodigioso preludio, de un crescendo de milagros encadenados, para que, engendrado en medio de truenos inconcebibles, que estremezcan hasta el séptimo cielo del orden natural, el hombre parezca, en fin, una criatura ordinaria.

II

HOMBRES DE CIENCIA
Y HOMBRES PREHISTÓRICOS

La ciencia tiene un punto débil con relación a la prehistoria prácticamente imperceptible. Las maravillas actuales de la ciencia que todos admiramos son fruto de una incesante recopilación de nuevos datos. En todos los inventos y en la mayoría de los descubrimientos naturales los hechos evidentes se obtienen por medio de la experimentación. Pero no se puede experimentar con la creación de un hombre, ni sobre la observación de lo que los primeros hombres hicieron. Un inventor puede avanzar paso a paso en la construcción de un avión, incluso experimentando solamente con palillos y desechos de metal en su propio patio trasero. Pero le será imposible observar la evolución del Eslabón Perdido en su propio patio trasero. Si errara en sus cálculos, el avión corregirá su apreciación estrellándose contra el suelo. Pero si cometiera un error acerca de los árboles que formaran el hábitat natural de sus antepasados, no podría salir de su error viendo como su antepasado caía desplomado de lo alto de sus ramas. No podría tener encerrado a un hombre de las cavernas como un gato en el patio trasero y observarlo para ver si realmente practicaba el canibalismo o convencía a su compañera a base de estacazos basándose en los principios del matrimonio por captura. Tampoco podría tener encerrada una tribu de hombres primitivos como una jauría de perros y observar hasta qué punto manifestaban los instintos propios de la manada. Si viera un determinado pájaro comportándose de una manera particular, podría coger otros pájaros y ver si se comportaban de la misma manera. Pero si encontrara un cráneo, o un trozo de cráneo, en el interior de una montaña, no podría multiplicarlo con intención de llenar todo un valle con otros vestigios óseos similares. Al hablar de un pasado que ha desaparecido casi por completo, sólo podría acceder a él por la evidencia y no por experimentación. Y se puede decir que existen las suficientes evidencias como para manifestar, incluso, hechos evidentes. Por ello, mientras la mayor parte de la ciencia se mueve en una especie de curva, que constantemente se ve corregida por nuevas evidencias, esta ciencia emprende el vuelo hacia el espacio en una línea recta no corregida por nada. Pero la arraigada costumbre de extraer conclusiones, como las que se podrían extraer en terrenos más fructíferos, se encuentra tan asentada en la mentalidad científica que no puede resistir la tentación de hablar de esa forma. Y así, nos habla de la idea que se extrae de un trozo de hueso como si se tratara de algo como el avión, que se construye, al final, con montones de chatarra y trozos de metal. El problema con el profesor de prehistoria es que no puede desguazar su chatarra. El maravilloso y triunfante aeroplano se construye fundado en un centenar de errores. El estudioso de los orígenes sólo puede cometer un error y aferrarse a él.

Se suele hablar con razón de la paciencia de la ciencia, pero en este apartado sería más acertado hablar de la impaciencia de la ciencia. Debido a la dificultad antes descrita, el científico teórico se apresura demasiado en sus conclusiones. Nos encontramos con una serie de hipótesis tan precipitadas que bien podríamos calificar de fantasías, que en ningún caso permiten una ulterior corrección basada en los hechos. El antropólogo más empirista se encuentra tan limitado en este punto como un anticuario. Únicamente puede aferrarse a un simple fragmento del pasado y no puede agrandarlo para el futuro. Su única opción es la de tomar su trocito de realidad, casi de la misma forma que el hombre primitivo agarraría su trozo de sílex. Y lo trata prácticamente de la misma manera y movido por las mismas razones: se trata de su herramienta y su única herramienta, su arma y su única arma. Con frecuencia la esgrime con un fanatismo muy alejado de la actitud de los hombres de ciencia cuando pueden obtener más pruebas de la experiencia o añadir nuevos datos por la experimentación. Algunas veces, el profesor con su hueso se convierte en algo casi tan peligroso como un perro con su hueso. Con la diferencia de que el perro, al menos, no deduce de él ninguna teoría que pruebe que la humanidad se esté volviendo canina o provenga de los perros.

He señalado, como ejemplo, la dificultad que entraña tener encerrado un mono y observarlo para ver como evoluciona al hombre. Siendo imposible la comprobación empírica de dicha evolución, el profesor no se contenta —como lo haríamos la mayoría de nosotros— con decir que dicha evolución es bastante probable. Nos muestra su pequeño hueso o su pequeña colección de huesos y extrae de ella las conclusiones más increíbles. Nos cuenta cómo descubrió en Java un trozo de cráneo que, por la forma del contorno, parecía más pequeño que el cráneo humano. Cerca de éste encontró un fémur perfectamente vertical y, esparcidos por la zona, unos dientes que no eran humanos. Si todos estos elementos pertenecieran a una misma criatura, lo que es bastante dudoso, el concepto que sacaríamos de la misma sería, en cualquier caso, poco fiable. Pero el efecto que esto produjo en la ciencia popular fue el de crear un personaje completo y hasta complejo, acabado hasta los últimos detalles en cuanto al cabello y a las costumbres. Se le asignó un nombre, como si se tratara de un personaje histórico cualquiera. La gente hablaba del Pitecántropo con la misma naturalidad que si hablara de Napoleón. Los artículos de divulgación mostraban retratos de su persona concediéndoles el mismo crédito que a los retratos de un Carlos I o un Jorge IV. Se realizó un dibujo detallado, minuciosamente sombreado, para mostrar que los mismos pelos de su cabeza estaban todos contados. Ninguna persona desconocedora del asunto podría imaginar, al ver aquel rostro cuidadosamente delineado y aquellos ojos tristes, que aquello en el fondo era el simple retrato de un fémur o de unos pocos dientes y un trozo de cráneo. Y la gente hablaba de él como si fuera un individuo cuya influencia y cuyo carácter nos fuera familiar a todos. Recientemente, leí un artículo de una revista hablando de Java, en el que se comentaba cómo los actuales habitantes de la isla se ven irremediablemente avocados a actuar mal por la influencia de su pobre antepasado Pitecántropo. Puedo admitir sin problema que los modernos habitantes de Java actúen mal por sí mismos, pero no creo que necesiten justificar su actitud por el descubrimiento de unos cuantos huesos de muy dudosa procedencia. En cualquier caso, aquellos huesos son demasiado escasos, fragmentarios y dudosos como para llenar el vasto vacío que se da tanto en lo racional como en lo real entre el hombre y sus antecesores animales, si es que éstos fueron sus antecesores. Bajo la hipótesis de tal conexión evolucionista —una conexión que no tengo el menor interés en negar—, lo verdaderamente llamativo y digno de mención es el hecho de que no exista en aquel lugar ningún tipo de resto que pueda arrojar alguna luz sobre esta conexión. Darwin admitió este hecho y por ello se empezó a utilizar el término Eslabón Primero. Pero el dogmatismo de los darwinianos ha sido demasiado fuerte frente al agnosticismo de Darwin, y los hombres han caído insensiblemente en la trampa de convertir este término —totalmente negativo— en una imagen positiva. Y hablan de investigar las costumbres y el hábitat del Eslabón Perdido, como quien conociera al dedillo las escenas inexistentes del guión de una novela o los vacíos de una argumentación o, como quien se planteara salir a cenar con una incógnita.

Así pues, en este esbozo del hombre en su relación con ciertos problemas históricos y religiosos, no emplearé más tiempo en especulaciones sobre la naturaleza del hombre antes de que fuera hombre. Su cuerpo puede haber evolucionado de los animales, pero no sabemos nada de dicha transición que arroje la menor luz acerca de su alma, tal como se manifiesta en la historia. Desgraciadamente, unos escritores tras otros siguen el mismo estilo de razonamiento en lo que se refiere a los primeros vestigios de la existencia de los hombres primitivos. Estrictamente hablando, no sabemos nada de los hombres prehistóricos por la sencilla razón de que eran prehistóricos. La historia del hombre prehistórico es una evidente contradicción en los términos. Es ese tipo de sinrazón al que sólo los racionalistas pueden acogerse. Si a mil sacerdotes en su predicación se les ocurriera comentar que el Diluvio fue antediluviano, probablemente suscitarían comentarios irónicos acerca de su lógica. Si a un obispo se le ocurriera decir que Adán fue preadamita, provocaría en nosotros cierta extrañeza. Pero se supone que no somos capaces de notar las trivialidades formuladas por los historiadores escépticos cuando hablan de esa parte de la historia que es prehistórica. El hecho es que estos historiadores utilizan los términos histórico y prehistórico sin un claro análisis o definición en sus mentes. Lo que quieren decir es que existen rastros de vidas humanas anteriores al comienzo de las crónicas de la humanidad, y, en ese sentido, sabemos al menos que la humanidad fue anterior a la historia.

La civilización es anterior a los vestigios humanos. Éste es el punto de partida adecuado para plantear nuestras relaciones con el pasado. La humanidad nos ha dejado ejemplos de otras habilidades anteriores al arte de la escritura o, al menos, de las escrituras que somos capaces de leer. Pero no hay duda de que las artes primitivas eran artes, y es muy probable que las civilizaciones primitivas fueran civilizaciones. El hombre primitivo nos legó una pintura del reno, pero no nos dejó una narración acerca de cómo cazaba los renos y, por tanto, lo que afirmamos de él es hipótesis y no historia. Pero su arte era bastante artístico. Su dibujo manifiesta mucha inteligencia, y no hay por qué dudar de que su relato acerca de la caza fuera igualmente inteligente, aunque de existir, no sería fácil de entender. Es decir, que un periodo prehistórico no tiene por qué significar un periodo primitivo, en el sentido de ser un periodo caracterizado por la barbarie o la brutalidad. No se refiere al periodo anterior a la civilización, a la aparición de las artes o la artesanía, sino al periodo que precede a la aparición de escritos que estamos en condiciones de descifrar. Este hecho marca la diferencia práctica que existe entre recuerdo y olvido. Pero es perfectamente posible que hubieran existido todo tipo de formas de civilización olvidadas junto a todo tipo de olvidadas formas de barbarie. En cualquier caso, todo indica que muchas de estas olvidadas o medio olvidadas etapas de la civilización eran mucho más civilizadas y menos bárbaras de lo que la mayoría de la gente se imagina. El problema es que sobre estas historias no escritas de la humanidad, cuando la humanidad era muy probablemente humana, no es posible hacer sino conjeturas, sumidos en las mayores dudas y precauciones. Y, desgraciadamente, la duda y la precaución no son el camino preferido por los partidarios del evolucionismo laxo de la cultura actual. Pues dicha cultura está llena de curiosidad y lo único que no puede soportar es la agonía del agnosticismo. Fue en la época de Darwin la primera vez que esta palabra se hizo famosa y la primera vez que este asunto se volvió imposible.

Es preciso decir claramente que toda esta ignorancia se cubre bajo una capa de desvergüenza. Se hacen afirmaciones con tanta apariencia de normalidad y cientificismo que a la gente apenas le quedan ganas de detenerse a reflexionar y darse cuenta de que se trata de afirmaciones sin fundamento. El otro día, sin ir más lejos, un resumen de carácter científico, al hablar de las condiciones en las que vivía una tribu prehistórica, comenzaba con las palabras: «No iban vestidos». Probablemente, de cien lectores ni uno solo se paró a pensar cómo se puede llegar a la conclusión de si iban o no vestidas, unas personas de las que no nos queda más vestigio que unos trozos de hueso o de piedra. Esperaban, sin duda, que encontraríamos algún sombrero de piedra, como encontramos el hacha. La afirmación encerraba, evidentemente, la esperanza de que, con el tiempo, llegarían a descubrirse unos pantalones de duración eterna, de la misma sustancia que la roca. Pero a personas con un temperamento menos sanguíneo, les resultaría inmediatamente evidente que aquella gente pudiera llevar unos sencillos ropajes, o incluso ropas más elegantes, sin necesidad de que hubieran dejado más rastro de los mismos que el que nos han legado los hombres primitivos. El trenzado de hierbas y juncos, por ejemplo, pudo ser objeto de una mejor elaboración con el correr del tiempo, sin necesidad de alargar por ello eternamente la vida de los tejidos. Una civilización se podría haber especializado en cosas que luego no dejaran rastro, como el tejido o el bordado, y no en cosas que fueran permanentes, como la escultura o la arquitectura. Son múltiples los ejemplos de este tipo de sociedades especializadas. Aplicando el mismo criterio, una persona que viviera en el futuro y se encontrara las ruinas de la maquinaria de una de nuestras fábricas, podría llegar a la conclusión de que estábamos familiarizados con el hierro y con ningún otro tipo de material, y se apresuraría a revelar el descubrimiento de que el propietario y administrador de la fábrica iba, indudablemente, desnudo, o es posible que vistiera pantalones y sombrero de metal. No es mi intención sostener aquí que los hombres primitivos iban vestidos o que se dedicaran a la elaboración de tejidos, sino que no tenemos suficientes pruebas que nos permitan afirmar o negar el hecho. Pero merece la pena detenerse un instante en algunos de las escasos detalles que conocemos y de los que existe constancia. Si reflexionamos un poco ante ellos, nos daremos cuenta de que no son incompatibles con la idea del vestido y el decoro externo. No sabemos si adornaban otras cosas o si realizaban bordados y, si los realizaron, hay pocas probabilidades de que perduraran en el tiempo. Lo que sí sabemos es que dibujaron pinturas, y éstas han permanecido hasta el día de hoy. Y, con ellas, como vimos anteriormente, perdura el testimonio de un hecho de carácter singular y absoluto, algo que pertenece al hombre, y a nadie más salvo a él. Hay una diferencia de género y no de grado. No se trata de que el mono haga dibujos absurdos y, en cambio, el hombre los haga razonables. No es que el mono marque el comienzo del arte de la representación y el hombre continúe su tarea perfeccionándola. El mono no hace nada de eso: ni lo empieza, ni manifiesta el menor signo de comenzarlo. Antes de que el primer débil trazo se plasme en el arte, una línea de origen extraño se cruza en su camino.

Hay otro destacado escritor que, al comentar los dibujos de renos atribuidos a los hombres del neolítico, no duda en afirmar que tras aquellas pinturas no se trasluce ningún propósito religioso, lo que lo lleva a concluir que aquellos hombres no practicaban la religión. Me cuesta imaginar un hilo de argumentación más estrecho que éste, que reconstruye las disposiciones interiores más profundas de la mente del hombre primitivo, del hecho de que a alguien —que ha pintado unos pocos dibujos sobre la roca por un motivo que desconocemos, con una finalidad que desconocemos e influido por unas costumbres y convencionalismos que nos son ajenos— pueda haberle resultado más fácil dibujar unos renos que un elemento religioso. Quizá dibujó aquello por ser su símbolo religioso o quizá porque no lo era. Fácilmente podría haber dibujado su verdadero símbolo religioso en cualquier otro lugar, o quién sabe si no lo destruiría deliberadamente después de dibujarlo. Podría haber hecho o dejado de hacer un millón de cosas. En cualquier caso, se produce un salto de lógica increíble al concluir que el hombre primitivo no tenía ningún símbolo religioso y deducir a continuación de este hecho que no practicaba la religión. Ahora bien, este caso particular parece ilustrar con gran claridad la poca consistencia de esas conjeturas. Poco tiempo después, la gente descubrió, no sólo pinturas, sino esculturas de animales dentro de las cuevas. Algunas de ellas parecían estar dañadas, con abolladuras o agujeros que atribuyeron a la marca dejada por algún impacto de flecha. Se plantearon la hipótesis de que aquellas imágenes fueran los restos de algún rito mágico que consistiera en matar animales en efigie, mientras que las figuras intactas se explicarían mediante otro rito mágico para invocar la fertilidad sobre los ganados. Nos encontramos de nuevo con el hecho particularmente gracioso de la costumbre científica de ver las cosas desde los dos lados. Si la imagen está dañada prueba la existencia de una superstición, mientras que si no lo está, prueba la existencia de otra. Y nos volvemos a encontrar con un imprudente salto a las conclusiones. Naturalmente, no se les ha ocurrido a este grupo de especuladores que un grupo de cazadores refugiados al abrigo del invierno en el interior de una cueva, pudieran pasar el rato probando la puntería, como una especie de entretenimiento primitivo entre colegas. En todo caso, si lo hacían por superstición, ¿qué ocurre entonces con la tesis que sostenía que aquellos objetos nada tenían que ver con la religión? La verdad es que toda esa suposición nada tiene que ver con nada. Sus conclusiones ni siquiera son comparables al entretenimiento de unos amigos disparando flechas sobre la talla de un reno: lo suyo no es sino disparar flechas en el aire.

Tales especulaciones tienden a olvidar, por ejemplo, que los hombres actuales a veces hacen también sus marcas en las cuevas. El paso de un multitudinario grupo de turistas por la Gruta de las Maravillas u otras cuevas semejantes, suele dejar tras de sí un curioso rastro de jeroglíficos, iniciales o inscripciones que los más entendidos rehúsan reconocer como algo perteneciente a épocas remotas. Pero llegará el momento en que esas inscripciones pertenecerán realmente a épocas remotas. Y si los profesores del futuro conservaran algún parecido con los actuales podrían deducir una enorme cantidad de detalles vivos e interesantes de aquellos grabados de nuestro siglo. Y, si no conozco mal a la raza humana, y no pierde ésta la confiada actitud de sus predecesores, descubrirán los hechos más increíbles acerca de nosotros a la vista de las iniciales dejadas en aquella Gruta por «Ana» y «Alberto», probablemente, en forma de dos «A» entrelazadas. De este hecho aislado, deducirán: 1) que, puesto que las letras están toscamente escritas con una navaja de bolsillo no afilada, nuestro siglo se caracterizó por tener herramientas de tallado poco definidas y por no estar familiarizado con el arte de la escultura. 2) Que puesto que las letras eran mayúsculas, nuestra civilización nunca desarrolló letras más menudas o algo parecido a la escritura cursiva. 3) Que puesto que las consonantes iniciales aparecen juntas de forma impronunciable, nuestra lengua posiblemente tenía afinidades con el galés o quizá pertenecía al tipo de los primitivos semitas que ignoraban las vocales. 4) Que puesto que las iniciales de Ana y Alberto no parecen indicar de ninguna manera un contenido religioso, nuestra civilización no tendría religión. Quizá sea esto lo que más se acerque a la realidad pues, qué duda cabe, que una civilización religiosa habría dado muestras de un poco más de sentido común.

Suele decirse, en esta misma línea de argumentación, que la religión hizo su aparición de un modo lento y gradual, e incluso, que no tuvo su origen en una única causa sino en una combinación de elementos que podríamos denominar coincidencia. En general los elementos principales que intervendrían en dicha combinación se reducen a tres: el temor hacia el jefe de la tribu —a quién H.G.Wells insiste en denominar con lamentable familiaridad: «Venerable»—; los fenómenos en torno a los sueños; y los ritos sacrificiales y símbolos asociados a la cosecha, como el germinar del trigo para la resurrección. Confieso que me parece una psicología de muy dudosa entidad la de aquél que asocia un único ser vivo a tres causas muertas inconexas, si fuera tan sencillo que se dieran. Supongamos que Wells, en una de sus apasionantes novelas futuristas, nos hablara del surgimiento de una nueva y misteriosa pasión en los hombres; una pasión capaz de hacer soñar al hombre como lo haría con su primer amor, y por la que sería capaz de morir, como muchos son capaces de morir en defensa de su bandera y de su patria. Creo que nos quedaríamos un poco perplejos si nos dijera que este singular sentimiento era el efecto de una combinación entre el hábito de fumar, el crecimiento del impuesto de la renta y el placer de un motorista sobrepasando el límite de velocidad. Es algo difícil de imaginar, teniendo en cuenta que no es posible hallar ningún elemento de conexión o sentimiento común que pueda abarcarlos a todos. De la misma forma, nadie podría imaginar alguna conexión entre el trigo, los sueños y un viejo anciano con una lanza, a menos que existiera ya un sentimiento común que los englobara a todos. Pero, aun en el caso de que éste existiera, sólo podría tratarse de un sentimiento de orden religioso y aquellas realidades no podrían constituir la raíz de un sentir religioso ya existente. Creo que cualquier persona con sentido común aceptará que es más probable que el sentimiento místico existiera con anterioridad y que, a luz de este sentir religioso, los sueños, los reyes y los campos de trigo adoptaran esa apariencia mística, como pueden adoptarla en la actualidad.

En el fondo, todo esto no constituye más que un engaño por el que, haciéndonos ver las cosas a distancia y deshumanizadas, se pretende no entender cosas que resultan comprensibles a cualquiera. Es como decir que el hombre primitivo tenía la fea y grosera costumbre de abrir la boca cada poco para llenarla de extrañas sustancias, como si nunca hubiéramos oído hablar de comer. O como decir que los terribles trogloditas de la Edad de Piedra levantaban alternativamente cada una de las piernas con un movimiento de rotación, como si nunca hubiéramos oído hablar de caminar. Si lo que se pretendiera es tocar el nervio místico, para despertar en nosotros el asombro ante el hecho de caminar y de comer, podríamos aceptarlo como un relato legítimo. Pero como lo que se pretende aquí es matar el nervio místico y adormecer nuestros sentidos ante la maravilla de la religión, no vienen a ser más que tonterías irracionales. Se pretende encontrar algún elemento incomprensible en unos sentimientos que todos comprendemos. ¿Quién no encuentra misteriosos los sueños y no siente que se hallan en la oscura frontera de la existencia? ¿Quién no percibe en la muerte y el resurgir perpetuo de los seres que habitan en la tierra un escondido secreto del universo? ¿Quién no es capaz de entender que un carácter sagrado ha de rodear siempre la autoridad y la solidaridad que constituyen el alma de la tribu? Si encontráramos algún antropólogo que pensara que éstas son ideas trasnochadas e inverosímiles, no se podría decir otra cosa de él, salvo que su mentalidad no sería tan abierta como la del hombre primitivo. A mí me resulta indudable que sólo un sentimiento espiritual ya presente, sería capaz de revestir de un carácter sagrado elementos tan desconexos y tan diversos. Decir que la religión emanó de reverenciar a un jefe o de sacrificar por la cosecha es como poner un carro extraordinariamente elaborado, delante de un caballo verdaderamente primitivo. Es como decir, que el impulso que llevó a dibujar al hombre primitivo arrancó de la contemplación de los renos pintados en la cueva. En otras palabras, es como explicar el arte o la pintura diciendo que surgió de la obra misma de los pintores, o explicar el arte diciendo que surgió del arte. Más aún, es como decir que la poesía surgió por efecto de ciertas costumbres, como la de una oda oficial compuesta para celebrar el advenimiento de la primavera, o la composición de un joven levantándose habitualmente a escuchar el sonido de la alondra y anotando después sus impresiones sobre un trozo de papel. Es cierto que los jóvenes, con frecuencia, se vuelven poetas al llegar la primavera, y también es cierto que una vez que hay poetas, ningún poder mortal puede evitar que escriban acerca de la alondra. Pero los poemas no existen antes que los poetas. La poesía no surgió de las formas poéticas. En definitiva, no parece una respuesta muy adecuada para explicar cómo una cosa surge por primera vez, decir que ya existía previamente. Y, de la misma forma, no podemos decir que la religión surgió de las formas religiosas, pues es sólo otra forma de decir que surgió cuando ya existía previamente. Era necesaria una inteligencia particular para darse cuenta de que algo místico se encerraba tras los sueños o la muerte, lo mismo que era necesaria una inteligencia particular para darse cuenta de que había algo poético en torno a la alondra o la primavera. Esa inteligencia era lo que supuestamente llamamos mente humana, una mente apenas diferenciada de la actual, pues, hoy como entonces, seguimos encontrando místicos que meditan sobre la muerte y sobre los sueños, y también poetas inspirados por la primavera y las alondras. Pero no existe el menor indicio que nos induzca a pensar que existe alguna otra cosa que no sea la mente humana que conocemos, que sea capaz de percibir unas asociaciones místicas semejantes. Ninguna vaca parece obtener algún partido de carácter lírico de sus inmejorables oportunidades de escuchar a la alondra. Ni parece haber ninguna razón para suponer que las ovejas vivas empezarán en algún momento a utilizar las ovejas muertas, como fundamento de un elaborado sistema para reverenciar a sus antepasadas. Es cierto que en la primavera, la imaginación de un joven cuadrúpedo puede volverse ligeramente sensible a la consideración del amor. Sin embargo, nunca en las sucesivas primaveras se ha demostrado capaz de traducir aquello en pensamientos literarios. De igual modo, aunque es cierto que el perro parece tener sueños mientras el resto de cuadrúpedos no parecen tenerlos, hemos esperado durante mucho tiempo que los desarrolle en un sistema elaborado o en un ritual religioso. Tanto hemos esperado ya, que hemos dejado de esperar que lo hagan, y hemos dejado de mirar al perro, tanto para ver cómo aplica sus sueños a la construcción de iglesias, como para someter sus sueños a las reglas del psicoanálisis. Resulta obvio, en resumen, que por una u otra razón, estas experiencias naturales —a veces no exentas de una cierta emoción— nunca atraviesan la línea que las separa de la expresión creativa que se manifiesta en el arte o en la religión en ninguna criatura salvo en el hombre. Nunca la atraviesan, nunca la manifiestan y todo parece indicar que nunca lo harán. No es imposible —en el sentido de que sea contradictorio— el hecho de que viéramos unas vacas privándose de la hierba todos los viernes o doblando sus rodillas, como en la antigua leyenda acerca de la Nochebuena. En el mismo sentido, tampoco sería imposible que las vacas percibieran la muerte hasta el punto de elevar al cielo un sublime canto de lamento en honor de una vaca fallecida tras largos años de existencia. Y, en ese sentido, podrían expresar sus esperanzas de felicidad celeste con una danza simbólica en honor de la vaca que saltó sobre la luna. Podría ocurrir que el perro hubiera acumulado finalmente tal cantidad de sueños que fuera capaz de construir un templo a Cerbero, como una especie de trinidad canina. Podría ser que sus sueños hubieran empezado a convertirse en visiones acompañadas de alguna revelación sobre la Estrella Perro, el hogar espiritual de los perros desahuciados. Todo esto es posible desde el punto de vista lógico, en cuanto que es bastante difícil probar, desde este punto de vista, el universal negativo que llamamos imposibilidad. Pero ese instinto hacia lo improbable que llamamos sentido común, nos debería haber advertido hace mucho tiempo que los animales, a juzgar por las apariencias, no parecen evolucionar en ese sentido, y que es probable que no tengamos ninguna prueba evidente del paso de la experiencia animal al ámbito de la experiencia humana. Realmente, la primavera, la muerte e incluso los sueños, en cuanto experiencias sin más, son experiencias tan suyas como nuestras. Y lo único que podemos concluir es que dichas experiencias, en cuanto tales, no provocan nada parecido al sentido religioso en ninguna inteligencia salvo en la nuestra. Retornamos ahora a la consideración de esa inteligencia viva y solitaria. Era algo único y podía formular credos, lo mismo que pintar dibujos. Los elementos necesarios para la religión han permanecido allí innumerables épocas, lo mismo que los necesarios para cualquier otra cosa. Pero el poder de la religión residía en la mente. El hombre era ya capaz de advertir en las cosas los mismos enigmas, síntomas y esperanzas que aún distingue en la actualidad. Era capaz no sólo de soñar, sino de soñar en los sueños. Era capaz de contemplar no sólo los muertos sino también su sombra. Y gozaba de esa misteriosa naturaleza mística que encuentra siempre en la muerte un hecho increíble.

Ciertamente, estos indicios que hacen pensar en el hombre se manifiestan cuando el hombre aparece indiscutiblemente como tal. Pero no podemos afirmar esto, ni ninguna otra cosa, acerca del supuesto animal que sería el punto de conexión entre el hombre y las bestias. Y esto ocurre, sencillamente, porque no estamos tratando de un animal sino de una suposición. No podemos asegurar que el Pitecántropo adorara alguna vez algún dios, por el simple hecho de que no estamos seguros de su existencia. Se trata sólo de una visión utilizada para llenar el vacío que existe entre las primeras criaturas que fueron verdaderamente seres humanos y otras criaturas que ciertamente son monos u otros animales. Se reúnen unos pocos fragmentos, de muy dudosa procedencia, y se sugiere la existencia de dicha criatura intermedia, porque así lo requiere una determinada filosofía, pero nadie los considera suficientes para sentar ningún planteamiento filosófico, ni siquiera en apoyo de esa filosofía. Un trozo de cráneo encontrado en Java no puede dar pie a conclusiones como la presencia de la religión o la ausencia de la misma. Si alguna vez existió dicho hombre-mono, podría haber mostrado tanto carácter ritual en lo religioso como un hombre, o tanta simplicidad en la religión como un mono. Podría haber sido un mitólogo o un mito. Sería interesante investigar si esta cualidad mística apareció en una transición del mono al hombre, si es que hubiera algún tipo de transición sobre la que investigar. En otras palabras, el Eslabón Perdido podría ser o podría no ser místico, siempre y cuando no se encontrara perdido. Pero comparado con las pruebas evidentes que tenemos de los seres humanos reales, no tenemos ninguna prueba de que aquél fuera un ser humano, medio humano o de que se tratara de un ser vivo en absoluto. Ni los evolucionistas más radicales se atreven a deducir, partiendo de *aquél*, una idea evolucionista sobre el origen de la religión. Hasta en sus intentos de probar que la religión tuvo un desarrollo gradual desde unas fuentes primitivas o irracionales, parten siempre de los primeros hombres que fueron hombres. Pero lo único que consiguen probar es que los hombres que eran ya hombres, eran al mismo tiempo místicos. Utilizaban elementos primitivos e irracionales como sólo los hombres y los místicos pueden utilizarlos. Y volvemos, una vez más, a la verdad sencilla: que, en algún momento del tiempo, demasiado remoto para que los críticos lo puedan rastrear, se habría producido una transición de la que los huesos y las piedras no pueden, por su propia naturaleza, ser testigos. Y el hombre se convirtió en un alma viviente.

Sin duda, los que tratan de explicar el origen de la religión de esa manera, siguen un camino equivocado. Algo en su subconsciente les dice que alargando ese proceso de forma gradual y casi invisible se desvirtúa un hecho formidable. Y lo cierto es que esa perspectiva falsifica totalmente la realidad de la experiencia. Juntan dos realidades totalmente diferentes, de un lado los aislados indicios de orígenes evolucionistas, y de otro, el sólido y evidente bloque de la humanidad, y modifican su punto de vista hasta conseguir ver a ambos en una única línea curvada. Pero no consiguen más que una ilusión óptica. No existe una relación entre los hombres y los monos —o los eslabones perdidos— en una sucesión en cadena como la que forman los hombres en relación a los hombres. Es posible que hayan existido criaturas intermedias cuyos débiles vestigios puedan encontrarse en algún lugar dentro del inmenso vacío. Es posible que estos seres, si alguna vez existieron, fueran una realidad muy diferente a los hombres, u hombres muy diferentes a nosotros. Pero en ningún caso podemos afirmar esto de esos hombres prehistóricos a los que denominamos hombres de las cavernas. Los hombres prehistóricos eran realidades exactamente iguales a los hombres, y hombres extremadamente parecidos a nosotros. Lo único que ocurre, es que no sabemos gran cosa de ellos por la sencilla razón de que no nos han dejado ningún relato o testimonio escrito. Sin embargo, todo lo que sabemos sobre ellos les hace tan corrientes y tan humanos como los hombres que pudieron formar parte de un señorío medieval o de una ciudad griega.

Al mirar en perspectiva el amplio horizonte de la humanidad, percibimos esa realidad como algo humano. Para reconocer en ella un animal, deberíamos haber detectado antes algo anormal. Si probáramos a mirar la realidad por el otro extremo del telescopio —como más de una vez he intentado en estas reflexiones— y tratáramos de ver esa figura humana proyectada en un mundo no humano, lo único que podríamos decir es que uno de los animales claramente se había vuelto loco. Pero viendo la situación desde el lado correcto, o mejor, desde el interior, llegamos a la conclusión de que es cordura, y de que aquellos hombres primitivos eran cuerdos. Dondequiera que miremos: salvajes, extranjeros, personajes históricos..., siempre encontramos un elemento humano común a todos ellos. Todo lo que deducimos de la leyenda primitiva y lo que sabemos de la vida de los bárbaros, por ejemplo, respalda la existencia de un cierto principio o idea mística que tiene su manifestación más clara en el vestido. Pues el vestido es literalmente una indumentaria y el hombre la lleva porque es sacerdote. En este aspecto, el hombre, en cuanto animal, se diferencia también del resto de los animales. La desnudez no está en su naturaleza, no le acompaña durante su vida sino más bien a la hora de su muerte, como el sentido popular ha dado en reflejar con la expresión «morir de frío». Pero el vestido se lleva por dignidad, decencia o elegancia, aun cuando no se utilice para proteger del frío. Algunas veces parece que la gente lo valora más como ornamento que como algo necesario y tienden a asociarlo casi siempre con el decoro. Los convencionalismos de este tipo varían mucho según las circunstancias. Hay algunos que no son capaces de salvar esta reflexión y ello les parece suficiente argumento para dejar todos los convencionalismos de lado. Son los mismos que no se cansan de repetir, con sencilla expresión de asombro, que la forma de vestir es diferente en las Islas Caníbal[7] y en Camden Town[8]. Y no son capaces de ir más allá, rechazando desesperadamente la idea del pudor. Es como si dijeran que, puesto que ha habido sombreros de formas muy diversas —y algunas de ellas bastante curiosas—, por esa misma razón, los sombreros carecerían de importancia o no existirían; a lo que no dejarían de añadir que tampoco existirían la insolación o la calvicie. En todas partes, el hombre ha percibido siempre la necesidad de unas normas que sirvan para limitar y proteger ciertas cosas pertenecientes a la intimidad, frente a la burla o una malintencionada actitud, y han entendido la necesidad de observar esas normas, cualesquiera que fueran, en pro de la dignidad y el respeto mutuo. El hecho de que estas normas, remontándonos a un pasado más o menos remoto, estén ligadas principalmente a las relaciones entre los dos sexos, nos revela dos hechos que es necesario ubicar en el mismo comienzo de la raza humana. El primero es el hecho de que el pecado original es realmente original, no sólo desde el punto de vista de la teología sino también de la historia. Independientemente de lo dispar que pueda ser la opinión de los hombres respecto a otras cosas, todos coinciden en pensar que algo ocurre con la humanidad. El sentido del pecado ha hecho imposible ser natural y no llevar ropa, lo mismo que ha hecho imposible ser natural y no sujetarse a ninguna ley. Pero, sobre todo, vamos a encontrar este sentido del pecado en otro hecho. Un hecho que es padre y madre

---

[7] Referencia a la obra de R.M. Ballantyne: *The Cannibal Islands.*
[8] Distrito de Londres.

de todas las leyes, por cuanto está fundado en un padre y una madre. Un hecho que es anterior a todos los reinos y a todas las comunidades.

Ese hecho es la familia. En este punto, de nuevo es preciso mantener las enormes proporciones de algo normal a salvo de modificaciones, graduaciones y dudas más o menos razonables, como las nubes que se ciernen sobre una montaña. Es posible que lo que llamamos familia tuviera que abrirse camino por entre diversas anarquías o aberraciones, pero ciertamente sobrevivió a todas ellas, y es tan probable como improbable que las precediera a todas. Como veremos en el caso del comunismo y del nomadismo, junto a sociedades que habían adoptado una forma determinada pudieron darse —y de hecho se dieron— otras comunidades sin forma establecida. Pero no hay ninguna prueba que demuestre que dichos estados informes precedieran a las sociedades civilizadas. Lo verdaderamente esencial es el hecho de que la presencia de una forma es más importante que la ausencia de la misma y que la materia que llamamos humanidad ha adoptado esta forma. Por ejemplo, de las normas que giran alrededor del sexo, a las cuales aludimos recientemente, ninguna es más curiosa que la costumbre salvaje comúnmente llamada *couvade*[9]. Parece como una ley salida de un mundo invertido en donde el padre es tratado como si fuera la madre. El sentido místico del sexo se encuentra claramente implícito, pero muchos han sostenido que se trata de un acto simbólico, por el que el padre acepta la responsabilidad de la paternidad. En ese caso, esa grotesca farsa es realmente un acto muy solemne, pues es el

---

[9] Proveniente del francés (empollar, incubar), se refiere a una extraña costumbre seguida en varias partes del mundo que requiere que en los partos el marido guarde cama cuando la esposa va a dar a luz. Al momento del alumbramiento el hombre se mete en su cama e imita los movimientos de la esposa en el acto del parto. Cuando la criatura nace, la madre se levanta al día siguiente a ocuparse de las tareas domésticas mientras el marido permanece en cama cuidando al niño por espacio de cuarenta días, como si él hubiera pasado por el trance.

fundamento de lo que llamamos familia y de lo que conocemos como sociedad humana. Algunos, caminando a tientas por estos oscuros comienzos, han llegado a decir que la humanidad se encontró en algún momento bajo un matriarcado. Supongo que bajo un matriarcado no se le llamaría humanidad sino feminidad. Pero otros mantienen que lo que se conoce como matriarcado no fue más que una anarquía moral en la que la madre se quedaba sola porque todos los padres eran huidizos e irresponsables. Llegó entonces el momento en el que el hombre decidió guardar y guiar lo que él mismo había creado. Y se convirtió en cabeza de familia, no como un tirano, con una poderosa estaca con la que golpear a las mujeres, sino como una persona respetable tratando de comportarse responsablemente. Todo esto podría ser perfectamente cierto, e incluso podría haber sido el primer acto de familia. También sería cierto que el hombre, en aquel momento, actuó por primera vez como un hombre y, por lo tanto, se hizo por primera vez plenamente hombre. Pero también es posible que el matriarcado, la anarquía moral, o como se quiera llamar, fuera sólo uno de los cientos de disoluciones sociales o regresiones bárbaras que pudieron haber ocurrido, a intervalos, en la prehistoria, como ciertamente sucedieron en la época histórica. Un símbolo como el *couvade* —si es que realmente fue un símbolo—, quizás conmemore, no el primer brote de una religión, sino la supresión de una herejía. No podemos concluir con ninguna certeza acerca de estos temas, a no ser los grandes resultados obtenidos en la edificación de la humanidad; lo que sí podemos decir es en qué estilo está construida la mayor parte y lo mejor de la misma. Podemos afirmar que la familia es la unidad del estado; la célula que permite su formación. A su alrededor se da todo ese complejo de virtudes humanas que separa al hombre de la abeja y de la hormiga. El pudor es la tela que cubre dicha tienda. La libertad es el muro de dicha ciudad. La propiedad no es sino el ámbito familiar. Y el honor no es sino su blasón.

En el acontecer práctico de la historia humana, volvemos al hecho fundamental del padre, la madre y el niño. Como ya dijimos anteriormente, si la historia del hombre no puede empezar con unos presupuestos religiosos, debería empezar con algún presupuesto metafísico o moral, o no tendrá ningún sentido. Y éste es un buen ejemplo de la necesidad de dicha alternativa. Si no somos de los que empiezan por invocar una Trinidad divina, nos veremos obligados a invocar una Trinidad humana y ver ese triángulo repetido por todas partes en el modelo del mundo. Pues el acontecimiento más grande de la historia, al que toda la historia dirige su mirada y encauza su paso es, sencillamente, algo que es, al mismo tiempo, el reverso o una nueva forma de ese triángulo. O más bien el mismo triángulo superpuesto, de tal forma que se intersecta con el otro formando una sagrada estrella de cinco puntas que, en un sentido más elevado que la de los magos, hace temer a los demonios. La vieja trinidad estaba formada por el padre, la madre y el niño y se conoce como la familia humana. La nueva Trinidad está formada por el Niño, la Madre y el Padre, y tiene por nombre la Sagrada Familia. No se da ninguna alteración, salvo que los términos se han invertido. Igual que el mundo que es transformado no presenta ninguna diferencia, salvo el hecho de que se va a ver invertido.

III

ANTIGÜEDAD DE LA CIVILIZACIÓN

El hombre moderno que contempla sus orígenes ancestrales, es como un hombre observando el amanecer en una tierra extraña y esperando contemplar el nacimiento del sol tras las montañas desiertas o las cumbres solitarias. Pero ese amanecer se produce tras la negruzca amalgama de unas grandes ciudades edificadas muchos años antes y sepultadas en la noche de los tiempos. Ciudades colosales —moradas de auténticos gigantes—, adornadas con bestias esculpidas de tamaño superior a las palmeras, y retratos pintados doce veces más grandes que el tamaño natural, y tumbas enormes firmemente asentadas señalando a las estrellas, y enormes figuras de toros alados y barbados firmes y fija su mirada a la entrada de los templos, en una eterna quietud que hace temer que con sólo golpear el suelo se estremecería la tierra. El amanecer de la historia nos revela una humanidad ya civilizada. Quizás nos revela una civilización ya antigua. Y, entre otros detalles más importantes, nos muestra la necedad de gran parte de las generalizaciones que se han hecho acerca del periodo previo y desconocido cuando la humanidad era realmente joven. Las dos primeras sociedades humanas de las que tenemos datos fiables y detallados son Babilonia y Egipto. Y resulta que estos dos vastos y espléndidos logros del genio de los antiguos son un testimonio elocuente contra dos de los presupuestos más habituales y severos de la cultura de los modernos. Si queremos librarnos de la mitad de las insensateces que se han dicho acerca de los nómadas, los hombres de las cavernas y el venerable anciano de la tribu, no tenemos más que fijarnos en las dos sólidas y estupendas pruebas que llamamos Egipto y Babilonia.

Por supuesto, la mayoría de estos especuladores que hablan de los hombres primitivos piensan en los hombres salvajes modernos. Prueban su progresiva evolución presuponiendo que una gran parte de la raza humana no ha progresado, evolucionado o sufrido cambio alguno. No comparto su teoría del cambio, ni estoy de acuerdo con su dogma de cosas que no cambian. Es posible que no crea que el hombre civilizado haya tenido un progreso tan rápido y reciente, pero me cuesta entender por qué el hombre no civilizado habría de ser tan místicamente inmortal e inmutable. Creo que es necesaria una forma algo más sencilla de pensamiento y de discurso en el desarrollo de esta averiguación. Los salvajes modernos no pueden ser exactamente como los hombres primitivos, porque no son primitivos. Los salvajes modernos no son pretéritos, porque son hombres modernos. Algo ha influido en su raza, lo mismo que en la nuestra, a lo largo de los miles de años de nuestra existencia y supervivencia sobre la tierra. Han pasado por algunas experiencias y es de suponer que hayan tomado decisiones, beneficiándose en muchos casos de las mismas, como el resto de nosotros. Han vivido en un cierto entorno e incluso bajo un entorno cambiante, y es de suponer que se hayan adaptado al mismo de una forma adecuada y acorde con el desarrollo de su evolución. Esto habría sido así aun cuando las experiencias no hubieran sido muy fuertes o aunque el entorno hubiera sido monótono, pues con el correr del tiempo siempre llega un momento que adopta la forma moral de la monotonía. Sin embargo, mucha gente buena, inteligente y bien informada, considera igual de probable que la experiencia de los salvajes ha sido la de una decadencia de la civilización. La mayoría de los que critican este punto de vista no parecen tener una noción muy clara de lo que sería la decadencia de una civilización. Que Dios los ayude. Es probable que pronto lo descubran. Parecen alegrarse cuando descubren que los hombres de las cavernas y los caníbales de una determinada isla tienen cosas en común, como el uso de determinados utensilios. Pero parece obvio, en contra de esta opinión, que ninguna persona que se ve rebajada por alguna razón a una vida más dura, habría de tener por ello cosas en común. Si perdiéramos todas nuestras armas de fuego, construiríamos arcos y flechas, pero no necesariamente nos pareceríamos por completo a los primeros hombres que construyeron arcos y flechas. Se dice que los rusos en el momento de su retirada tenían tan poco armamento que se pusieron a luchar con palos cortados del bosque. Pero un hipotético profesor del futuro erraría al suponer que el ejército ruso de 1916 era una tribu de escitas que caminaban desnudos y que nunca habían salido de los bosques. Es como decir que un hombre en su segunda infancia debe copiar exactamente la primera. Un bebé nace tan calvo como un anciano, pero sería un error para un hombre que desconociera la infancia deducir que el bebé habría de tener una larga barba blanca. Tanto el niño pequeño como el anciano caminan con dificultad, pero el que espere ver al anciano colgado a su espalda pataleando alegremente, quedará un tanto defraudado.

Es absurdo, por tanto, defender que los primeros pioneros de la humanidad han de ser idénticos a algunos de los restos más estancados de la misma. Seguramente habría muchas cosas en las que los dos eran muy diferentes o absolutamente opuestos. Un ejemplo de cómo se concreta esta distinción esencial para nuestra argumentación es el ejemplo de la naturaleza y el origen del gobierno, utilizado por H. G. Wells, al que anteriormente he hecho alusión y que hace referencia al Venerable de la tribu, con el que parece estar tan familiarizado. Si consideramos fríamente las pruebas prehistóricas de que disponemos para tratar de delinear el retrato de dicho jefe prehistórico, sólo podríamos justificar sus descripciones pensando que su brillante y versátil autor olvidó por un momento que estaba escribiendo una historia y dejó volar la imaginación para ponerse a escribir una de esas fantásticas novelas tan propias de su estilo. Al menos, no me cabe en la cabeza cómo pudo llegar a la conclusión de que el gobernante prehistórico era conocido como Venerable o que la etiqueta impuesta por su corte exigiera introducir dicho título con mayúscula. Nos dice también a propósito de este personaje: «A nadie le estaba permitido tocar su lanza o sentarse en su asiento». Me cuesta creer que alguien haya desenterrado una lanza prehistórica con la siguiente etiqueta «se ruega a los visitantes no tocar», o una sede con la inscripción: «reservado para el Venerable». Podemos suponer que el escritor, que a buen seguro no se dedicaría simplemente a inventar las cosas, estaría dando por sentado ese dudoso paralelismo entre el hombre prehistórico y el hombre no civilizado. Puede ser que en ciertas tribus de salvajes al jefe se le llame Venerable y a nadie se le permita tocar su lanza o sentarse en su asiento. Pudiera ser que en esos casos estuviera rodeado de un hálito tradicional de misterio y superstición y, por lo que sé, destacara por una personalidad despótica y tiránica. Pero no existe la menor evidencia de que el gobierno primitivo fuera despótico y tiránico. Podría haberlo sido, por supuesto, lo mismo que podría no haberlo sido en absoluto. Pero el despotismo de ciertas tribus sórdidas y decadentes del siglo XX no prueba que los primeros hombres estuvieran sujetos a un gobierno despótico. Ni lo sugiere, ni ofrece el menor indicio que nos lleve a insinuarlo. Si existe un hecho que realmente podamos probar, partiendo de la historia que conocemos, es que el despotismo puede ser consecuencia del progreso; de un progreso tardío, muchas veces, y, con más frecuencia, el fin de sociedades altamente democráticas. El despotismo se podría definir como una democracia fatigada. Cuando el cansancio se cierne sobre una comunidad, los ciudadanos se sienten menos inclinados a esa perpetua vigilancia, que con acierto se ha denominado el precio de la libertad y prefieren colocar un único centinela para vigilar la ciudad mientras duermen. Es cierto que algunas veces lo necesitan para alguna acción repentina de tipo militar y que, con frecuencia, aquél aprovecha su condición de hombre fuerte armado para actuar como un tirano, como sucedió con algunos sultanes orientales. Pero no acabo de ver por qué el sultán habría de aparecer en la historia antes que otros muchos personajes. El hombre fuerte armado depende de la superioridad de su armadura, y este tipo de armamento sólo se da en una civilización más compleja. Un hombre puede matar a veinte con una pistola, pero es poco probable que pueda hacerlo con una piedra de sílex. El tópico habitual sobre el hombre fuerte que gobierna por la fuerza y el temor, no es otra cosa que un cuento de niños sobre un gigante con cien brazos. Veinte hombres bastarían para someter al hombre más fuerte de cualquier sociedad antigua o moderna. Sin duda, aquellos hombres podían admirar, en un sentido poético o romántico, al hombre que demostrara ser el más fuerte. Pero esto es algo muy distinto, y de un carácter tan puramente moral y místico como la admiración que se puede sentir hacia lo más sabio o lo más virtuoso. El espíritu que soporta las crueldades y caprichos de un déspota es el espíritu de una sociedad antigua, asentada y ciertamente endurecida, no el espíritu de una sociedad nueva. Como su mismo nombre indica, el Venerable es el gobernante de una humanidad anciana.

Es más probable que una sociedad primitiva fuera parecida a una democracia pura. En comparación con otras, las sencillas comunidades agrícolas han demostrado ser hasta ahora las democracias más puras. La democracia se debilita siempre en la complejidad de la civilización. Se puede decir, si se quiere, que la democracia es enemiga de la civilización. Pero no olvidemos que muchos de nosotros preferiremos democracia a civilización, en el sentido de preferir democracia a complejidad. El ejemplo más auténtico de hombres autogobernados, en todo caso, lo constituyen los campesinos, que labran las parcelas de su propia tierra en tosca igualdad y se reúnen para votar a la sombra de un árbol. Es tan probable como improbable que esta idea tan sencilla estuviera presente en esa condición primaria de hombres aún más sencillos. La visión despótica es exagerada aun cuando no consideráramos a los hombres como hombres. Ni siquiera una hipótesis evolucionista marcadamente materialista, nos impide suponer que los hombres hubieran tenido una relación de camaradería al menos tan fuerte como la de las ratas o la de los grajos. Indudablemente, debió existir entre ellos algún tipo de liderazgo, como el que se da entre los animales gregarios. Pero liderazgo no implica servidumbre irracional, como la que se atribuye a los supersticiosos súbditos del Venerable. Existiría, sin duda, alguien que haría la función —utilizando la expresión de Tensión— de un «grajo de muchos inviernos», que lideraría la estrepitosa colonia de los de su especie. E imagino que si esa venerable ave empezara a comportarse siguiendo el ejemplo de algunos sultanes de la antigua y decadente Asia, la colonia se volvería más estrepitosa y el grajo no vería muchos más inviernos. A propósito de esto, se podría decir que incluso entre animales hay algo que parece ser más respetado que la violencia brutal: la familiaridad, que en los hombres se conoce por tradición, o la experiencia, que en los hombres llamamos sabiduría. No sé si los cuervos realmente siguen al cuervo más anciano, pero si lo hacen no siguen ciertamente al más fuerte. Y en el caso de los hombres, si algún rito de ancianidad de los salvajes mantiene la costumbre de reverenciar a alguien llamado Venerable, no se da al menos el débil sentimiento moderno de postrarse ante el Hombre Fuerte.

Podemos decir, por tanto, que el gobierno primitivo, lo mismo que el arte, la religión y todo lo demás, se conoce con mucha imperfección o se basa en meras suposiciones. Decir que se trataba de un gobierno tan popular como el de una aldea del Pirineo o de los Balcanes, es una suposición tan buena como la de que se trataba de un gobierno tan caprichoso como un diván turco. Tanto la democracia de las montañas como el palacio oriental son modernos en cuanto que permanecen allí o son expresión del desarrollo de la historia. Pero de los dos, el palacio induce a pensar en el esplendor y la corrupción, mientras que la aldea nos hace pensar en algo que no ha sufrido transformaciones, realmente primitivo. Mis sugerencias en este punto, sin embargo, no van más allá de querer expresar una duda absoluta acerca de la hipótesis actual. Me parece interesante, por ejemplo, que muchos modernos hayan buscado el comienzo de las instituciones liberales remontándose hasta los bárbaros o los estados no desarrollados, cuando resultó conveniente para apoyar la tesis mantenida sobre alguna raza, nación o filosofía. Los socialistas, por ejemplo, declaran que su ideal de propiedad comunal existió en tiempos muy remotos. Los judíos están orgullosos de sus Jubileos o de las justas retribuciones bajo su antigua ley. Los teutones se jactan de encontrar la raíz de sus parlamentos, tribunales y otras instituciones populares entre las tribus germánicas del norte. También los defensores del patrimonio celta y los críticos frente a los errores cometidos en Irlanda, han reclamado con insistencia la aplicación del sistema de justicia igualitaria de los antiguos clanes, como el que los jefes irlandeses hicieron valer ante el conde de Strongbow[10]. La intensidad varía según los casos, pero en cuanto que existen ejemplos en todos los casos, sospecho que hay cierto fundamento para afirmar que las instituciones populares de cualquier tipo, no eran infrecuentes en las sociedades primitivas y más sencillas. Cada una de estas escuelas trata de probar una teoría moderna de carácter particular. Sin embargo, si las consideramos en conjunto, vemos detrás una verdad antigua y de carácter general: que el móvil de las asambleas prehistóricas era muy diferente de un instinto feroz o una actitud de temor. Todos estos teóricos disponen de su propia hacha para afilar, pero están dispuestos a utilizar un hacha de piedra. Y se las arreglan para afirmar que el hacha de piedra podría haber sido tan republicana como la guillotina.

El telón se alza sobre el escenario de una obra ya comenzada. En cierto sentido es una auténtica paradoja el hecho de

---

[10] Richard de Clare, conde de Pembroke, conocido como Strongbow. En 1171 reprimió una rebelión que reclamaba el trono de Leinster.

que hubiera historia antes de la historia. Pero no se trata de la paradoja irracional implícita en la historia prehistórica, pues se trata de una historia que no conocemos. Probablemente, este periodo fue muy parecido a la historia que nos es familiar, salvo por un detalle: que no la conocemos. Manifestar, por tanto, haber encontrado las huellas de todo, en una línea coherente, desde la ameba hasta el antropoide y desde el antropoide al agnóstico, es todo lo contrario a la pretendida historia prehistórica. Lejos de ser una cuestión de conocer todo acerca de unas extrañas criaturas muy diferentes a nosotros, es probable que se tratara de gente muy parecida a nosotros, pero de la que no sabemos nada. En otras palabras, los testimonios más antiguos que tenemos se remontan a una época en la que la humanidad llevaba largo tiempo siendo humana y, lo que es más, viviendo de forma civilizada. Los testimonios más antiguos de los que disponemos, no sólo mencionan sino que dan por supuesta la existencia de reyes, sacerdotes, príncipes o asambleas populares. Describen comunidades que difícilmente reconoceremos como tales en el sentido que nosotros les damos. Algunas de ellas son despóticas, pero no podemos decir que siempre lo hayan sido. Otras muestran signos de decadencia y prácticamente todas se mencionan como restos de épocas pretéritas. No sabemos lo que sucedió realmente en el mundo con anterioridad a estos vestigios, pero lo poco que sabemos nos produciría todo menos asombro al enterarnos de su gran parecido con el mundo actual. Nada habría de incoherente o confuso al descubrir que aquellos periodos desconocidos estuvieron llenos de repúblicas, que se derrumbaron ante monarquías para resurgir a continuación; de imperios en continua anexión y pérdida de colonias; de reinos fusionándose en estados y dividiéndose de nuevo en pequeñas nacionalidades, o de clases sociales sometidas al yugo de la esclavitud y poco más tarde caminando por la senda de la libertad. Todo un sucederse de la humanidad que puede constituir o no un progreso, pero que con toda seguridad constituirá una auténtica novela de aventuras. Una novela cuyos primeros capítulos han sido arrancados y que nunca podremos leer.

Lo mismo ocurre con una fantasía más curiosa acerca de la evolución y la estabilidad social. Según las pruebas que tenemos a nuestra disposición, la barbarie y la civilización no fueron etapas sucesivas en el progreso del mundo. Fueron condiciones de vida que coexistieron, como coexisten hoy en día. Hubo civilizaciones entonces como hay civilizaciones ahora, y existen salvajes ahora como existieron en su día. Hay gente que plantea que todos los hombres atravesaron una etapa nómada, pero lo cierto es que hay algunos que nunca salieron de ella y muchos probablemente nunca pasaron por ella. Desde tiempos muy remotos, el estático labrador y el pastor errante formarían dos tipos distintos de hombres. Y el orden cronológico que se les atribuye no es más que una manifestación de esa manía por establecer etapas progresivas que tanto ha contribuido a falsear la historia. Se dice que hubo una etapa comunista en la que la propiedad privada era desconocida en todas partes. Sin embargo, las pruebas evidentes de esta negación son en sí mismas bastante negativas y es posible constatar, a intervalos, redistribuciones de la propiedad, jubileos y leyes agrarias de muy diverso tipo. Pero el hecho de que la humanidad atravesara inevitablemente una etapa comunista parece tan dudoso como la afirmación paralela de que la humanidad retornará inevitablemente a ella. Es interesante comprobar cómo los más audaces planes de futuro invocan siempre la autoridad del pasado, y cómo los mismos revolucionarios se sienten satisfechos ante el pensamiento de verse también como reaccionarios. En el feminismo tenemos un interesante ejemplo paralelo. A pesar de toda la palabrería pseudocientífica acerca del matrimonio por captura y del hombre de las cavernas golpeando a la mujer con el palo, tan pronto como el feminismo se alzó como un grito de moda, se comenzó a insistir en que la civilización humana en su primera etapa había sido un matriarcado: parecía ser que la mujer era la que había llevado el palo. Todas estas ideas son, en cualquier caso, poco menos que suposiciones. Siguen, de forma curiosa, la fortuna de las corrientes y teorías modernas. En todo caso, no son historia, en el sentido de ser un vestigio histórico. Y si hemos de hablar de vestigios, hemos de reconocer, como ya señalamos, que la barbarie y la civilización han vivido siempre codo a codo en el mundo: extendiéndose algunas veces la civilización hasta absorber a los bárbaros y derrumbándose moralmente, en otras, hasta caer en una cierta barbarie. En casi todos los casos, la civilización manifestaría poseer ideas e instituciones más perfeccionadas que los bárbaros, como el gobierno o la autoridad pública, las artes, especialmente las decorativas, los diversos misterios y tabúes, especialmente los relativos al sexo, y una cierta forma del tema que constituye el principal interés de esta fundamentación: lo que llamamos religión.

Egipto y Babilonia, esos dos primitivos gigantes, podrían escogerse como modelos para ilustrar esta cuestión. Casi podríamos decir que son como unos patrones que sirven para demostrar que estas modernas teorías no funcionan. Las dos grandes verdades que conocemos acerca de estas grandes culturas contradicen totalmente las dos falacias actuales que acabamos de considerar. La historia de Egipto vendría muy bien para ilustrar cómo los comienzos del hombre no tendrían por qué ser necesariamente despóticos por el hecho de ser bárbaro, pues con mucha frecuencia se ha visto abocado al despotismo por el hecho de ser civilizado. Cae en el despotismo porque acumula experiencia o, lo que con frecuencia viene a ser lo mismo, porque está agotado. La historia de Babilonia ilustraría muy bien el hecho de que el hombre no necesita ser nómada o comunista antes de convertirse en campesino o ciudadano, y que tales culturas no se dan en etapas sucesivas sino que muchas veces son contemporáneas. Existe un riesgo a la hora de estudiar estas grandes civilizaciones con las que comienza nuestra historia escrita y es el de pasarse de listo o pretender ver más de lo que hay. De los ladrillos de Babilonia se extraerán conclusiones muy diferentes a las que se deducirán de las concavidades y anillos de algunas piedras neolíticas. Y así como sabemos lo que significaban las representaciones de animales de los jeroglíficos egipcios, no sabemos nada del animal representado en la cueva neolítica. Pero también aquí los admirables arqueólogos que han descifrado línea tras línea miles de jeroglíficos, pueden verse tentados a leer demasiado entre líneas. Hasta la persona de mayor autoridad en la materia, puede olvidar el carácter fragmentario de su conocimiento, obtenido tras arduas investigaciones. Puede olvidar que Babilonia únicamente le ha ofrecido parte de su herencia escrita, aunque esto sea mejor que no contar con ningún legado de escritura cuneiforme. Lo que está claro es esto: que algunas verdades históricas —que no prehistóricas—, dogmáticas —que no evolucionistas—, y hechos —que no fantasías—, proceden de Egipto y Babilonia, y estas dos verdades se encuentran entre ellas.

Egipto forma una serie de edificaciones a lo largo del río, bordeando la oscura desolación encarnada del desierto. Dice un proverbio muy antiguo que Egipto fue creado por la misteriosa bondad y siniestra benevolencia del Nilo. La primera noticia que tenemos de los egipcios es que vivían en un complejo de aldeas en pequeñas comunidades separadas, aunque en mutua cooperación, a lo largo de las orillas del Nilo. Allí donde éste se ramificaba en el amplio Delta surgió, según la tradición, un grupo de gente diferente, pero esto es algo que no tiene por qué complicar el hecho principal. Estos pueblos, más o menos independientes, aunque dependientes entre sí, gozaban ya por aquel entonces de un alto grado de civilización. Contaban con una especie de heráldica, un arte decorativo utilizado con fines simbólicos y sociales. Y la navegación por el Nilo se realizaba bajo un determinado pabellón representando figuras de pájaros o animales. La heráldica implica dos cosas de enorme importancia para el común de los mortales, cuya combinación engendra esa noble actitud que denominamos cooperación, y sobre la que descansan todos los pueblos que viven en libertad. Por un lado, su arte significa independencia: una imagen escogida por la imaginación para expresar la individualidad. Por otro, refleja interdependencia: un acuerdo entre diferentes partes para reconocer imágenes diferentes, como una ciencia de la imaginería. En ella encontramos, por tanto, ese compromiso de cooperación entre grupos o familias libres, que es la forma de vida más normal de la humanidad y particularmente notoria dondequiera que los hombres posean su propia tierra y vivan de ella. Posiblemente la mención de la imagen del pájaro y el animal, provoque en el estudiante de mitología una reacción, aun en sueños, y le haga pronunciar súbitamente la palabra «tótem». En mi opinión, el principal problema proviene de la costumbre de decir dichas palabras como entre sueños. A lo largo de esta tosca presentación, he procurado, de una forma poco adecuada pero necesaria, ceñirme al aspecto interior, más que al aspecto externo de tales asuntos. He intentado considerarlos, en la medida de lo posible, en el ámbito del pensamiento y no sólo en su aspecto terminológico. Tiene poco sentido hablar del tótem a menos que se tenga alguna idea de lo que la gente sentía hacia él. Si nos paramos a pensar que ellos tenían totems y nosotros no, ¿sería porque tenían más miedo a los animales o porque tenían más familiaridad con ellos? ¿Se sentiría el propietario del tótem de un lobo como si fuera un lobo o como un hombre atemorizado por él? ¿Se sentiría como san Francisco ante su hermano lobo o como Mowgli ante sus hermanos los lobos? ¿Era el tótem algo parecido al león o al buldog británico? ¿Era la adoración del tótem un sentimiento parecido al que los negros muestran hacia Mumbo Jumbo[11] o como el que

---

[11] Nombre que algunas tribus salvajes del Congo daban a la divinidad.

los niños muestran hacia Dumbo? Nunca encontré un solo libro que tratara de folclore, por muy culto que fuera, que me ofreciera alguna luz sobre esta cuestión, que por ahora considero la más importante. Me limitaré a repetir que las comunidades egipcias más antiguas poseían un conocimiento compartido de las imágenes que representaban a sus estados individuales y que todo ese cúmulo de información es prehistórica, en cuanto que está allí desde el principio de la historia. A medida que la historia se despliega sobre sí misma, la cuestión de la comunicación pasa a primer plano en la vida de estas comunidades ribereñas. La necesidad de la comunicación trae consigo la necesidad de un gobierno común, y comienza a agrandarse y cernirse sobre estos pueblos la sombra de la monarquía. Junto a la persona del rey, y quizás anterior a éste, la otra autoridad efectiva es el sacerdocio. Probablemente, haya que atribuir a éste un mayor peso en lo que se refiere a los signos y símbolos rituales que utilizaban para comunicarse. Y aquí, en Egipto, surgió, quizás, esa primitiva y característica invención a la que debemos toda nuestra historia, y que señala la radical diferencia entre lo histórico y lo prehistórico: el arte de la escritura.

Las pinturas populares de estos imperios primitivos no son ni la mitad de populares de lo que podrían ser. Se arroja sobre ellos una sombra de exagerada penumbra, mayor aún que la natural y sana melancolía de los hombres paganos, como consecuencia de esa misma especie de velado pesimismo que disfruta describiendo al hombre primitivo como una criatura que gatea, de cuerpo inmundo y alma temerosa. Es la visión propia de unos hombres que se mueven principalmente por la religión, pero una religión que se caracteriza, fundamentalmente, por su irreligiosidad. Para estas personas, cualquier cosa básica y elemental tiene que ser necesariamente mala. Pero, curiosamente, mientras nos inundan con los relatos más increíbles de la vida prehistórica, ninguno de ellos acierta a describir verdaderamente la vida del hombre primitivo. Describen escenas totalmente imaginarias, en las que los hombres de la Edad de Piedra son auténticos hombres de piedra, a modo de estatuas ambulantes, y donde los asirios y los egipcios se presentan con la rigidez y ausencia de vida de las figuras escultóricas o pictóricas que se reflejan en su propio arte arcaico. Pero ninguno de estos forjadores de escenas imaginarias ha intentado imaginar esas cosas con la viveza con la que contemplamos las cosas que nos son familiares. No han sido capaces de imaginar al hombre descubriendo el fuego como un niño que descubre los fuegos artificiales. No han sido capaces de imaginarse al hombre jugando con esa maravillosa invención que llamamos rueda, como un muchacho que disfruta escuchando las voces de una radio de su propia invención. No han sido capaces de hacerse jóvenes para describir la juventud del mundo. De esto se sigue que entre todas sus fantasías relativas a los tiempos primitivos o prehistóricos no encontraremos un sólo detalle gracioso. Ni siquiera un detalle simpático relativo a la forma de obtener aquellas ingeniosas invenciones. Y, sin embargo, existen serios indicios en los jeroglíficos que parecen indicar que el elevado arte de la escritura comenzó con una broma. Hay gente a la que le costará reconocer que el arte de la escritura comenzara con un juego de palabras. Podemos imaginar la escena: el rey, los sacerdotes o alguna persona investida de autoridad, se plantean la necesidad de enviar un mensaje río arriba, por un amplio y angosto territorio. Y surge la idea de enviarlo en imágenes, como hicieron los indios. Como la mayoría de la gente que ha utilizado dibujos para comunicarse por diversión, se encontraron con que las palabras no siempre encajaban. Pero, cuando la palabra empleada para definir los impuestos les sonaba parecido a la palabra cerdo en su lengua, dibujarían sin contemplaciones un cerdo como recurso extremo y probarían suerte. De la misma forma que un conocedor de jeroglíficos moderno podría representar la palabra «armario» dibujando, sin más, la figura de un «arma» y, a continuación, delineando el contorno de un «río». Lo mismo que fue un sistema eficaz para los faraones, debería serlo también para él. Debió ser divertido escribir o leer estos mensajes, cuando escribir o leer era un hecho realmente novedoso. Y si se han de escribir novelas sobre el antiguo Egipto —y parece que ni oraciones, ni lágrimas, ni maldiciones pueden apartarlos de la idea—, pienso que escenas como ésta servirían para recordar que los antiguos egipcios eran seres humanos. Se podría describir, por ejemplo, la escena de un poderoso monarca sentado entre sus sacerdotes, inventando ingeniosos juegos de palabras y provocando la risa y el deleite de los que lo rodeaban. Un entusiasmo similar podrían provocar, sin duda, las conjeturas acerca de las posibilidades de traducción que podría ofrecer aquel código: un verdadero laberinto de claves y averiguaciones, con todo el suspense de una novela de detectives. Así es como deberían escribirse realmente la historia y la novela primitiva. Pues cualquiera que fuera la calidad de la vida religiosa o moral de aquellos tiempos remotos, probablemente mucho más humana de lo que se supone de ordinario, el interés científico de dicha época debió de ser muy grande. Las palabras debieron causar más asombro que la telegrafía sin hilos, y los experimentos con cosas normales debieron ser tan impactantes como una descarga eléctrica. Pero aún estamos esperando que alguien escriba una historia viva acerca de los hechos de la vida primitiva. He querido detenerme en este punto, que viene a ser como una especie de paréntesis, porque es un hecho que tiene relación con el desarrollo político a través de una institución que tuvo un papel muy activo en estos primeros y más fascinantes relatos de la ciencia: los sacerdotes.

Se suele admitir que gran parte de la ciencia tiene una deuda de gratitud con los sacerdotes. No se puede acusar a escritores modernos como H. G. Wells de mostrar mucha afinidad hacia ningún tipo de jerarquía eclesiástica, aunque reconoce, al menos, la contribución que los sacerdotes paganos hicieron a las artes y las ciencias. Entre los más ignorantes de los ilustrados se produjo un acuerdo para afirmar que los sacerdotes habían obstaculizado el progreso en todas las épocas. En cierta ocasión, en el curso de un debate, cierto político me hizo observar que estaba oponiendo la misma resistencia a ciertas reformas modernas que la que alguno de los primitivos sacerdotes habría opuesto probablemente al descubrimiento de las ruedas. Le respondí diciéndole que lo más probable es que aquel sacerdote fuera el principal promotor del descubrimiento de las ruedas. Es muy probable que los primitivos sacerdotes tuvieran mucho que ver con el descubrimiento del arte de la escritura. Resulta bastante evidente en el hecho de que la misma palabra jeroglífico está relacionada con la palabra jerarquía. La religión de estos sacerdotes era, al parecer, un politeísmo más o menos confuso, de unas características que describiremos con más detalle más adelante. La religión atravesó un período en el que cooperó con el rey; otro período en el que fue, por algún tiempo, destruida por el rey —que resultó ser un príncipe con un deísmo hecho a su medida— y un tercer período en que la religión prácticamente destruyó al rey y pasó a gobernar en su lugar. El mundo tiene que agradecer a los sacerdotes muchas cosas que considera comunes y necesarias, y dichos creadores deberían tener un lugar entre los héroes de la humanidad. Si estuviéramos cómodamente situados en el paganismo, en vez de estar incómodamente situados en una reacción algo irracional hacia el cristianismo, es posible que hubiéramos tributado algún tipo de honor pagano a estos ignotos creadores de la humanidad. Quizá habríamos erigido una estatua al primer hombre que descubrió el fuego, al primero que hizo un barco o que domesticó un caballo. Y tendría más sentido coronar a éstos de guirnaldas u ofrecerles sacrificios, que deslucir nuestras ciudades con las pobres estatuas de políticos y filántropos caducos. El problema es que tras la llegada del cristianismo ningún pagano de nuestra civilización ha sido capaz de ser realmente humano.

Lo que nos interesa ahora, sin embargo, es el hecho de que el gobierno egipcio, ya se tratara de un gobierno de carácter sacerdotal o real, tendió a asegurar cada vez más las comunicaciones del reino y, por consiguiente, tuvo que ejercer un cierto grado de coerción. Se podría sostener que el estado se hizo más despótico para alcanzar un mayor grado de civilización pero no está claro que tuviera que hacerse más despótico para hacerse más civilizado. Es lo que se utiliza para justificar la autocracia en todas las épocas. Y lo interesante sería verlo reflejado en la época más temprana de la historia. Pero no tiene ninguna razón de ser que fuera más despótico en la época más temprana y se hiciera más liberal en un momento posterior. El sucederse práctico de la historia es exactamente el opuesto. No es cierto que en sus comienzos la tribu viviera atemorizada ante el Venerable, su asiento y su lanza. Al menos en Egipto, es probable que el Venerable fuera más bien un joven preparado para afrontar nuevas situaciones. Su lanza creció más y más y su trono se alzó más y más, a medida que Egipto se convertía en una civilización compleja y más perfecta. La historia de Egipto refleja en este punto la historia de la tierra y niega directamente la hipótesis popular de que el estado de terror puede venir solamente al principio y no puede venir al final. No sabemos cuál fue la primera condición de la mezcla más o menos feudal de terratenientes, campesinos y esclavos en las pequeñas comunidades del Nilo; pero pudo haber existido un campesinado aún más popular. Lo único que sabemos es que las pequeñas comunidades pierden su libertad como consecuencia de la experiencia y de la educación; que la soberanía absoluta no es algo antiguo sino relativamente moderno. Y es al final de esa senda llamada progreso cuando los hombres vuelven a optar por la realeza.

Egipto muestra, en ese breve documento acerca de sus más remotos comienzos, el problema esencial de la libertad y la civilización. Es un hecho que los hombres pierden variedad en favor de la complejidad. No hemos solucionado el problema mejor de lo que ellos lo hicieron. Pero tiende a vulgarizar la dignidad humana del problema el hecho de que la tiranía no tenga ninguna razón de ser salvo en el terror tribal. Y así como el ejemplo egipcio refuta el error sobre el despotismo y la civilización, el ejemplo babilónico refuta el error sobre la civilización y la barbarie. Las primeras noticias que tenemos de Babilonia son de cuando ya estaba civilizada, por la sencilla razón de que no podemos oír hablar de cosa alguna mientras no posea la suficiente educación como para poder expresarse. La civilización babilónica nos habla en un lenguaje cuneiforme, ese rígido simbolismo triangular que contrasta con el alfabeto figurativo de Egipto. Por muy rígido que sea, el arte egipcio será siempre diferente del espíritu babilónico, que era demasiado rígido para tener algún tipo de arte. Hay siempre un toque de gracia en las líneas del loto y un algo de rapidez y rigidez en el movimiento de las flechas y de los pájaros. Algo en esa curva del río, contenida pero activa, nos llevará quizá, al hablar de la serpiente del viejo Nilo, a imaginar el Nilo como una serpiente. Babilonia era una civilización de diagramas más que de dibujos. W. B. Yeats, cuya imaginación histórica es comparable a su imaginación mitológica —y, ciertamente, la primera no es posible sin la última— nos habla de los hombres que miraron las estrellas «desde su pedante Babilonia». La escritura cuneiforme se realizaba sobre ladrillos, en los que se fundaba toda su arquitectura. Los ladrillos eran de barro cocido y quizás había algo en el material que impedía el desarrollo en forma de escultura o de grabado. La suya fue una civilización estática pero científica, bastante avanzada en la maquinaria de la vida y muy moderna en algunos aspectos. Se dice que poseían gran parte del culto moderno, ejercido bajo la elevada condición del celibato, y que contaban con una clase oficial de mujeres trabajadoras independientes. En esta poderosa fortaleza de barro endurecido hay algo que nos sugiere la intensa actividad de una enorme colmena. Enorme pero humana. En ella podemos observar muchos de los problemas sociales del antiguo Egipto o de la moderna Inglaterra y, aunque tuviera defectos, constituyó también una de las obras maestras más tempranas del hombre. Estaba situada, lógicamente, en el triángulo formado por los legendarios Tigris y Éufrates, y la vasta agricultura de su imperio, de la que dependían sus ciudades, se había perfeccionado mediante un sistema de canales altamente científico. Poseía por tradición una elevada calidad intelectual, de carácter más filosófico que artístico, destacando, desde su misma fundación, unas figuras que han llegado a representar el saber astronómico de la antigüedad, los maestros de Abrahán: los Caldeos.

Frente a esta sólida sociedad, como frente a una vasta pared desnuda de ladrillo, surgieron una época tras otra los innumerables ejércitos de los nómadas. Salían de los desiertos, donde la vida nómada había sido algo habitual desde el principio y es aún habitual en la actualidad. Pero no es necesario detenerse en la naturaleza de este tipo de vida. Resultaba obvio e incluso cómodo seguir el paso de una manada o un rebaño, que normalmente no tenía problemas para encontrar sus propios pastos, y vivir de la leche o de la carne que éstos le proporcionaban. Y no hay duda de que este hábito de vida podía ofrecer al hombre todo lo que necesita salvo un hogar. Muchos de estos pastores o ganaderos de tiempos remotos se entretendrían con las verdades y enigmas del libro de Job, y entre ellos se encontrarían Abrahán y sus hijos, aquéllos que legarían al mundo moderno, como un enigma interminable, el monoteísmo casi monomaníaco de los judíos. Eran gente sencilla, sin complejos planteamientos de organización social que, movidos en su interior por un espíritu semejante al viento, emprendieron varias veces la guerra por fidelidad a su Dios. La historia de Babilonia es, en gran parte, la historia de su defensa contra las hordas del desierto, que llegaban a intervalos de uno o dos siglos y normalmente se retiraban igual que venían. Algunos dicen que una mezcla de invasiones nómadas contribuyó a formar en Nínive el arrogante reino de los asirios, sobre cuyos templos podían distinguirse las figuras de monstruosos toros barbados con alas de querubín, y cuyos conquistadores militares dejaron sobre el mundo la impronta de sus colosales pisadas. Asiria fue un periodo de transición imperial, que no pasó de ser más que eso: un periodo de transición. Lo más destacado de su historia es la guerra entre los pueblos nómadas y los sedentarios. En la época prehistórica, sin duda, como en la época histórica, los nómadas se dirigieron hacia el oeste devastando lo que pudieron encontrar a su paso. La última vez se encontraron con que Babilonia había desaparecido. Pero esto ocurrió ya en la época histórica, y el nombre de su líder era Mahoma.

Ahora bien, vale la pena detenerse brevemente sobre esa historia porque, como se ha indicado, contradice directamente la impresión, todavía actual, de que el nomadismo es simplemente un hecho prehistórico y el asentamiento social un hecho relativamente reciente. No hay nada que demuestre que los babilonios fueran en algún momento nómadas. De la misma forma, hay muy pocas pruebas que demuestren que las tribus del desierto decidieran establecerse definitivamente en algún lugar. Es probable que los genuinos y sinceros estudiosos a cuyas investigaciones todos debemos tanto, hayan abandonado ya esa concepción de que a una etapa nómada le seguiría una etapa de asentamiento. Pero no he de vérmelas en este libro con dichos eruditos, sino con una vasta y difusa opinión pública que se ha extendido prematuramente a partir de ciertas investigaciones imperfectas, y que ha puesto de moda una falsa noción de toda la historia de la humanidad. Me refiero a esa vaga idea que defiende que un mono evolucionó a un hombre y que un bárbaro evolucionó a un hombre civilizado y que, por ello mismo, en cada etapa histórica deberíamos volver los ojos a la barbarie antes de ponerlos en la civilización. Por desgracia, es una idea que, en un doble sentido, se encuentra totalmente en el aire, pues más que una postura que algunos hombres defienden, es la atmósfera que algunos hombres respiran. A este tipo de personas se les contesta más fácilmente con hechos que con teorías. Y, si alguno se sintiera tentado de plantear tal hipótesis en alguna conversación o escrito de carácter trivial, le aconsejaría cerrar un momento los ojos y contemplar en toda su extensión, difusamente poblada, como un precipicio plagado de imágenes, la maravilla de la pared babilónica.

Existe un hecho que parece cernirse sobre nosotros como su sombra. La visión superficial que tenemos de estos imperios primitivos nos muestra que la primera relación doméstica se había visto alterada por un elemento infrahumano, pero que a menudo llegó a ser considerado un elemento igualmente doméstico. El oscuro gigante llamado Esclavitud había sido invocado como el genio de la lámpara y se encontraba trabajando en gigantescas obras de ladrillo y piedra. Al llegar a este punto, no debemos asumir de nuevo con demasiada ligereza que lo antiguo tenía que ser necesariamente bárbaro. La primitiva esclavitud fue, en general, menos cruel de lo que lo que llegó a ser más adelante o de lo que quizá llegue a ser algún día. Asegurar el alimento a la humanidad obligando a parte de ella a trabajar, no deja de ser, después de todo, un recurso muy humano, por lo que probablemente se intente volver a aplicar. Pero, en cierto sentido, la antigua esclavitud tiene su significado. Representa un hecho fundamental para toda la antigüedad anterior a Cristo; un hecho que ha de ser asumido de principio a fin, y no es otro que el insignificante valor otorgado al individuo frente al Estado. Verdad que sería tan predicable de la más democrática ciudad-estado helénica como de cualquiera de los despotismos babilónicos. Una de las manifestaciones de este espíritu es que toda una serie de individuos eran considerados insignificantes o incluso invisibles. Su situación era algo normal, pues eran necesarios para lo que ahora denominaríamos una «prestación social». Aquellas palabras del hombre contemporáneo: «El hombre es nada, el trabajo lo es todo», pronunciadas a modo de una cita de Carlyle, vienen a reflejar el siniestro lema del estado de esclavitud pagano. En este sentido, hay algo de verdad en esa visión tradicional de las pirámides que se alzan sin cesar bajo el cielo eterno, merced al trabajo de innumerables y desconocidos personajes que, trabajando como hormigas, mueren como moscas, exhaustos por el trabajo de sus propias manos.

Existen otras dos razones para comenzar con Egipto y Babilonia. Por un lado, la tradición los reconoce como arquetipos de la antigüedad, y la historia sin tradición está muerta. Babilonia sigue siendo el estribillo de poesías infantiles, y Egipto —con su enorme población de princesas aguardando la reencarnación— sigue siendo el tema de un innecesario número de novelas. Pero la tradición, siempre que sea lo suficientemente popular —aun cuando tenga algo de vulgar—, implica generalmente una verdad. Y hay un significado en este elemento babilónico y egipcio presente en la poesía infantil y en las novelas. Hasta los mismos periódicos, normalmente tan por detrás de los tiempos, han alcanzado ya el reinado de Tutankamón. La primera razón está llena del sentido común propio de la leyenda popular. Se trata, sencillamente, de que sabemos más de estas cosas tradicionales que de otras cosas contemporáneas. Es algo que siempre ha sido así. Todos los viajeros, desde Herodoto hasta Lord Carnarvon[12], siguieron esta ruta. Las especulaciones científicas actuales despliegan el mapa de todo el mundo primitivo, señalando con líneas punteadas las corrientes de emigración de razas o su mezcla,

---

[12] Arqueólogo inglés (1866-1923). Dedicado al estudio de las antiguas civilizaciones y aficionado a las investigaciones arqueológicas, fue eficaz colaborador de Howard Carter. Contribuyó personalmente y con su dinero al descubrimiento de la tumba de Tutankamón en 1922, y en esta empresa, por cierto, halló la muerte, según parece, a causa de haberle picado una mosca durante la exhumación de la momia, aunque también se atribuyó el suceso al hecho de haber respirado las emanaciones acumuladas en la tumba.

sobre territorios que el cartógrafo medieval no científico gustosamente habría denominado *Terra incognita*, si es que no se habría parado a llenar los espacios en blanco con el dibujo de algún dragón, para indicar la acogida que esperaba a los peregrinos. En el mejor de los casos, estas especulaciones no dejan de ser meras especulaciones. Si nos pusiéramos en lo peor, las líneas punteadas podrían llegar a ser mucho más fabulosas que el dragón.

Este hecho constituye por desgracia una falacia, en la que los hombres —hasta los más inteligentes y quizá, precisamente, los dotados de una mayor imaginación— pueden caer con cierta facilidad. La falacia consiste en suponer que, por el hecho de que una idea sea más amplia, haya de ser por ello más esencial, más real y más cierta. A un hombre que viviera solo en una choza en medio del Tíbet, se le podría decir que está viviendo en el Imperio Chino; un lugar espléndido, espacioso e impresionante, o por el contrario que se hallaba situado en el Imperio Británico, lo que le produciría una lógica impresión. Aquel individuo, debido a un curioso proceso mental, podría sentirse mucho más seguro de la existencia del Imperio Chino, que no podría ver, que de la choza que tendría ante sus ojos. Algún extraño elemento mágico en su mente hace que su pensamiento comience con el Imperio, aunque su experiencia comience con la choza. Y podría llegar a enloquecer pensando que su choza no podría existir en los dominios del Trono del Dragón[13], que sería imposible que una civilización semejante pudiera albergar un cobertizo como el

---

[13] En Asia se consideraba al dragón como el principal de los cuatro mágicos animales espirituales. Compartía la condición de animal sagrado con el fénix, la tortuga y el unicornio, pero fue el dragón el que mayor popularidad alcanzó. De hecho, los emperadores estaban íntimamente asociados con los dragones, su trono era El Trono del Dragón, su rostro, El Rostro del Dragón. Los tronos se hacían realmente con forma de dragón, así como su cama y su barco. De los emperadores más poderosos se creyó que por sus venas corría sangre de dragón y que tenía algunos de estos majestuosos seres a su servicio.

suyo. Esta locura sería producto del desliz intelectual de suponer que, puesto que China es una hipótesis grande y lo abarca todo, ha de ser por ello algo más que una hipótesis. La gente moderna está continuamente argumentando de esta manera, y lo aplican a cosas mucho menos reales y ciertas que el Imperio Chino. Parecen olvidarse, por ejemplo, que un hombre ni siquiera está tan seguro del sistema solar como lo está de los montes de su país. El sistema solar es una deducción, y, sin duda alguna, una deducción verdadera; pero se trata de una deducción muy amplia y de gran alcance y, olvidándose por ello de que es una deducción, lo trata como un primer principio. Podría descubrir que todos sus cálculos son erróneos y el sol, las estrellas y las farolas de la calle seguirían presentando el mismo aspecto. Pero ha olvidado que su deducción es un cálculo, y prácticamente está dispuesto a contradecir al sol si no se ajusta al sistema solar. Pues si esto es una falacia en el caso de hechos bien comprobados, como el sistema solar o el Imperio Chino, supone una falacia aún más devastadora cuando se aplica a teorías y otras realidades que no han sido comprobadas en absoluto. Los historiadores, especialmente al tratar de la historia prehistórica, tienen la horrible costumbre de empezar con ciertas generalizaciones acerca de las razas. No voy a describir el caos y la desgracia que esta inversión ha producido en la política moderna. Como existe una vaga suposición de que la raza es el origen de la nación, los hombres hablan de la nación como algo más vago que la raza. Inventan una razón para explicar unos hechos y prácticamente niegan los hechos para justificar la razón. Considerarán a los celtas como un axioma y a los irlandeses como una deducción. Y, se sorprenderán de que un irlandés, con tono agresivo y vociferante, se enoje ante semejante tratamiento. No son capaces de ver que los irlandeses son irlandeses, sean o no celtas, y existieran o no éstos alguna vez. Y lo que les lleva por senda equivocada, una vez más, son las *dimensiones* de la teoría, el convencimiento de que la fantasía supera la realidad. Se supone que los irlandeses pertenecieron a una gran raza céltica dispersa y, en consecuencia, el irlandés debe depender de ella para su misma existencia. La misma confusión ha llevado a fundir a ingleses y alemanes en una misma raza teutónica, ocasión que algunos han aprovechado para sostener que, formando parte de una misma raza, es imposible que se hubiera dado algún tipo de enfrentamiento entre ellos. Ofrezco estos vulgares y conocidos ejemplos de pasada, como los ejemplos más familiares de la falacia. Pero lo que nos interesa no es tanto su aplicación a estos hechos modernos como a los antiguos. Es curioso que cuanto más remoto e indocumentado es el problema de las razas, más seguros parecen estar los hombres de ciencia de la época victoriana en sus equivocadas hipótesis. Una tradición científica que, a día de hoy, es mantenida por muchos a los que supone una tremenda conmoción cuestionar estas cosas, que no pasaban de ser más que deducciones antes de que éstos mismos las convirtieran en primeros principios. Y asegurarán ser arios antes que anglosajones, lo mismo que afirman ser anglosajones antes que ingleses. O no se percatarán de ser europeos, pero no dudarán en ser indoeuropeos. Estas teorías de la época victoriana han cambiado mucho en cuanto a su forma y alcance, pero la costumbre del rápido endurecimiento de hipótesis en teoría, y de teoría en presupuesto, acaba de ponerse de moda. La gente no puede evitar fácilmente la confusión mental de pensar que los fundamentos de la historia deben ser firmes, que los primeros pasos deben ser seguros o que la generalización más grande debe ser obvia. Pero, aunque la contradicción pueda parecerles una paradoja, es lo más opuesto a la verdad. Lo grande se presenta como algo misterioso e invisible. Lo pequeño, como algo evidente y de grandes dimensiones.

Toda raza sobre la faz de la tierra ha sido objeto de estas especulaciones, y es imposible sugerir siquiera un esbozo del tema. Pero si consideramos aisladamente la raza europea, observamos que su historia, o mejor su prehistoria, ha experimentado muchas revoluciones retrospectivas en el breve período de mi propia existencia. Se la solía llamar raza caucásica y recuerdo que en mi niñez leí un relato que hablaba de su enfrentamiento con la raza mogol. El relato había sido escrito por Bret Harte[14] y comenzaba en los siguientes términos: «¿Ha sido extinguida la raza caucásica?» Aparentemente lo había sido, pues en un periodo muy breve había dado paso al hombre indoeuropeo, que —lamento decirlo— algunas veces era presentado orgullosamente como indogermánico. Parece ser que el hindú y el alemán tienen palabras similares para designar al padre o la madre y que el sánscrito presenta otros puntos comunes con diversas lenguas occidentales. Con esto, parecían desaparecer repentinamente todas las diferencias superficiales entre hindúes y alemanes. Generalmente, esta persona compuesta era designada bajo el nombre de ario, y lo más importante de su misión consistió en haberse marchado hacia el oeste de las tierras altas de la India, donde se pueden encontrar todavía fragmentos de su lengua. Cuando leí esto de niño, imaginaba que, después de todo, el ario no tenía por qué haberse ido hacia el oeste dejando su lengua tras él; podría haberse ido también hacia el este llevando su lengua consigo. Confieso que si volviera a leer esto, no lo entendería, pero no lo volveré a hacer puesto que es una teoría muerta. Parece como si el ario se extinguiera también. No ha cambiado simplemente su nombre sino también su dirección, su punto de partida y su ruta. Una nueva teoría mantiene que nuestra raza no vino a su actual hogar del este sino del sur. Algunos dicen que los europeos no vinieron de Asia sino de África. Otros han tenido la peregrina idea de que los europeos vinieron de Europa o, aún mejor, que nunca salieron de ella.

Hay ciertas pruebas evidentes de una presión más o menos prehistórica procedente del norte, como la que parece

---

[14] Literato norteamericano (1839-1902). Popular y universalmente conocido por sus novelas de costumbres californianas.

haber llevado a los griegos a heredar la cultura de Creta y que, con frecuencia, llevó a los galos a atravesar las montañas hacia los campos de Italia. Pero, únicamente quería utilizar este ejemplo de etnología europea para mostrar cómo los sabios actuales han vuelto otra vez al punto de partida, y yo, que no me encuentro entre ellos, no pretendo inmiscuirme ni por un instante donde dichos maestros entran en desacuerdo. Lo que sí puedo hacer es utilizar mi sentido común, cosa que ellos creo que a veces tienen un poco oxidado por falta de uso. La primera reacción del sentido común ante una nube y una montaña es reconocer sus diferencias. Y me atrevo a afirmar que nadie sabe nada de esas cosas, con la misma claridad con que todo el mundo conoce la existencia de las pirámides de Egipto.

Una vez más, podemos repetir, que lo que realmente vemos en la fase más temprana de la historia, tan distinto de lo que podríamos suponer razonablemente, es una oscuridad que cubre la tierra y una gran tiniebla que envuelve a las personas. Una o dos luces resplandecen aquí o allá en algunos lugares puntuales de la humanidad y, entre ellas, la llama que arde sobre dos de las mayores ciudades primitivas: las altas terrazas de Babilonia y las enormes pirámides del Nilo. Existen, sin duda, otras luces antiguas, o supuestamente antiguas, en partes muy remotas de esa vasta espesura de la noche. Lejos, hacia el este, descubrimos una gran civilización ancestral en China y encontramos también restos de civilizaciones en Méjico, Sudamérica y otros lugares, algunos de ellos con una civilización aparentemente tan desarrollada que presenta las formas más refinadas de adoración al diablo. La diferencia radica en los elementos de tradición antigua. La tradición de estas culturas perdidas se ha quebrado, y aunque la de China aún pervive, no está claro que sepamos algo de ella. Además, si alguien intentara sondear la antigüedad de China tendría que utilizar la tradición china y se vería transportado a otro mundo sujeto a diferentes leyes de espacio y tiempo. El tiempo se estira y los siglos adoptan el lento y rígido movimiento de los eones. El europeo intenta ver las cosas como las ve el oriental y siente como si su cabeza se volviera y descubriera asombrado que le estuviera creciendo una coleta. Pero no es capaz de asumir con sentido científico esa rara perspectiva histórica que conduce a la primitiva pagoda de los primeros Hijos del Cielo. Se encuentra en las mismísimas antípodas: el único mundo alternativo auténtico frente al cristianismo. Y se encuentra, en cierto modo, caminando boca abajo. Hemos hablado ya del dragón que ilustra los mapas medievales, pero, ¿qué viajero medieval, por muy interesado que estuviera en los monstruos, esperaría encontrar un país con un dragón bienintencionado y amistoso? En otro apartado dedicaremos algunas palabras al aspecto más serio de la tradición china. Aquí, únicamente pretendo hablar de la tradición y las pruebas de antigüedad. Y sólo hago referencia a China como una antigüedad a la que no llegamos por el puente de una antigua tradición, cosa que no ocurre en el caso de Babilonia y Egipto. Nos sentimos tan próximos a Herodoto, como lo estaríamos frente a un chino con sombrero hongo, sentado frente a nosotros en una cafetería londinense. Los sentimientos de David e Isaías nos resultan más familiares que los de Li Hung Chang[15]. Los mismos pecados que llevaron al rapto de Helena o Betsabé han pasado a formar parte de los proverbios sobre la debilidad humana, el sentimiento o el perdón. Y las mismas virtudes de los chinos tienen algo de terrible. Esto es lo que marca la diferencia entre la destrucción o la conservación de una herencia histórica continua, como la del antiguo Egipto en la Europa moderna. Y, al preguntarnos qué mundo fue el que heredamos, y por qué esa gente y esos lugares concretos parecen pertenecer a él, llegamos al hecho central de la historia civilizada.

---

[15] Li Hung Chang (1823-1901), estadista chino, fue uno de los primeros en intentar abrir China a la civilización occidental. Representó a su país en la firma de importantes tratados.

Ese centro era el Mediterráneo, que no era tanto una extensión de agua como un mundo. Un mundo que, a semejanza de esas aguas, aunó, en un tiempo relativamente corto, corrientes de las más variadas y extrañas culturas. De la misma forma que el Nilo y el Tíber desembocan en el Mediterráneo, los egipcios y los etrurios contribuyeron a crear una civilización mediterránea. El esplendor del poderoso Mediterráneo se extendió a territorios muy alejados, y la unidad se hizo sentir entre los solitarios árabes del desierto y los galos situados más allá de las montañas del norte. Pero la gradual formación de una cultura común a lo largo de las costas de este mar interior constituye el principal negocio de la antigüedad. Como veremos, no siempre fue un buen negocio. En aquel acotado *orbis terrarum* se daban cita los extremos del mal y de la compasión. Había contraste de razas y un contraste aún mayor de religiones. Era el escenario de una lucha interminable entre Asia y Europa, desde la batalla naval con los persas en Salamina, a la huida de las naves turcas en Lepanto. Y era también, como veremos más adelante, el escenario de una suprema lucha espiritual entre dos diferentes tipos de paganismo, enfrentándose unos a otros en las ciudades latinas y fenicias, en el foro romano y en el centro comercial púnico. Era un mundo de guerra y paz, un mundo de mal y bien; el mundo de todo lo que más importa, con todos los respetos para los aztecas y los mongoles del lejano oriente. La importancia de éstos era mucho menor que la que tenía por entonces —y aún conserva— la tradición mediterránea. Entre ésta y el lejano oriente se dieron, naturalmente, otros cultos interesantes y conquistas de diversos tipos en relación con aquélla, gracias a lo cual, hemos llegado a conocerlos. Cierta historia griega cuenta cómo los persas llegaron a caballo para intentar poner fin a Babilonia y cómo, a raíz de esta relación, aprendieron a tensar el arco y a decir la verdad. Alejandro Magno se dirigió con sus macedonios hacia la salida del sol y, a su regreso, trajo de aquellas tierras pájaros de curiosos colores como las nubes del amanecer y extrañas joyas y curiosas flores de los tesoros y jardines de reyes innumerables. El Islam, a su vez, penetró en aquel mundo por el este y lo convirtió, en parte, en algo comprensible a nuestros ojos, precisamente porque el Islam había nacido en ese círculo de tierras que bordean nuestro mar antiguo y ancestral. En la Edad Media, el imperio de los mongoles aumentó su majestad sin dejar por eso de perder su misterio. Los tártaros conquistaron China y los chinos, al parecer, les hicieron muy poco caso. Todos estos hechos son interesantes en sí mismos, pero no es posible desplazar el centro de gravedad desde el mar interior de Europa a los territorios interiores de Asia. Podemos decir, en resumidas cuentas, que si no existiera otra cosa en el mundo que lo que se dijo, hizo, escribió y edificó en aquellos territorios mediterráneos, en lo que se refiere a los aspectos más valiosos y esenciales de la vida, existiría aún el mundo en el cual vivimos. Cuando aquella cultura meridional se extendió hacia el noroeste dio lugar a muchos hechos extraordinarios, entre los que nosotros mismos somos, sin duda, el más asombroso. Y al extenderse a otras colonias y a nuevos países, siguió siendo la misma cultura, mientras no perdió vitalidad. Pero alrededor de aquel mar menudo, semejante a un lago, independientemente de todos los ecos y comentarios en el ambiente, se encontraban presentes un cúmulo de realidades innegables: la República y la Iglesia, la Biblia y las epopeyas heroicas; el Islam, Israel y los recuerdos de Imperios perdidos; Aristóteles y la medida de todas las cosas. Y, porque la primera luz sobre *este* mundo es realmente luz —la misma luz del día que actualmente ilumina nuestros pasos, y no un simple resplandor de lejanas estrellas—, he querido comenzar llamando la atención sobre el lugar donde esta luz recae por vez primera en las ciudades fortificadas del Mediterráneo oriental.

Pero, aunque Babilonia y Egipto gozan de una especie de derecho primario, por el hecho de ser familiares y tradicionales —fascinantes enigmas para nosotros y para nuestros padres— no debemos imaginar que eran las únicas civilizaciones antiguas en el mar meridional, o que toda la civilización era sumeria, semítica o copta, y menos aún asiática o africana. Las auténticas investigaciones alaban cada vez más la antigua civilización de Europa y, especialmente, la de los que vagamente podemos aún llamar «griegos». Hay que entender esto en el sentido de que hubo griegos antes de los griegos, como en tantas de sus mitologías existieron dioses antes de los dioses. La isla de Creta fue el centro de la civilización que ahora conocemos como minoica, en recuerdo del rey Minos, que pervivió a través de la leyenda antigua, y cuyo laberinto fue realmente descubierto por la arqueología moderna. Esta avanzada sociedad europea, con sus puertos, su sistema de drenaje y su maquinaria doméstica, parece desmoronarse ante la invasión de sus vecinos del norte, quienes formaron o heredaron la Hélade[16] que conocemos por la historia. Pero antes de desmoronarse, tuvo ocasión de ofrecer al mundo dones preciosos que la humanidad ha tratado inútilmente de agradecer desde entonces, aunque sólo fuera mediante su plagio.

En alguna parte de la costa jónica, frente a Creta y las islas, existió una ciudad de las que podríamos llamar aldea o ciudad amurallada. Se le denominó Ilion, pero vino a ser llamada Troya, y su nombre nunca desaparecerá de la tierra. Un poeta, que pudo haber sido mendigo y trovador, desconocedor de la lectura y la escritura, y a quien la tradición señala como ciego, compuso un poema en el que relata la guerra que hicieron los griegos contra esta ciudad para recuperar a la mujer más hermosa del mundo. Que la mujer más hermosa del mundo viviera en aquella pequeña aldea puede parecer una leyenda. Que el poema más hermoso del mundo fuera escrito por alguien que no conocía más que aquellas pequeñas aldeas, es un hecho histórico. Se dice que este poema

---

[16] Nombre primitivo de Grecia.

surgió al final del período, cuando la cultura primitiva se encontraba en su decadencia. Si esto fuera así, ¡cuánto daríamos por conocer el esplendor de aquella cultura! Por lo demás, bien es verdad que éste, que es nuestro primer poema, podría ser también el último. Representa la primera y la última palabra empleada por el hombre sobre su destino mortal, desde un punto de vista puramente terrenal. Si el mundo se hace pagano y perece, el último hombre vivo haría bien en citar la Ilíada y morir.

Pero en esta magnífica y singular revelación humana de la antigüedad hay otro elemento de gran importancia histórica, al que no se ha otorgado un lugar adecuado en la historia. El poeta concibió el poema de tal forma que parece mostrar mayor afinidad por el vencido que por el vencedor. Y es un sentimiento creciente en la tradición poética a medida que se aleja de su origen poético. Aquiles fue considerado una especie de semidios en tiempos paganos, pero más tarde se verá relegado al olvido. La figura de Héctor, en cambio, se engrandece con el paso del tiempo. Su nombre perdurará en uno de los caballeros de la tabla redonda y la leyenda pondrá su espada en manos de Rolando, que combatirá con ella su último combate, rememorando la ruina y el esplendor pasados del Héctor vencido. Su nombre anticipa todas las derrotas por las que nuestra raza y nuestra religión habían de pasar, y el triunfo de sobrevivir a todas ellas.

El relato de la caída de Troya nunca hallará su final, alzándose para siempre con vivos ecos, inmortal como nuestra desesperación y nuestra esperanza. Troya era tan poca cosa que podía haber pasado desapercibida durante siglos. Pero su caída se vió afectada por un soplo de fuego que la fijó para siempre en el instante inmortal de su aniquilación. Y la llama que provocó su destrucción nunca terminará de consumirse. Lo mismo que con la ciudad sucede con el héroe. Al remontar el curso de la antigüedad, en aquel primer crepúsculo, nos encontramos con la primera figura del caballero. Su título encierra una coincidencia profética. Ya hemos hablado del término «caballero» y de cómo parece mezclar los conceptos de jinete y de caballo. Y nos lo encontramos anticipado, muchos siglos antes, en la extraordinaria fuerza del hexámetro homérico, en esas palabras con las que concluye la Ilíada[17]. Una unidad conceptual que no permite encontrar otro nombre que el de centauro sagrado de la caballería. Pero existen otras razones, en esta rápida visión de la antigüedad, que realzan el soplo de fuego que se cernió sobre la ciudad sagrada. El resplandor de la amurallada aldea por la que dieron la vida sus héroes se extendió sobre las costas e islas del norte Mediterráneo. La pequeñez de la ciudad condujo a la exaltación de la grandeza del ciudadano. La Hélade, con todos sus monumentos, no dejó tras de sí otro monumento más preclaro que el de aquella figura andante, ideal del hombre dueño de sí mismo. La Hélade de las cien estatuas se convirtió en leyenda y literatura, y todo aquel laberinto de pequeñas naciones amuralladas se hizo eco a los lamentos de Troya.

Una leyenda posterior, con una concepción distinta y de ningún modo accidental, señaló que los troyanos dispersos fundaron una república a orillas de Italia. Es verdad, en lo que se refiere al espíritu, que la virtud republicana tendría una raíz semejante. Una misteriosa estela de honor, no nacida del orgullo egipcio o babilónico, continuó brillando, como el escudo de Héctor, desafiando a Asia y a África, hasta que comenzó a despertar la luz de un nuevo día, acompañada del estruendo de las águilas y la llegada de un nombre; un nombre que resonó como un trueno cuando el mundo despertó a Roma.

---

[17] «Así hicieron las honras de Héctor, domador de caballos», palabras finales de la Ilíada.

IV

DIOS Y RELIGIONES

En cierta ocasión, visitaba las ruinas romanas de una antigua ciudad británica acompañado de un profesor, cuando éste hizo un comentario que me pareció encerrar una ironía referente a muchos de sus colegas. Probablemente se diera cuenta de ello, aunque no lo manifestara, y se percataría de que aquello contradecía lo que se conoce como «religión comparada». Le señalé hacia una escultura representando la cabeza del sol rodeada de su habitual halo de rayos, pero con la diferencia de que su rostro en vez de ser juvenil como el de Apolo, era barbudo como el de Neptuno o Júpiter. «Sí», dijo él con delicada precisión, «se supone que representa a la diosa local Sul[18]. Las mejores autoridades en la materia identifican Sul con Minerva, pero se ha conservado esta efigie para demostrar que la identificación no es completa».

Es lo que se llama un poderoso eufemismo. El mundo moderno está más loco que las mismas ironías que puedan verterse sobre él. Hace tiempo Belloc[19] puso en boca de uno de sus personajes burlescos la opinión de que la investigación moderna había demostrado que un busto de Ariadna correspondía más bien a Isleño[20]. Pero no acaba de superar esto la consideración de Minerva en los mismos términos que la «Mujer Barbuda» de Barnum[21]. Son sólo dos ejemplos muy

---

[18] Diosa de la mitología céltica y germánica.
[19] Escritor inglés (1870-1953), poeta, novelista, crítico, escritor militar polémico, humorista. Es una de las grandes figuras del catolicismo inglés.
[20] Dios frigio, hijo de Pan y de una ninfa, preceptor y compañero de Baco. Tuvo el don de la profecía y reveló a Midas el secreto de la vida humana. Era un viejo grotesco, siempre borracho, y casi siempre iba montado en un burro.
[21] Phineas Taylor Barnum (1810-1891). Notable figura norteamericana del mundo del espectáculo. Dirigió un circo y fundó un Museo Americano célebre por

parecidos de las múltiples identificaciones realizadas por «las mejores autoridades» en religión comparada. Y así, cuando la gente identifica el credo católico con mitos extravagantes procuro no reir, maldecir o perder la compostura. Y me limito sencillamente a decir que la identificación no es completa.

En los días de mi juventud, el término religión de la Humanidad era un término que se aplicaba normalmente a la filosofía de Comte, teoría defendida por ciertos racionalistas que adoraban la colectividad de los hombres como si se tratara de un Ser Supremo. Ya por entonces, comenté que había algo raro en su desdén y rechazo de la doctrina de la Trinidad, que adquiría los tonos de una contradicción mística de carácter maníaco. Curiosamente, al mismo tiempo que rechazaban la Trinidad, invitaban a adorar una deidad compuesta por cien millones de personas en un solo dios, sin confusión de personas ni división de sustancia.

Pero existe otra entidad, que supone un menor esfuerzo imaginativo que este monstruoso ídolo de múltiples cabezas, y con mayor derecho a ser denominada, razonablemente, religión de la Humanidad. El hombre no es ciertamente el ídolo sino que en casi todas partes es el idólatra. Y todas estas idolatrías multitudinarias de la humanidad poseen algo que de muchas maneras es más humano y comprensivo que las modernas abstracciones metafísicas. El dios asiático con tres cabezas y siete brazos, simboliza al menos la idea de una encarnación material, que nos acerca a un poder desconocido y no muy lejano. Pero si al salir de excursión un domingo viéramos cómo unos amigos nuestros se transformaran repentinamente y se fundieran en la figura de un ídolo asiático, nos parecerían seguramente muy lejanos a la vista. Si los brazos de uno y las piernas de otro se agitaran en el mismo cuerpo,

---

su excéntrica colección de curiosidades, entre las que se podían contemplar cosas tan disparatadas como las cataratas del Niágara, negros blancos, la sirena de las islas Fidji y toda clase de fenómenos curiosos.

parecerían estar haciendo gestos de una triste despedida. Si sus tres cabezas sonrieran a la vez sobre el mismo cuello, dudaríamos, sin duda, con qué nombre dirigirnos a esta nueva amistad, de tan anormal aspecto. Hay algo en torno al misterio de los multiformes ídolos orientales que los hace al menos parcialmente inteligibles: una forma oscura, pero material, adoptada por desconocidas fuerzas de la naturaleza. Pero lo que es verdad aplicado al dios multiforme, no lo es tanto cuando se aplica al hombre multiforme. El hombre pierde su humanidad cuando pierde la capacidad de aislarse, de encontrarse solo, y cuanto menos aislado, más difícil resulta comprenderlo. Podríamos afirmar, sin salirnos de la verdad, que cuanto más cerca están los hombres entre sí, más lejos se encuentran. Cierto libro de himnos espirituales de este tipo de religión humanitaria fue sometido a una cuidadosa revisión y purga, con la intención de preservar cualquier elemento humano y eliminar cualquier elemento divino. Como consecuencia de las enmiendas, uno de los himnos pasó a rezar: «Más cerca de Ti, Humanidad, más cerca de Ti». Es un hecho que siempre me ha sugerido la sensación de un hombre colgado de la barra de un metro totalmente abarrotado. Pero es curioso y maravilloso lo lejos que pueden parecer las almas de los hombres, cuando sus cuerpos se encuentran tan cerca, como en este caso.

No se debe confundir la unidad del género humano, que tratamos de delinear en estas líneas, con la monótona forma de agrupación propia de la sociedad industrial moderna, la cual tiene más de congestión que de comunión. Me refiero, más bien, a esa unidad a la que han tendido, en todas partes, los grupos y los individuos humanos, abandonados a su suerte, movidos por un instinto que podríamos llamar, propiamente, humano. Como todo lo humano que goza de buena salud ha variado mucho dentro de los límites de la generalidad, como ocurre con todo aquello que pertenece a esa antigua tierra de libertad sobre la que está edificada nuestra ciudad industrial servil. El industrialismo se jacta de que sus productos proceden todos de un único patrón. Esto hace que tanto en Jamaica como en Japón pueda romperse el mismo precinto y beberse el mismo whisky adulterado, mientras que dos hombres situados en polos distintos del planeta contemplan con el mismo optimismo la etiqueta del mismo dudoso salmón en lata. Pero el vino, regalo de los dioses a los hombres, varía según valles y viñedos y puede transformarse en cien vinos distintos sin que ninguno de ellos llegue una sola vez a recordarnos al whisky. Y no deja el vino de ser vino, por mucha que sea su variedad. Intentaré demostrar que, así como el vino siendo una sola cosa puede adoptar tantas formas diferentes, la mayor parte del tedio moderno procede de una misma raíz. Y, antes de plantear cualquier discusión centrada en la religión comparada y en los diferentes fundadores religiosos del mundo, es preciso reconocer esa raíz en su conjunto como algo casi connatural y normal dentro de esa gran agrupación que llamamos Humanidad. Esta raíz es el Paganismo y, a lo largo de estas páginas, trataré de demostrar que se trata del único rival auténtico de la Iglesia de Cristo.

La religión comparada es tanto una cuestión de grado, distancia y diferencia que únicamente es un método acertado cuando intenta comparar. Y cuando nos paramos a examinarlo de cerca nos encontramos con que se comparan cosas realmente incomparables. Se acostumbra a presentar las grandes religiones del mundo en columnas paralelas, y ello nos induce a pensar que realmente son paralelas; o se colocan los nombres de los grandes fundadores religiosos en hilera: Cristo, Mahoma, Buda o Confucio. Pero esto no es más que un truco, una de esas ilusiones ópticas por las que cualquier objeto se puede poner en relación particular con otro, colocándolo simplemente en un lugar concreto de nuestro campo visual. Esas religiones y fundadores religiosos o, más bien, los que decidimos colocar juntos como religiones y fundadores religiosos, no presentan realmente ningún aspecto en común. La ilusión es producida en parte por el Islam, que va inmediatamente después del cristianismo en la lista, de la misma forma que llegó también a continuación del cristianismo en el tiempo y, en gran medida, resulta una imitación del mismo. Pero, las otras religiones orientales, o lo que llamamos religiones, no sólo no se asemejan a la Iglesia, sino que difieren profundamente entre sí. Cuando llegamos al confucionismo, al final de la lista, llegamos a algo que se encuentra a un nivel totalmente distinto de pensamiento. Comparar la religión cristiana y la de Confucio es como comparar un deísta con un hacendado inglés o plantear a un hombre la disyuntiva de si cree en la inmortalidad o se considera cien por cien americano. El confucionismo puede ser una civilización pero no es una religión.

La Iglesia es de tal modo única que resulta difícil probar su propia singularidad. El medio más sencillo y popular es la analogía, pero en este caso no existe ningún término de comparación. No es fácil, por tanto, mostrar la falacia de una clasificación falsa que pretende hundir una realidad única cuando se trata de algo realmente único. De la misma manera que en ninguna otra parte se da exactamente el mismo hecho, en ninguna otra parte se da tampoco exactamente la misma falacia. Pero voy coger el ejemplo más cercano a este solitario fenómeno social que puedo encontrar para demostrar cómo es rebajado de rango en la forma que hemos descrito. Imagino que la mayoría de nosotros estaríamos de acuerdo en que hay algo inusual y único en el caso de los judíos. No existe ningún otro ejemplo en el mundo que sea, en el mismo sentido que ellos, una nación internacional; una antigua cultura dispersa por multitud de países y que al mismo tiempo se mantiene intacta e indestructible. Ahora bien, la singularidad del caso se presta a una tentación: la de establecer una lista de naciones nómadas y así restar importancia a su estado de curiosa distinción. Sería muy fácil hacerlo. Bastaría con encontrar primero una aproximación plausible e ir después introduciendo realidades totalmente diversas hasta rellenar la lista. Tendríamos así, que en la nueva enumeración de naciones nómadas, los judíos encabezarían la lista seguidos de los gitanos, que, si bien no poseen el carácter de nación, al menos son auténticos nómadas. Y gracias a esta clasificación, el profesor de la nueva ciencia de Nomadismo Comparado podría abordar sin problemas asuntos muy diferentes, aun cuando se tratara de asuntos que no tuvieran nada que ver entre sí. Y se vería autorizado a comentar la aventura colonizadora de los ingleses por tantos territorios marítimos, y llamarlos nómadas. Ciertamente, muchos ingleses parecen estar ligeramente incómodos en Inglaterra, pero también es cierto que no todos han salido del país por el bien del mismo. Y, por asociación inevitable con las errantes aventuras del Imperio Británico, sería obligado hablar del curioso imperio exiliado de los irlandeses. Pues es un hecho digno de reseña en nuestra literatura imperial que la misma expansión e incomodidad que son prueba de la empresa y triunfo de los ingleses es una prueba del fracaso y futilidad de los irlandeses. El profesor de Nomadismo, por tanto, miraría pensativamente a su alrededor y recordaría una reciente charla entre camareros, peluqueros y administrativos alemanes declarándose naturales de Inglaterra, Estados Unidos o algún país sudamericano. Los alemanes pasarían a engrosar la quinta posición en la lista de razas nómadas y le resultarían muy útiles en este contexto algunas palabras alemanas relacionadas con su pasión por los viajes o el vagar de los pueblos germanos. Después de todo, habían existido historiadores que explicaron las Cruzadas diciendo que los alemanes se encontraban «vagabundeando» —como suele decir la policía— por lo que resultaba ser la vecindad de Palestina. Sintiéndose ya cerca del final, el profesor daría un último salto a la desesperada. Recordaría que el ejército francés capturó prácticamente todas las capitales de Europa y atravesó innumerables tierras conquistadas bajo el Imperio de Carlomagno o Napoleón; y haría observar que aquello significaba pasión por los viajes y constituía un rasgo característico de raza nómada. De esta forma, tendría sus seis naciones nómadas formando un grupo compacto y completo, y sentiría que el judío ya no era una especie de excepción misteriosa o incluso mística. Pero gente con un poco más de sentido común, enseguida se daría cuenta de que no había hecho otra cosa que ampliar el cupo de naciones nómadas ampliando el significado del término, y que lo había ampliado hasta tal punto que había dejado de tener todo significado. Es cierto que el soldado francés realizó algunas de las expediciones más importantes de toda la historia militar. Pero igualmente cierto, y más evidente en sí mismo, es el hecho de que si el campesinado francés no es una realidad arraigada, no existe otra realidad arraigada en el mundo. En otras palabras, si afirmáramos que aquél es un nómada, no podríamos decir de nadie que no lo fuera.

Esto es exactamente lo que se ha tratado de hacer con la religión comparada y colocando a todos los fundadores religiosos respetablemente en hilera. Con ello, se pretende clasificar a Jesús como aquel profesor clasificaría a los judíos, inventando una nueva clase ajustada a su propósito y llenando los huecos con substitutos e imitaciones de segunda categoría. No quiero decir con esto que esas otras realidades no sean dignas de mérito, dotadas de un carácter propio y de auténtica distinción. El confucionismo y el budismo son grandes realidades, pero no les corresponde el título de Iglesia, al igual que los franceses y los ingleses son grandes pueblos, pero es absurdo llamarles nómadas. Ciertamente, hay puntos de semejanza entre el Cristianismo y su imitación en el Islam y, por la misma razón, existen puntos de semejanza entre los judíos y los gitanos. Pero fuera de estos casos, las listas se hacen con lo primero que se viene a la mano: cualquier cosa que se pueda poner en el mismo cuadro sin pertenecer a la misma categoría.

En este bosquejo de la historia religiosa, con todo respeto hacia los que poseen un mayor conocimiento que yo, me propongo cortar por lo sano y obviar este método moderno de clasificación, que estoy seguro ha falsificado los hechos de la historia. En su lugar, propondré una clasificación alternativa de la religión o de las religiones, que creo servirá para abarcar todos los hechos reales y, lo que es más importante, todos los productos de la fantasía. En vez de dividir la religión geográficamente y, en cierto sentido, verticalmente, agrupando en una misma columna a cristianos, musulmanes, brahmanes, budistas, etc., trataré de hacer una división desde un punto de vista psicológico y, en cierto sentido, horizontal, según los elementos e influencias espirituales que con frecuencia concurren en un mismo país o, incluso, en una misma persona. Dejando a la Iglesia aparte por un momento, dividiré la religión natural de la gran masa de la humanidad bajo encabezamientos como: Dios, los Dioses, los Demonios, o los Filósofos. Creo que dicha clasificación ayudará a encuadrar las experiencias espirituales de los hombres mucho mejor que el método convencional de comparar religiones, y muchos destacados colectivos que eran clasificados de manera un tanto forzada, quedarán encuadrados en su lugar, de forma natural. Como utilizaré esos términos o aludiré a ellos más de una vez a lo largo de la exposición, será mejor que defina previamente lo que entiendo que representan. Y comenzaré en este capítulo con el primero, el más simple y el más sublime.

Al considerar los elementos que conforman la humanidad pagana, hay que empezar por intentar describir lo indescriptible. Muchos resuelven esta dificultad recurriendo a su negación, o ignorándolos por completo, pero lo curioso es que, aún ignorándolos, nunca han podido obviarlos por completo. Están obsesionados en su monomanía evolucionista de que todo lo grande procede de una semilla, o de algo incluso más pequeño. Parecen olvidar que toda semilla procede de un árbol, o de algo más grande. Y existen buenas razones para pensar que la religión no tuvo su origen en un detalle olvidado, tan pequeño que sería imposible encontrar su rastro. Es más probable que su origen fuera una idea, tan difícil de abarcar, que por ello hubiera sido relegada al olvido. Contamos con buenas razones para suponer que mucha gente comenzó con la idea simple y abrumadora de un Dios que gobierna a todos, y cayó más tarde en la adoración a los demonios, como una especie de oculto libertinaje. Las pruebas realizadas sobre las creencias de los salvajes, a las que tan aficionados son los estudiosos de costumbres populares, parecen corroborar también este punto de vista. Algunos de los salvajes más rudos y que podríamos considerar primitivos en todos los sentidos de la palabra, como es el caso de los aborígenes australianos, parecen observar un monoteísmo puro de elevado tono moral. En cierta ocasión, un misionero predicaba a una tribu muy salvaje de politeístas y, después de que éstos le hubieron confiado todas sus creencias politeístas, los trataba de convencer de la existencia de un Dios bueno y único, espiritual y juez de la conducta moral de los hombres. Y, de repente, se produjo una aclamación de entusiasmo entre aquellos imperturbables bárbaros, como si hubiera penetrado en las profundidades de un secreto, y comenzaron a gritarse unos a otros: «¡Atahocan!», «¡Está hablando de Atahocan!».

Probablemente, las leyes de la cortesía o del pudor les impedía hablar de Atahocan. Es un nombre que quizá no se adapte tanto como los nuestros a una directa y solemne impetración religiosa, pero hay algunas fuerzas sociales que tratan de encubrir y confundir continuamente las ideas simples. Aquel dios antiguo es posible que representara una antigua moralidad que resultaba molesta en momentos de una mayor expansión. Quizá estuviera más de moda la relación con los demonios, como ocurre hoy con el espiritismo. Y podríamos encontrar otros muchos ejemplos similares. Todos ellos son testimonios de la existencia de esa inconfundible psicología que distingue aquello en lo que se cree de aquello de lo que se habla. Un ejemplo llamativo de esto lo podemos encontrar en el relato de cierto indio californiano. Con un tierno y legendario estilo literario escribe: «El sol es el padre y gobernador de los cielos, el gran jefe. La luna es su esposa y las estrellas, sus hijos», y continúa con una historia de lo más ingeniosa y complicada, en medio de la cual encontramos un repentino paréntesis señalando que el sol y la luna están obligados a realizar una determinada acción porque «así lo requiere el Gran Espíritu que está por encima de todo». Y ésta es precisamente la actitud de la mayor parte del paganismo hacia Dios. Asumen su existencia, olvidándola y recordándola por casualidad; una costumbre que, por otra parte, es probable que los paganos no tengan en exclusiva. La divinidad de lo alto se vislumbra a veces en los principios morales más elevados, como una especie de misterio. Siempre se ha dicho que el salvaje tiende a extenderse al hablar de su mitología, mientras se mantiene reservado acerca de su religión. Los salvajes australianos parecen mostrarnos un mundo invertido, como el que los antiguos habrían considerado digno de las antípodas. El salvaje nos contará, sin ningún problema y como algo normal, que el sol y la luna formarían dos mitades separadas de un bebé, o que la lluvia sería el resultado de ordeñar una colosal vaca cósmica a fin de congraciarse con el mundo. Y tras decirnos estas cosas, se retirará a lo profundo de la caverna, lugar prohibido a las mujeres y a los hombres blancos; terrible templo de iniciación donde, junto a los atronadores rugidos del toro y el goteo de la sangre de los sacrificios, el sacerdote susurra al oído de los iniciados el último secreto de las cosas: que la honradez es la mejor actitud; que un poco de amabilidad no hace daño a nadie; que todos los hombres son hermanos y que no hay más que un Dios, el Padre Todopoderoso, creador de todas las cosas visibles e invisibles.

Dicho de otra forma, se nos presenta aquí un curioso detalle dentro de la historia religiosa. El salvaje parece hacer alarde de los aspectos más repulsivos e increíbles de su creencia, mientras oculta los más razonables y dignos de crédito. El motivo es que aquellos aspectos no forman parte de su creencia o, al menos, del mismo tipo de creencia. Los mitos no son para él más que historias elevadas, tan elevadas como podrían serlo el cielo, un canalón de agua, o la lluvia tropical. Los misterios, en cambio, son historias verdaderas, que consideran en secreto para poder tomárselas en serio. Realmente, es muy fácil olvidar la amenaza que constituye el deísmo. Una novela en la que varios personajes separados resultaran ser el mismo personaje, no dejaría de causar sensación. Y esto es lo que ocurre con la idea de que el sol, el árbol y el río son manifestaciones de un solo dios y no de muchos. También nos encontramos con que es muy fácil dar por sentado la existencia de Atahocan. Pero, ya se le permita fundirse en el deísmo o permanecer en su memoria mediante el secreto, está claro que no pasará nunca de ser un viejo tópico o una vieja tradición. No hay nada que demuestre que se trata de un producto mejorado de la mitología, mientras que todo tipo de pruebas demuestran que la precedió. Es adorado por las tribus más sencillas sin que exista ningún rastro de espíritus, sacrificios funerarios o cualquiera de las complicaciones en las que Herbert Spencer y Grant Allen buscaron el origen de la más simple de todas las ideas. Y podemos afirmar que, entre todas las cosas que existieron en el mundo, jamás se dio nada parecido a una Evolución de la Idea de Dios. La idea pudo ser encubierta, evitada, olvidada, o incluso explicada de forma confusa; pero nunca evolucionó.

En ninguna otra parte encontramos ningún indicio en este sentido. El politeísmo, por ejemplo, con frecuencia ha sido considerado como una combinación de diversos monoteísmos. El dios griego que asciende al Olimpo tras haber poseído la tierra, el cielo y todas las estrellas mientras vivía en su pequeño valle, se encontrará al llegar que no dispone más que de un asiento de segunda categoría. De la misma manera que muchas pequeñas naciones se funden en un gran imperio, la universalidad local cede a la limitación universal.

El nombre de Pan, que sugiere la idea de un dios del mundo, acabó convirtiéndose en dios de los bosques. Y el nombre de Júpiter es casi una traducción pagana de las palabras: «Padre nuestro que estás en el cielo». Como con el Gran Padre simbolizado por el cielo, así ocurre con la Gran Madre a la que todavía llamamos Madre Tierra. Deméter, Ceres y Cibeles se muestran a veces incapaces de asumir el control de todos los dioses, de modo que los hombres no necesiten a ningún otro. Y es probable que mucha gente buena no tuviera otro dios que a uno de éstos, adorado como autor de todas las cosas.

En algunas de las zonas más inmensas y populosas del mundo, como China, podría parecer que la simple idea del Gran Padre nunca se habría visto contaminada por otros cultos rivales, aunque podría haber dejado de ser, en cierto sentido, un culto en sí misma. Las autoridades más destacadas en la materia señalan que, aunque el confucionismo es, en cierto sentido, agnosticismo, no contradice directamente el viejo deísmo, precisamente porque se ha convertido en un deísmo algo vago. Un deísmo en el que Dios es llamado Cielo, apelativo que algunas personas educadas utilizan cuando se ven obligadas a jurar. Pero, aunque el cielo esté lejano, se sigue encontrando encima de nuestras cabezas. Tenemos la impresión de que una verdad simple ha retrocedido hasta hacerse remota, sin dejar de ser verdad. Y sólo esta frase nos traería de nuevo a la misma idea en la mitología pagana occidental. En todos estos misteriosos e imaginativos mitos sobre la separación del cielo y la tierra se da, seguramente, algo de esta misma noción que supone la retirada de un cierto poder de lo alto. De cien formas distintas se nos dice que el cielo y la tierra fueron alguna vez amantes o una sola cosa hasta que un elemento ajeno, normalmente un niño desobediente, los separó, y el mundo fue edificado sobre un abismo, una división y una despedida. Una de las versiones más complejas nos llega de la civilización griega con el mito de Urano y Saturno.

Y, entre las más encantadoras, destaca la de unos negros salvajes, que cuentan cómo una pequeña planta de pimienta creció sin parar hasta que obligó al cielo a levantarse como si fuera una tapadera: una hermosa visión bárbara del amanecer para algunos de nuestros pintores amantes del crepúsculo tropical. Trataré de los mitos y de las elevadas explicaciones que sobre ellos nos ofrecen los modernos en un apartado posterior, pues considero que gran parte de la mitología se encuentra en un plano diferente y más superficial. Pero esta visión primitiva del mundo dividido en dos encierra otros aspectos esenciales. En cuanto a lo que significa, cualquier persona lo entenderá mucho mejor tumbado sobre la hierba del campo y mirando al cielo que leyendo en las mejores bibliotecas del mundo. Entenderá por qué se afirma que el cielo debería estar más cercano a nosotros y que alguna vez pudo estar más cercano de lo que está, y que no es algo meramente ajeno e infinitamente lejano, sino en cierta manera separado de nosotros con gesto de despedida. Por su mente le pasará la curiosa idea de que, después de todo, quizá el creador de los mitos no fuera sencillamente una luna-becerro o un pobre aldeano que se creyera capaz de cortar las nubes como si fueran una tarta, sino que podría estar dotado de mayores cualidades que las que parecen estar de moda atribuir al hombre de las cavernas. Y que es muy posible que Thomas Hood[22] no estuviera hablando como un troglodita cuando en uno de sus poemas señaló que, a medida que pasaba el tiempo, las copas de los árboles sólo le indicaban que se encontraba más lejos del cielo que cuando era un muchacho. En cualquier caso, la leyenda de Urano, el señor del Cielo, destronado por Saturno, el espíritu del tiempo, significaría algo para el autor de ese poema. Entre otras cosas, significaría el destierro de la primera paternidad. La idea de Dios se halla presente en la misma noción de unos dioses ante-

---

[22] Poeta y humorista inglés (1799-1845).

riores a otros dioses. La idea de una mayor simplicidad está presente en todas las alusiones a ese orden más antiguo. Esta afirmación se apoya en el proceso de propagación que vemos a lo largo de la historia. Los dioses, semidioses y héroes se reproducen como arenques ante nuestros mismos ojos y nos hacen pensar que la familia pudo haber tenido un fundador. La mitología se hace cada vez más compleja, y su misma complicación nos hace pensar que sus comienzos fueron más sencillos. Incluso sobre la base de la evidencia externa, ésa que llamamos científica, contamos con el caso del hombre monoteísta antes de convertirse o degenerar en el politeísmo. Pero me interesa más la verdad interna que la externa y, como señalé anteriormente, la verdad interna es prácticamente indescriptible. Y tendremos que hablar de un tema cuya característica principal es que nadie dijo nada acerca del mismo. Ya no se trata sólo de traducir una lengua extraña, sino un extraño silencio.

Sospecho que existe un importante postulado tras el politeísmo y el paganismo del que las creencias de los salvajes o los orígenes griegos no nos proporcionan más que algunos leves indicios. No se trata de lo que entendemos por presencia de Dios, sino lo que, con mayor precisión, podríamos llamar ausencia de Dios. Pero ausencia no significa inexistencia, de la misma manera que cuando un hombre brinda por sus amigos ausentes, no significa que todos sus amigos estén ausentes. Hay un vacío, pero no una negación, de la misma forma que una silla vacía no implica negación, sino todo lo contrario. Sería exagerado pretender que los paganos creyeran que un trono vacío dominaba sobre el Olimpo. Y más cerca de la verdad estarían esas grandiosas imágenes del Antiguo Testamento, en las que el profeta vería a Dios por detrás; como si una presencia inconmensurable diera la espalda al mundo. Pero perderíamos de nuevo el significado, si nos imaginamos un monoteísmo tan consciente y vivo como el de Moisés y su pueblo. No quiero decir que los pueblos paganos se sintieran abrumados lo más mínimo por la abrumadora fuerza de esta idea. Por el contrario, su fuerza era tan grande que todos la llevaron con ligereza, de la misma manera que todos llevamos, sin percatarnos, el peso de la bóveda celeste. Al fijar la vista en algún pájaro o en alguna nube, fácilmente dejamos de ver su increible fondo azulado, descuidando la visión del firmamento. Y, precisamente porque se abate sobre nosotros con esa fuerza singular, se percibe como si tal cosa. La noción que trato de comunicar es, sin duda, sutil, pero es algo que emana con fuerza de la literatura y la religión paganas. Y vuelvo a repetir que en el sentido sacramental se da una ausencia de la presencia de Dios. Pero, en otro sentido, se da la presencia de la ausencia de Dios. Podemos advertirlo en la tristeza insondable de la poesía pagana, pues dudo que existiera alguna vez en toda la maravillosa humanidad de la antigüedad un hombre tan feliz como san Francisco de Asís. Lo vemos en la leyenda de la Edad de Oro y, una vez más, en la vaga idea de que los dioses se encuentran en último término bajo una instancia superior, aun cuando ese Dios Desconocido se confunda con el Destino. Y, sobre todo, lo vemos en esos momentos inmortales en los que la literatura pagana parece volver a una antigüedad más inocente y hablar con una voz más directa, de modo que no encuentra otra palabra más digna de ella que nuestro propio monosílabo monoteísta. No podemos emplear otra palabra mejor que «Dios» en una frase como la de Sócrates, despidiéndose de sus jueces: «Voy a morir y vosotros continuáis viviendo, y sólo Dios sabe quién de nosotros va a seguir mejor camino». Tampoco podemos utilizar otra palabra mejor, para los mejores momentos de Marco Aurelio: «¿Pueden decir ellos querida ciudad de Cécrope[23] y no puedes decir tú querida ciudad de Dios?». Y, qué otra palabra podría utilizar Virgilio en aquella vigorosa línea en la que habló a todos los que sufren con el grito verdadero

---

[23] Héroe legendario de los atenienses.

de un cristiano antes de Cristo: «¡Oh, tú, que has padecido las cosas más terribles!, también a éstas Dios les pondrá fin».

Resumiendo todo lo anterior, podríamos decir que existe la sensación de que hay algo por encima de los dioses. Pero, al estar por encima de ellos, resulta también más distante. Ni siquiera Virgilio pudo resolver el enigma y la paradoja de esa otra divinidad que es al mismo tiempo superior y cercana. Para los griegos, lo verdaderamente divino era también distante, tan distante que cada vez lo apartaron más de sus mentes, hasta el punto de que llegó a alejarse de la pura mitología, de la que hablaré más adelante. Y, en esto, podemos advertir una especie de admisión tácita de su pureza intangible frente a la degradación que la mayoría de las mitologías pudieron alcanzar. Así como los judíos no degradaron la divinidad con imágenes, los griegos tampoco la degradaron con imaginaciones. El recuerdo de los dioses se centró cada vez más en sus libertinajes y desvaríos, como un movimiento de reverencia; un acto de piedad para olvidarse de Dios. Hay algo en el tono de la época que nos lleva a pensar que aquellos hombres habían aceptado rebajarse a un nivel inferior, pero no eran del todo conscientes de este hecho. Es difícil encontrar palabras para expresar esta situación, pero hay una que se ajusta a la perfección. Aquellos hombres, aunque no fueran conscientes de ninguna otra cosa, eran conscientes de la Caída, y lo mismo se puede decir de la humanidad pagana. Los que caen tienen el recuerdo imborrable de la caída, aunque puedan olvidarse de la altura. Existe un aterrador vacío en la memoria detrás de todo sentimiento pagano. Y existe también una capacidad momentánea de recordar lo que olvidamos. Y aun el más ignorante de la humanidad, se da cuenta, de un simple vistazo a la tierra, de que aquéllos se han olvidado del cielo. Pero, como los recuerdos de la infancia, existen también recuerdos de su pasado en los que los vemos hablar entre sí con un lenguaje más sencillo. Momentos en los que los romanos, como Virgilio en el verso citado, cortan de un golpe el nudo gordiano de las mitologías y, repentinamente, desvaneciéndose la multitud abigarrada de dioses y diosas, se alza sólo en mitad del firmamento el Padre del Cielo.

Este ejemplo nos servirá para abordar el siguiente paso en el proceso. El blanco reflejo de una perdida mañana parece rodear aún la figura de Júpiter, de Pan o del anciano Apolo. Y es posible, como ya hemos señalado, que todos ellos fueran en algún momento una divinidad tan solitaria como Yahveh o Alá. Perdieron esta solitaria universalidad por un proceso que es conveniente subrayar; un proceso de amalgama muy parecido a lo que luego sería llamado sincretismo. El mundo pagano comenzó a edificar un Panteón. Abrió sus puertas y dio paso a todo género de dioses: griegos y bárbaros, europeos, asiáticos o africanos. Cuantos más dioses, más felices; aunque algunos dioses asiáticos o africanos no fueran precisamente alegres. Los admitieron en tronos semejantes a los de sus dioses y, a veces, llegaron a identificarlos con ellos. Quizá llegaron a considerar esto un enriquecimiento de su vida religiosa, pero realmente significó la pérdida definitiva de todo lo que ahora llamamos religión. La antigua luz de la simplicidad, que tenía un único origen, como el sol, se acabó fundiendo en un resplandor de luces y colores en conflicto. Dios fue sacrificado a los dioses. Y podríamos llegar a decir, en sentido literal, con una frase que podría parecer irrespetuosa, que fueron demasiados dioses para Él.

El politeísmo se había convertido, por tanto, en una especie de lago, en el que los paganos dejaron afluir sus diversas religiones. Este aspecto tiene mucha importancia en las controversias antiguas y modernas. Se considera una actitud liberal e ilustrada decir que el dios ajeno puede ser tan bueno como el propio, por lo que, indudablemente, los paganos debieron considerarse muy liberales e ilustrados cuando decidieron añadir a los dioses de la ciudad o del hogar algún Dioniso salvaje y fantástico bajando de las montañas, o algún andrajoso y rústico Pan procedente de los bosques. Pero lo que estas grandes ideas trajeron consigo no fue otra cosa que la pérdida de la idea más elevada de todas: la idea de paternidad, que hace del mundo una única realidad. Y lo contrario también es verdad. No cabe duda de que los hombres más primitivos de la antigüedad, aferrados a sus solitarias estatuas y a sus singulares nombres sagrados eran considerados salvajes supersticiosos, ignorantes y atrasados. Pero estos salvajes supersticiosos conservaban la creencia en algo que es mucho más parecido al poder cósmico tal como lo entiende la filosofía o incluso la ciencia. Esta paradoja, por la que el rudo reaccionario sería una especie de progresista profético, tiene una consecuencia que viene muy a propósito. En un sentido puramente histórico, e independientemente de cualquier otra controversia en el mismo sentido, arroja una luz, única y estable, que brilla desde el principio sobre un pueblo pequeño y aislado. Y en esta paradoja, como en un enigma de la religión cuya respuesta estuvo sellada durante siglos, se encuadra la misión y el significado del pueblo de Israel.

Humanamente hablando, el mundo debe a los judíos el conocimiento de Dios. Y debe esa verdad a lo mucho que se ha culpado a los judíos y, posiblemente, a las muchas culpas de las que ellos mismos se han hecho acreedores. Hemos visto ya, cómo los judíos formaban un pueblo nómada que habitaba entre otros pueblos de pastores en la frontera del Imperio Babilónico; cómo siguieron un curso extraño, irradiando su luz por el oscuro territorio de la lejana antigüedad, cuando desde la cuna de Abrahán y de los reyes pastores cruzaron a Egipto y volvieron nuevamente a las montañas palestinas, defendiéndolas frente a los filisteos de Creta y cayendo finalmente bajo el cautiverio de Babilonia. Sin embargo, gracias a la política sionista de los conquistadores persas, volvieron de nuevo a su ciudad en la montaña y, así, continuaron esta increíble aventura de constante inquietud, cuyo fin aún no hemos contemplado. Pero a lo largo de todos sus peregrinajes —especialmente los primeros— llevaron sobre sus hombros el destino del mundo en aquel tabernáculo de madera que contenía quizás un símbolo sin rostro y que, ciertamente, encerraba un Dios invisible. Podemos decir que su característica principal era el no tener ningún rasgo distintivo. Por mucho que prefiramos esa libertad creativa que ha manifestado la cultura cristiana y por la que han quedado eclipsadas las artes de la antigüedad, no debemos subestimar la importancia determinante, en aquellos momentos, de la inhibición hebrea por las imágenes. Es un ejemplo típico de una de esas limitaciones que sirvieron para preservar y perpetuar la libertad, como una pared construida alrededor de un amplio espacio abierto. El Dios que no podía tener una estatua seguía siendo un espíritu. En ningún caso habría tenido su estatua la inofensiva dignidad y gracia de las estatuas griegas de entonces, o de las estatuas cristianas de época posterior. Aquel Dios habitaba en una tierra de monstruos. Tendremos ocasión de considerar detenidamente de qué monstruos se trataba: Moloc, Dagon y Tanit la diosa terrible. Si la divinidad de Israel se hubiera plasmado alguna vez en una imagen, se habría tratado de una imagen fálica. Otorgarle un cuerpo hubiera significado caer en los peores elementos de la mitología, en toda la poligamia del politeísmo: la visión del harén en el cielo. Este rechazo por el arte es el primer ejemplo de ese tipo de limitaciones que los críticos, en su pobre limitación, no se cansan de atacar con fiereza. Pero, otro caso aún más llamativo se presenta como blanco de críticas semejantes. Se suele decir con desprecio que el Dios de Israel no fue más que un Dios Guerrero, «un mero bárbaro Señor de los Ejércitos», arrojado a pelear contra otros dioses rivales como enemigo envidioso. Pero el mundo ha de agradecer que Aquél fuera un Dios Guerrero. Hemos de agradecer que Aquél fuera para el resto, únicamente, un rival y un enemigo. De seguir el curso natural de las cosas, les habría sido muy fácil trabar con Él una desastrosa amistad. No hubiera sido difícil verle estirar las manos en un gesto de amor y reconciliación y abrazar a Baal, o besar el rostro pintado de Astarté sentado en agradable camaradería con los dioses. Sería el último dios en trocar su corona de estrellas por el Soma[24] del panteón indio, el néctar del Olimpo o el hidromiel de Valhala. Y sus adoradores fácilmente seguirían la iluminada pendiente del sincretismo y la amalgama de todas las tradiciones paganas. Los seguidores de este Dios Guerrero, ciertamente, andaban deslizándose siempre por esa cómoda pendiente, y ello obligó a que ciertos demagogos inspirados emplearan una energía casi demoníaca en defensa de la unidad divina, con palabras que aún hoy resuenan con la fuerza del viento de la inspiración o de la ruina. Verdaderamente, cuanto más entendamos las condiciones antiguas que contribuyeron a la cultura final de la Fe, mayor será nuestra reverencia ante la grandeza de los profetas de Israel. Mientras el mundo entero se fundía en esa masa de mitología confusa, la Deidad de este pueblo, que muchos tildan de tribal y estrecha, precisamente por ese carácter tribal y estrecho fue capaz de preservar la religión primaria de toda la humanidad: era lo suficientemente tribal para ser universal y tan estrecha como el universo.

En una palabra, si bien existió un popular dios pagano llamado Júpiter-Amón, nunca hubo un dios que se llamara Yahveh-Amón, o Yahveh-Júpiter. Si lo hubiera habido, ciertamente habría habido otro llamado Yahveh-Moloc. Pues, mucho antes de que los liberales e ilustrados sincretistas hubieran llegado a Júpiter, la imagen del Señor de los Ejércitos se habría visto deformada, alejándose de la concepción de un Dios monoteísta, creador y legislador, y se habría convertido en un ídolo mucho peor que cualquier fetiche salvaje y tan civilizado como los dioses de Tiro y Cartago. En el capítulo siguiente analizaremos más detenidamente el alcance que tuvo esta civilización y veremos cómo el poder de los demo-

---

[24] Planta no identificada, cuyo jugo se utilizaba en ofrendas sacrificiales de la antigua India.

nios prácticamente destruyó Europa y la salud pagana del mundo. Pero los destinos del mundo se habrían torcido aún más si el monoteísmo hubiera fracasado en la tradición mosaica. Más adelante, trataré de demostrar por qué le tengo una cierta simpatía a esa saludable condición del mundo pagano capaz de crear tales cuentos y relatos imaginarios de la religión. Al mismo tiempo, intentaré demostrar cómo a la larga todos ellos estaban condenados a fracasar, y el mundo se habría perdido si no hubiera sido capaz de retornar a esa gran simplicidad original que advierte una única autoridad en todas las cosas. Pues, si aún conservamos algo de esa simplicidad primaria que hace que poetas y filósofos puedan hablar en cierto sentido de una oración universal; si vivimos en un mundo espacioso y sereno bajo un cielo que se extiende paternalmente sobre todos los pueblos de la tierra; si la filosofía y la filantropía forman parte de una religión de hombres razonables, todo se lo debemos a un pueblo nómada, discreto e inquieto, que legó a la humanidad la suprema y serena bendición de un Dios celoso.

La posesión exclusiva de esta divinidad no estaba al alcance del mundo pagano, porque era al mismo tiempo la posesión de un pueblo celoso. Los judíos eran impopulares, en parte por la conocida estrechez del mundo romano, y en parte, quizá, porque habían caído ya en la costumbre de comerciar, en vez de obtener las cosas con el trabajo de sus manos. Probablemente, también porque el politeísmo se había convertido en una especie de selva en la que el solitario monoteísmo podía perderse. Pero, es curioso advertir lo ignorado que éste se hallaba. La tradición de Israel guardaba muchos tesoros que hoy pertenecen al patrimonio común de la humanidad, y que podrían haber formado parte del patrimonio común de la humanidad de aquel entonces. Poseían una de las piedras angulares más colosales del mundo: el Libro de Job. Un libro que domina la Ilíada y las tragedias griegas y que, en mayor grado que éstas, constituye un temprano encuentro y un punto de partida de la poesía y la filosofía en los albores del mundo. Es un espectáculo verdaderamente solemne y edificante ver a esos dos eternos necios: el optimista y el pesimista, destruidos en el amanecer del tiempo. Y su filosofía realmente perfecciona la ironía trágica pagana, precisamente por ser más monoteísta y, por tanto, más mística. El Libro de Job contesta al misterio con el misterio. Job se enfrenta con muchos enigmas, pero descubre siempre tras ellos una verdad consoladora. En él tenemos sin duda un arquetipo, a modo de profecía, de palabras dotadas de autoridad. Pues, así como el que duda sólo es capaz de decir: «No entiendo», el que sabe, únicamente le puede responder de la misma manera: «No, no entiendes». Y ese reproche despierta siempre una esperanza repentina en el corazón, el presentimiento de algo que valdría la pena entender. Pero este vigoroso poema monoteísta permaneció oculto a los ojos del mundo antiguo, atestado de poesía politeísta. Y el hecho de que los judíos mantuvieran el Libro de Job alejado de todo el mundo intelectual de la antigüedad es una muestra de cómo se mantenían al margen, custodiando su tradición inalterada y no compartida. Es como si los egipcios, discretamente, hubieran ocultado la Gran Pirámide. Pero había otras razones detrás de esa equivocada senda sin salida, característica de los últimos tiempos del paganismo. Después de todo, la tradición de Israel sólo se había aferrado a una parte de la verdad, aunque se pueda hablar —utilizando una popular paradoja— de la mitad más grande. En el próximo capítulo intentaré desarrollar la idea del amor por lo local y por los personajes, que está presente en la mitología. De momento, basta decir que también ésta encerraba una verdad en su interior que no era posible sacar a la luz, aunque se tratara de una verdad más tenue y menos esencial. El dolor de Job debía unirse al dolor de Héctor, pero mientras el primero era el dolor del universo, el segundo expresaba el dolor de la ciudad, pues Héctor sólo podía señalar al cielo como un pilar de la sagrada Troya. Cuando Dios habla desde el torbellino encuentra un lugar apropiado en el desierto. Pero el monoteísmo del nómada no era suficiente para toda aquella variada civilización de campos, cercas, ciudades amuralladas y templos, y se aproximaba el momento en el que los dos podrían combinarse en una religión más definida y doméstica. En medio de aquella muchedumbre pagana sería posible encontrar algún filósofo cuyo pensamiento estuviera imbuido de puro deísmo, pero no encontraríamos en él una fuerza capaz de cambiar las costumbres del populacho. Su filosofía tampoco sabría darnos un definición clara de la relación que existía entre el politeísmo y el deísmo. La definición más cercana a este fenómeno quizá podamos encontrarla lejos de aquella civilización y más alejados de Roma que el aislamiento de Israel. Y la recoge un dicho que en cierta ocasión escuché de una tradición hindú: que los dioses, al igual que los hombres, no son más que los sueños de Brahma y perecerán cuando Brahma despierte. En esta imagen del alma asiática descubrimos un rasgo que es más insano que el alma del cristianismo. Deberíamos llamarlo desesperación, aunque ellos lo llamen paz. Más adelante, veremos esta nota característica del nihilismo en una comparación más completa entre Asia y Europa. Basta decir aquí que hay más desilusión en esa idea del despertar divino que lo que implica para nosotros el paso de la mitología a la religión. Sin embargo, el símbolo en cierta manera es sutil y adecuado, ayudándonos a advertir la tremenda desproporción que existe entre mitología y religión, que llega a adquirir las dimensiones de un abismo. El hecho de que no exista comparación entre Dios y los dioses supone el derrumbamiento de la religión comparada. No hay más comparación que la que existe entre un hombre y los hombres que caminan en el interior de sus sueños. En el siguiente apartado trataré de reflejar el crepúsculo de ese sueño en el que los dioses caminan como si fueran hombres. Pero, si alguien se imagina que el contraste entre monoteísmo y politeísmo es solo cuestión de que algunas personas creen en un dios y otras creen en varios, convendría que se detuviera por un instante a contemplar la extravagancia elefantina de la cosmología brahmana. Probablemente, sentirá un estremecimiento al atravesar el velo de esa realidad y contemplar una multitud de demiurgos de innumerables brazos y de animales entronizados, y toda una maraña de estrellas y otros gobernadores de la noche, mientras los ojos de Brahma se abren, como la aurora, sobre la muerte de todos.

V

HOMBRES Y MITOLOGÍAS

Lo que aquí se llaman dioses podríamos llamarlos, casi mejor, ensueños. Compararlos a los sueños no implica negar que los sueños puedan convertirse en realidad. Ni compararlos a los relatos de viajeros quiere decir que estos relatos no puedan ser auténticos o contener, al menos, alguna verdad. En realidad, los dioses vienen a ser como una especie de cuentos que el viajero se cuenta a sí mismo. Toda la trama mitológica pertenece a la parte poética de los hombres. Parece curiosamente olvidado hoy en día que el mito es una obra de la imaginación y, por tanto, una obra de arte. Es necesario un poeta para crearla. Y es necesario también un poeta para criticarla. Y, como lo prueba el origen popular de tales leyendas, hay más poetas que no poetas en el mundo. Pero, por alguna razón que nunca me han explicado, sólo una minoría de no poetas tiene licencia para hacer estudios críticos de dichos poemas populares. A nadie se le ocurrirá la peregrina idea de entregar un soneto o una canción a un matemático para que se la valore. Sin embargo, mucha gente parece aceptar la idea, igualmente fantástica, de que las costumbres populares pueden tratarse como ciencia. No es posible apreciar estas cosas si no se las considera desde un punto de vista artístico. Cuando el polinesio le dice al profesor que hubo un momento en que no existió nada salvo una gran serpiente emplumada, a menos que aquel erudito sienta una cierta emoción y el deseo de que aquello sea verdad, no tendría por qué hacer ningún juicio sobre el asunto. Si otra persona le asegurara, basándose en la autoridad de un iroqués, que un héroe primitivo metió el sol, la luna y las estrellas en una caja; a menos que, como un niño, se pusiera a agitar nerviosamente los brazos y las piernas por el encanto de dicha fantasía, aquello no le aportaría nada en absoluto. Esta prueba no es absurda. Los niños primitivos y los niños bárbaros ríen y patalean como los demás niños y es necesaria una cierta simplicidad para hacerse una idea de la infancia del mundo. Cuando Hiawatha, jefe de los iroqueses, escuchara a su nodriza que un guerrero lanzó a su abuela hacia la luna, se reiría como cualquier niño inglés a quien su nodriza le contara que una vaca saltó sobre la luna. El niño se da cuenta de las bromas igual que la mayoría de los hombres, y aún mejor que muchos hombres de ciencia. Pero la prueba definitiva para apreciar lo fantástico es la congruencia de lo incongruente. Una prueba que ha de parecer necesariamente arbitraria por el hecho de ser puramente artística. Si algún estudiante me dijera que el pequeño Hiawatha sólo se reía por respeto a la costumbre tribal de sacrificar ancianos a fin de ajustarse a sus necesidades económicas, le diría que no fue así. Si algún otro me dijera que la vaca saltó sobre la luna únicamente porque una novilla fue sacrificada a Diana, le respondería que no fue así. Aquello sucedió así porque resultaba lo más lógico, en una vaca, que saltara sobre la luna. La mitología es un arte perdido, una de las pocas artes que realmente se ha perdido, pero es un arte. El cuerno aplicado a la luna y a un imbécil forman un modelo armonioso y hasta sencillo. Y arrojar a la abuela por los aires podría atentar contra la buena educación, pero es perfectamente compatible con el buen gusto artístico.

Los científicos apenas entienden, como lo hacen los artistas, que una de las caras de lo hermoso es lo feo. No toleran la legítima libertad de lo grotesco. Y rechazarán un mito salvaje como algo burdo, tosco y como una prueba evidente de degradación, porque no tiene toda la belleza de Mercurio, mensajero de los dioses, sobre lo alto de una colina, cuando posee toda la belleza de un Quasimodo. La prueba suprema de un hombre prosaico es su constante insistencia en que la poesía debe ser poética. El humor se encuentra a veces presente tanto en el tema como en el estilo de la fábula. Los aborígenes australianos, considerados los más rudos salvajes, poseen una historia de una rana gigante que se tragó el mar y todas las aguas del mundo y que, para poder expulsarlas, necesitaba que alguien la hiciera reír. Uno tras otro, todos los animales desfilaron en su presencia, realizando las mayores bufonadas, pero ninguno conseguía hacerla reir. Por fin, una anguila, que se sostenía en equilibrio sobre el extremo de la cola poniendo en juego la dignidad de su porte, logró el efecto deseado. Muchas páginas de buena literatura fantástica se podrían escribir a partir de esta fábula. La filosofía se esconde tras esa visión de un mundo seco, a la espera del benéfico Diluvio de la risa. La imaginación se desborda ante ese montañoso monstruo que irrumpe como un volcán acuoso. Y es divertido imaginar los ojos de la rana saliéndose de sus órbitas a la vista del pelicano o del pingüino. La rana finalmente se rió, pero el estudiante de las costumbres populares continúa serio.

Por otra parte, ni siquiera las fábulas que son inferiores al arte pueden ser juzgadas adecuadamente por la ciencia y, menos aún, consideradas como ciencia. Algunos mitos son muy toscos e inexplicables, como los primeros garabatos de los niños, pero el niño está intentando dibujar. Es un error, sin embargo, tratar su dibujo como si fuera un diagrama, o un pretendido diagrama. El estudiante no puede hacer una afirmación científica acerca del salvaje, puesto que el salvaje no hace ninguna afirmación científica sobre el mundo. Lo que nos transmite es algo muy diferente, lo que podríamos llamar la comidilla de los dioses. Y podemos decir que es algo en lo que se cree antes de tomarse el trabajo de examinarlo o que se acepta incluso antes de creerlo.

Confieso que tengo mis dudas acerca de la teoría sobre la difusión de los mitos o, como ocurre normalmente, de un mito único. Es verdad que existe algo en nuestra naturaleza y nuestras condiciones de vida que hace que muchas historias sean similares, pero cada una de ellas puede ser original. Un hombre no pide prestada la historia a otro hombre, aunque pueda contarla por el mismo motivo que aquél. Resultaría fácil aplicar toda esta discusión a la literatura y convertirla en una vulgar obsesión por el plagio. El rastro de un concepto como el de la *Rama Dorada* de Virgilio sería tan fácil encontrarlo entre las novelas modernas como entre los antiguos mitos tribales. Un ramo de flores se puede encontrar repetidas veces, desde Becky Sharpe[25] en *La Feria de las Vanidades* al ramillete de rosas enviado por la princesa de Ruritania. Pero, aunque estas flores puedan brotar del mismo suelo, no es la misma flor marchita arrojada de mano en mano. Aquellas flores son siempre frescas.

Con demasiada frecuencia se descubre el verdadero origen de los mitos. Hay demasiadas llaves que abren las puertas de la mitología, lo mismo que hay demasiados criptogramas en Shakespeare. Todo hace relación a lo fálico o al tótem; todo es tiempo de siembra y de cosecha; todo son fantasmas y ofrendas funerarias; todo es el ramo dorado del sacrificio; todo es el sol y la luna; todo es todo. Los estudiosos de las costumbres populares con algún conocimiento más que los de su propia obsesión, junto a otras personas de mayor cultura y sentido crítico, como Andrew Lang[26], han confesado que el desconcierto provocado por estas cosas dejó su cerebro totalmente revuelto. Con todo, el problema viene de intentar mirar esas historias desde fuera, como si se tratara de objetos científicos. Lo que hay que hacer es mirarlos desde dentro y preguntarse cómo comenzar una historia. Una historia puede em-

---

[25] Personaje de *La Feria de las Vanidades*, obra maestra de William Thackeray (1811-1863). El carácter aventurero y astuto de Becky Sharp, sirvió de modelo a posteriores heroínas novelescas, con una maestría difícilmente superable.
[26] (1843-1912) Novelista, historiador, antropólogo y experto en tradiciones y costumbres tradicionales. Rescató del acervo de numerosas culturas muchos de los cuentos de hadas más populares. Sus colecciones de cuentos gozan de gran reputación, tanto por su riqueza y extensión como por la calidad de sus versiones y de su narrativa.

pezar con cualquier cosa y encaminarse a cualquier sitio. Puede empezar con un pájaro sin necesidad de que el pájaro sea un tótem; puede comenzar con el sol sin necesidad de que se trate de un mito solar. Se dice que existen solamente diez argumentos en el mundo. Lógicamente habrán de darse elementos comunes y recurrentes. Pon a diez mil niños a hablar al mismo tiempo diciendo disparates sobre lo que hicieron en el bosque, y no será difícil encontrar paralelismos que sugieran el culto al sol o los animales. Algunas de estas historias serán bonitas, otras estúpidas y otras quizá muy malas; pero la única forma de juzgarlas es como historias. Y como diríamos con terminología moderna, sólo pueden ser juzgadas desde el punto de vista estético. Es curioso que a la estética, o a la mera sensación, a la que ahora se le dan licencias —donde no tiene derecho alguno— para arruinar la razón con el pragmatismo y la moral con la anarquía, no se le permita en cambio dar un juicio puramente estético sobre lo que es, obviamente, una cuestión puramente estética. Podemos utilizar la imaginación para todo, salvo para los cuentos de hadas.

Ahora bien, el hecho principal es que la gente sencilla tiene las ideas más sutiles. Todos deberían saber esto, pues todos han sido niños. En su ignorancia, el niño sabe más de lo que dice y siente, no sólo de lo que sucede a su alrededor sino también de los aspectos sombríos. Y en el caso de la mitología hay varios aspectos sombríos. No es capaz de entender esto quien antes no ha sufrido, como el artista, para encontrar un cierto sentido y una cierta historia en la belleza de lo que le rodea; quien no ha sentido su misma avidez de secretos y su mismo enfado ante una torre o un árbol que escapa con su cuento inexplicado. El artista siente que nada es perfecto a menos que sea personal. Sin eso, la ciega belleza inconsciente del mundo se mantiene erguida en su jardín como una estatua sin cabeza. Sólo se necesita ser un poeta menor para poder luchar con la torre o el árbol hasta que éste comienza a hablar con la fuerza de un titán o de una dríada. A menudo, se dice que la mitología pagana era una personificación de las fuerzas de la naturaleza. La frase en cierto sentido es verdad, pero no deja de ser poco afortunada ya que, si las fuerzas son abstracciones, la personificación se convierte en algo artificial. Los mitos no son alegorías. Las fuerzas naturales no son, en este caso, abstracciones. No es como si hubiera un Dios de la Gravedad. Podría haber un genio de la cascada, pero no de la caída, y menos aún del agua, sin más. La ausencia de personificación no es de algo impersonal. La personalidad perfecciona el agua aportándole significado. Papá Noel no es una alegoría de la nieve y del acebo. No es simplemente nieve a la que artificialmente se la da forma humana, como a un muñeco. Es algo que aporta un nuevo significado a la blancura del mundo y a los árboles de hoja perenne, hasta el punto de que la nieve misma parece cálida en lugar de fría. La prueba, por tanto, es puramente imaginativa. Pero imaginativo no significa imaginario. No se sigue de esto que todo es lo que los modernos llaman subjetivo, cuando quieren referirse a lo falso. El verdadero artista advierte, consciente o inconscientemente, que toca verdades transcendentales, que sus imágenes son sombras de cosas que se contemplan como a través de un velo. En otras palabras, el que ha nacido místico sabe que *allí* hay algo; algo se esconde tras las nubes o en el interior de los árboles. Pero cree que la búsqueda de la belleza es la manera de encontrarlo. Y la imaginación es una especie de hechizo que puede hacerlo surgir.

Ahora bien, si no comprendemos este proceso en nosotros mismos, mucho menos lo comprenderemos en nuestros antepasados más remotos. El peligro de clasificar las cosas es que puede parecer que se comprenden. Una excelente obra como *La Rama Dorada*[27], por ejemplo, producirá en mu-

---

[27] *La Rama Dorada*. Obra de James George Freizer (1922). Estudio comparativo de costumbres populares, magia y religión de las primitivas culturas y del cristianismo.

chos lectores la impresión de que la historia del corazón de un gigante, encerrado en una cajita o en una cueva, lo único que *significa* es una superstición estúpida y superficial que el autor denomina «alma externa». Pero no sabemos lo que significan estas cosas, sencillamente porque no sabemos lo que nosotros mismos queremos decir cuando nos sentimos movidos por ellas. Supongamos que alguien en una historia dice: «Coge esta flor y una princesa morirá en un castillo al otro lado del mar». No sabemos por qué algo se agita en el subconsciente, o por qué lo que es imposible parece casi inevitable. Supongamos que otra historia nos cuenta: «Y en el mismo instante en que el rey apagó la vela, sus naves naufragaron lejos de la costa de las Hébridas». No sabemos por qué, la imaginación ha aceptado esa imagen antes de que la razón pueda rechazarla; o por qué tales correspondencias parecen coherentes con algo dentro del alma. Cosas muy profundas en nuestra naturaleza, una pálida percepción de la dependencia de las cosas grandes respecto a las pequeñas, una velada sugerencia de que las cosas más cercanas a nosotros se encuentran más allá de nuestras fuerzas naturales; un sentir sagrado de lo mágico en las cosas materiales y muchos otros sentimientos que pasan, desapareciendo progresivamente, están en una idea como la del alma externa. Las fuerzas naturales en los mitos de los salvajes son como las fuerzas naturales expresadas en las metáforas de los poetas. El alma de dichas metáforas es, con frecuencia, del mismo tipo que un alma externa. Los grandes críticos han comentado que en los mejores poetas el símil muchas veces es una imagen que parece no tener nada que ver con el texto. Es algo tan irrelevante como lo puede ser el remoto castillo con respecto a la flor, o la costa de las Hébridas con respecto a la vela. Shelley compara la alondra a una mujer joven en lo alto de una torre, a una rosa en medio de un espeso follaje, a una serie de cosas que parecen ser tan diferentes de una alondra en el cielo como cualquier cosa que podamos imaginar. Supongo que la parte más fuerte de magia pura en literatura inglesa es el pasaje, tantas veces citado en *El Ruiseñor* de Keats, en el que habla de las ventanas que se abren sobre la peligrosa espuma. Y a nadie se le ocurre decir que la imagen no parece venir de ninguna parte, que aparece repentinamente después de algunas observaciones casi igualmente irrelevantes sobre Ruth, y que eso no tiene absolutamente nada que ver con el tema del poema. Si hay algún lugar en el mundo en el que nadie esperaría encontrar un ruiseñor es sobre el alféizar de una ventana junto a una playa. Y de la misma forma, nadie esperaría encontrar el corazón de un gigante en un caja en el fondo del mar. Ahora bien, sería muy peligroso clasificar las metáforas de los poetas. Cuando Shelley dice que la nube se levantará «como un niño desde su seno, como un fantasma desde la tumba», sería posible considerar al primero como un caso del tosco mito del nacimiento primitivo y, al segundo, como una supervivencia del culto a los fantasmas que se convirtió en culto a los antepasados. Pero no es ésta la manera correcta de interpretar una nube; y es probable que dejara a los estudiosos —como a Polonio— dispuestos a encontrar la nube parecida a una comadreja o muy parecida a una ballena.

Dos hechos se desprenden de esta psicología de los ensueños, que se deben tener presentes a lo largo de su desarrollo en las mitologías e incluso en las religiones. En primer lugar, estas impresiones de la imaginación son generalmente de carácter exclusivamente local. Lejos de ser abstracciones convertidas en alegorías, son a menudo imágenes convertidas prácticamente en ídolos. El poeta siente el misterio de un bosque particular, no de la ciencia forestal o del organismo encargado de los árboles y de su entorno. Adora la cima de una montaña particular, no la idea abstracta de altitud. De esta forma, nos encontramos con que el dios no es simplemente agua sino, con frecuencia, un río especial. Puede ser el mar, porque el mar es único como una corriente de agua: el río que corre alrededor del mundo. En el fondo, muchas deidades se hacen más grandes en los elementos que las representan, pero son algo más que omnipresentes. Apolo no habita únicamente allí donde el sol brilla; su hogar está en la roca de Delfos. La grandeza de Diana es tanta como para estar en tres lugares al mismo tiempo: tierra, cielo e infierno, pero «más grande es la Diana de los efesios». Este sentimiento localizado tiene su mínima expresión en el simple fetiche o talismán, como el que los automovilistas colocan en sus coches. Pero puede también cristalizar en algo como una religión seria y elevada, con serios y elevados deberes; o derivar en los dioses de la ciudad o incluso los dioses del hogar. La segunda consecuencia es ésta: que en estos cultos paganos se da toda sombra de sinceridad y de insinceridad. Exactamente, ¿en qué sentido pensaba un ateniense que debía sacrificar a Palas Atenea? ¿Qué erudito está realmente seguro de la respuesta? ¿En qué sentido pensaba el Dr. Johnson que tenía que tocar todos los postes de la calle o que tenía que recoger las mondas de la naranja?[28]. ¿En qué sentido un niño piensa que debería pisar las baldosas de forma alterna? Dos cosas son al menos bastante claras. La primera, que en épocas más simples y menos conscientes de sí mismas estas formas podían llegar a ser más sólidas sin necesidad de llegar a ser más serias. Los ensueños se podían dar en pleno día, con más libertad de expresión artística, pero quizá con algo del titubeante paso del funambulista. Cubrid al Dr. Johnson con un antiguo manto, coronadlo —con su permiso— de guirnaldas, y lo veréis desenvolverse con gran pompa bajo esos cielos antiguos de la mañana, tocando una serie de postes sagrados esculpidos con cabezas de dioses extraños, que limitan la tierra y la

---

[28] Samuel Johnson (1709-84). Escritor y lexicógrafo inglés. Llegó a alcanzar una posición de renombre en el ámbito literario, por lo que su figura y sus costumbres fueron ampliamente divulgadas y conocidas entre la población inglesa. Entre algunos de sus raros hábitos se encontraba el de tocar los postes que encontraba a su paso mientras caminaba o el de almacenar trozos de mondas de naranja.

vida de los mortales. Dejad que un niño libre de los mármoles y mosaicos de algunos templos clásicos juegue en un piso totalmente enlosado con recuadros de blanco y negro y, pronto, a los ojos de su ociosa y fugitiva imaginación, aquel lugar se convertirá en un lugar perfecto para bailar con un ritmo grave y armonioso. Pero los postes y las losas son tan reales como lo son en la actualidad. No son algo más serio por el hecho de que nos los tomemos más en serio. Poseen la misma sinceridad que siempre poseyeron, la sinceridad del arte como símbolo que expresa verdades espirituales bajo la superficie de la vida. Una sinceridad entendida en sentido artístico, no en sentido moral. La excéntrica colección de mondas de naranja podría convertirse en naranjas en un festival Mediterráneo o en manzanas doradas en un mito Mediterráneo. Pero nunca están en el mismo plano, con la diferencia que existe entre dar la naranja a un mendigo ciego y colocar con cuidado la monda de naranja de forma que el mendigo pueda caerse y romperse la pierna. Entre estas dos cosas hay una diferencia de especie y no de grado. El niño no considera incorrecto pisar sobre las baldosas como considera incorrecto pisar la cola de un perro. Y cualquiera que fuese la broma, sentimiento o fantasía que indujo por primera vez a Johnson a tocar los postes de madera, no tocó jamás la madera con el sentimiento profundo que le haría tender sus brazos a la madera de aquel árbol terrible sobre el que se produjo la muerte de Dios y la vida del hombre.

Como ya he señalado, esto no significa que no hubiera realidad o sentimiento religioso en semejante disposición. La Iglesia católica ha asumido con un éxito deslumbrante la tarea de proporcionar a la gente tradiciones locales y ritos más sencillos. En la medida en que esta clase de paganismo era inocente y estaba en contacto con la naturaleza, no hay razón por la que hubiera de ser protegida por los santos patrones tanto como por los dioses paganos. Y, en cualquier caso, hay grados de seriedad en la más natural de las simulaciones. Es totalmente diferente imaginar que existen hadas en el bosque —lo que normalmente sólo significa imaginarse un determinado bosque adecuado para las hadas— a adentrarnos en uno y pasar temerosamente por una casa que creemos que está encantada. Detrás de todo esto está el hecho de que la belleza y el terror son cosas muy reales y relacionadas con un mundo espiritual real, y todo lo que sea acercarse a ellas, ya sea movido por la duda o la fantasía, es revolver en las cosas profundas del alma. Todos entendemos esto y los paganos también lo entendieron. Lo que ocurre es que el paganismo no revolvió el alma salvo con estas dudas y fantasías y, como consecuencia, hoy día no contamos más que con dudas y fantasías acerca del paganismo. Los mejores críticos coinciden en señalar que los poetas más grandes, en la Hélade pagana, por ejemplo, tenían una actitud hacia sus dioses que es bastante extraña y desconcertante para los hombres de la era cristiana. Parece admitirse la existencia de un conflicto entre la divinidad y el hombre, pero todos parecen tener dudas acerca de quién es el héroe y quién es el traidor. Esta duda no se aplica simplemente a un escéptico como Eurípides en *Las Bacantes,* sino a un conservador moderado como Sófocles en *Antígona,* o incluso a un reaccionario como Aristófanes en *Las Ranas.* Algunas veces podría parecer que los griegos creían en todas las cosas con actitud reverente, aunque en el fondo no tenían a nadie a quien reverenciar. El punto clave de esta confusión está en toda esa imprecisión y variación que surge del hecho de que todo comenzó por la fantasía y los sueños, y no hay leyes que permitan edificar un castillo en las nubes.

Éste es el poderoso árbol lleno de ramificaciones que llamamos mitología, que extiende sus ramas por todo el mundo. De sus lejanas ramas y bajo diferentes cielos cuelgan, como pájaros de diversos colores, los suntuosos ídolos asiáticos y los absurdos fetiches africanos, los reyes y princesas de los bosques de hadas, los dioses lares latinos de las viñas y olivos y, sobre las nubes del Olimpo, la flamante supremacía de los dioses griegos. Éstos son los mitos, y aquél que no comprenda los mitos tampoco comprenderá a los hombres. Pero el que mejor comprenda los mitos se dará más perfecta cuenta de que no son, ni nunca han sido, una religión, a la manera que entendemos que el cristianismo o el Islam son una religión. Ciertamente, comparten algunas de las características propias de una religión, como la necesidad de unir la festividad a la formalidad, fijando unos actos concretos para determinadas fechas. Pero, aunque los mitos puedan proporcionar al hombre un calendario, no le proporcionarán un credo. Nadie se levanta y dice: «Creo en Júpiter, Juno y Neptuno, etc.», igual que un cristiano se levanta y dice: «Creo en Dios Padre Todopoderoso», añadiendo lo que resta al Credo de los Apóstoles. Muchos paganos creían en unos dioses y no en otros, o creían más en unos y menos en otros, o manifestaban un vago sentimiento poético hacia alguno de ellos. No hubo ningún momento en el que todos se agruparan en una Orden ortodoxa cuyos integrantes estuvieran dispuestos a luchar y a ser torturados por mantener intacto su ideal. Y, menos aún, diría nadie: «Creo en Odín, Thor y Freya», pues fuera del Olimpo, su misma Orden es incierta y caótica. Tengo claro que Thor no era un dios en absoluto, sino un héroe. Nada parecido a una religión, representaría a alguien semejante a un dios andando a tientas como un pigmeo en una enorme cueva, que resultara ser el guante de un gigante[29]. Es la gloriosa ignorancia llamada aventura. Es posible que Thor hubiera sido un gran aventurero, pero llamarlo dios es como intentar comparar a Yahveh con el protagonista de un cuento infantil. Odín, por su parte, parece que fue un auténtico jefe bárbaro, probablemente de la época medieval. Los contornos

---

[29] Según la leyenda, Thor llegó a la tierra de los gigantes y al anochecer se resguardó con sus compañeros en lo que creyó ser una cabaña enorme. Al despertar se encontraron frente a un gigante dormido y se dieron cuenta de que el lugar donde se habían resguardado no era otra cosa que el guante del mismo.

del politeísmo se confunden con los cuentos de hadas y las reminiscencias bárbaras. No es como el monoteísmo defendido por serios monoteístas; es algo que satisface la necesidad de invocar un nombre superior o un hecho memorable, como ante el nacimiento de un niño o la liberación de una ciudad. Y así es como lo utilizaron muchos para los que el nombre del dios era solamente un nombre. Y, a pesar de todo, vino a satisfacer, aunque sólo fuera parcialmente, algo que pertenece a lo más profundo del ser humano: la idea de entregar algo que forma parte de las fuerzas desconocidas de la naturaleza; de derramar vino sobre la tierra o arrojar un anillo en el mar; en una palabra: del sacrificio. Es la sabia y valiosa idea de no buscar nuestro interés hasta el extremo, de poner algo en la otra balanza para equilibrar nuestro orgullo, de pagar los diezmos correspondientes a la naturaleza por la tierra confiada. Esta verdad profunda del peligro de la arrogancia está presente en todas las grandes tragedias griegas y las hace grandes. Pero esa verdad corre pareja de un agnosticismo críptico acerca de la verdadera naturaleza de los dioses a los que se intenta aplacar. Donde el gesto de sumisión es más grande, como entre los grandes griegos, se transparenta la idea de que ofreciendo una víctima, el hombre obtiene un beneficio mayor que el que hace a su dios. Se dice que en sus formas más zafias hay, a menudo, acciones grotescamente sugerentes del dios comiendo el sacrificio. Pero este hecho es falsificado por el error que subrayé antes al hablar de la mitología; interpreta mal la psicología de los ensueños. El niño que se entretiene pensando que hay un duende en el hueco de un árbol buscará el modo de materializar su fantasía acercándose con la imaginación a ofrecerle algo de alimento. Un poeta podría hacer algo más digno y elegante, como llevar frutas o flores a los dioses. Pero el grado de seriedad en ambos actos puede ser el mismo o variar totalmente. La simple fantasía no es más credo que la fantasía ideal. Ciertamente, el pagano no es más ateo que cristiano. Siente la presencia de fuerzas sobrenaturales sobre las que conjetura e inventa. San Pablo dijo que los griegos tenían en un altar a un dios desconocido, pero realmente todos sus dioses eran dioses desconocidos. Y la verdadera fisura en la historia se produjo cuando san Pablo les dijo a quién habían estado adorando sin saberlo.

La esencia de todo ese paganismo se puede resumir en un intento de alcanzar la realidad divina con la sola imaginación. En su propio campo la razón no lo impide en absoluto. Es vital para lograr una visión de toda la historia, que la razón sea algo separado de la religión, incluso la más racional de estas civilizaciones. Es únicamente como una idea tardía, cuando tales cultos se encuentran en decadencia o a la defensiva, cuando encontramos algunos neo-platónicos o algunos brahmanes intentando racionalizarlos, recurriendo para ello incluso a la alegoría. Pero, en realidad, los ríos de la mitología y de la filosofía corren paralelos y no se mezclan hasta confluir en el mar del cristianismo. Algunos defensores del laicismo hablan todavía como si la Iglesia hubiera introducido una especie de cisma entre la razón y la religión. La verdad es que la Iglesia fue realmente la primera que intentó conciliar en todo momento razón y religión. Nunca antes se había producido una unión semejante entre sacerdotes y filósofos. La mitología, entonces, buscaba a dios con la imaginación o buscaba la verdad a través de la belleza, en cuanto que la belleza ofrece gran parte de la fealdad más grotesca. Pero la imaginación tiene sus propias leyes y, por tanto, sus propios triunfos que ni los lógicos ni los hombres de ciencia pueden entender. Se ha mantenido fiel a su instinto imaginativo con mil extravagancias, con todo tipo de crudas pantomimas de ámbito universal, como la del cerdo comiéndose la luna o el mundo surgiendo de una vaca, pasando por todas las vertiginosas circunvoluciones y malformaciones místicas del arte asiático o la fría y llamativa rigidez de las estatuas asirias y egipcias. Utilizando todo tipo de reflejos deformados de un arte llevado a la locura, que parecía deformar el mundo y desplazar el cielo, permaneció fiel a algo sobre lo que no cabe ninguna discusión, algo que permite aún a algunos artistas situarse ante dicha deformidad y decir: «mi sueño se ha hecho realidad». De hecho, todos tenemos la sensación de que los mitos paganos o primitivos son infinitamente sugerentes, mientras no caigamos en la tentación de indagar lo que sugieren. Todos nos damos cuenta, por ejemplo, de lo que significa la acción de Prometeo cuando roba el fuego del cielo, hasta que un listillo pedante con aires de moderno nos explica su significado. Todos sabemos el sentido de Caperucita, hasta que alguien nos lo aclara. En este sentido, es verdad que es el ignorante el que acepta los mitos, pero únicamente porque es el ignorante el que sabe apreciar los poemas. La imaginación tiene sus propias leyes y triunfos, y una tremenda fuerza empezó a enturbiar sus imágenes, ya fueran imágenes de la mente o del fango, del bambú de las islas del Mar del Sur o del mármol de las montañas de la Hélade. Pero siempre hubo un problema en el triunfo, que en estas páginas he tratado de analizar en vano, pero quizás pueda definir a modo de conclusión.

La clave y la crisis radica en que el hombre encontró natural la adoración, incluso a cosas no naturales. La actitud del ídolo podía ser tiesa y extraña, pero el gesto del adorador era digno y generoso. Cuando se inclinaba ante aquél, no sólo se sentía más libre sino más elevado. De ahí, que cualquier cosa que suprimiera el gesto de adoración impediría su desarrollo y lo dejaría mutilado para siempre. Y por la misma razón, una condición meramente secular constituiría para él una servidumbre y una inhibición. Si el hombre no puede rezar se encuentra amordazado, si no puede arrodillarse se encuentra encadenado. A lo largo de todo el paganismo percibimos una curiosa sensación de confianza y desconfianza al mismo tiempo. Cuando el hombre hace el gesto de saludo y de sacrificio, cuando vierte la libación o levanta la espada, sabe que está haciendo algo digno y varonil. Sabe que está haciendo una de las cosas para las que fue creado. Su experimento imaginativo queda por tanto justificado. Pero, precisamente porque comenzó con la imaginación, presenta al final un tono de burla, especialmente en su objeto. Esta burla, en los momentos más intensos del intelecto, se plasma en la ironía casi intolerable de la tragedia griega. Se produce una desproporción entre el sacerdote y el altar o entre el altar y el dios. El sacerdote parece más solemne y casi más sagrado que el dios. Toda la organización del templo responde de forma sólida, sana y satisfactoria a las exigencias de nuestra naturaleza, salvo su mismo centro, que presenta un aspecto curiosamente mutable y confuso, como el de una llama vacilante. Ese centro es la idea primaria por la que se ha edificado el conjunto; una idea que continúa siendo una fantasía y casi una frivolidad. En ese extraño lugar de reunión, el hombre adquiere más solemnidad que la estatua, en una noble y natural actitud que bien podría perpetuar la del Joven Orante. Pero cualquiera que sea el nombre escrito sobre el pedestal, ya se trate de Zeus, Amón o Apolo, el dios a quien adora no es más que Proteo.

Se puede decir que el Joven Orante expresa una necesidad interior más que satisfacerla. Sus manos se alzan en un movimiento que resulta normal y necesario, pero sus manos vacías encierran también un gran valor simbólico. Más adelante hablaremos de la naturaleza de esa necesidad. De momento, es suficiente con señalar que, quizás, despues de todo, ese instinto interior que nos lleva a ver detrás de la oración y del sacrificio un signo de libertad y de apertura, nos hace volver los ojos hacia ese concepto amplio y medio olvidado de la paternidad universal, que hemos visto palidecer por todas partes desde los comienzos de la humanidad. Es un hecho cierto, pero no del todo. Hay una especie de instinto indestructible, en el poeta pagano, que le dice que no se equivoca del todo al hacer del dios un dios local. Un instinto que se encuentra en el alma de la poesía si es que no forma parte de la misma piedad. Y el más grande de los poetas, al definir al poeta, no dijo que nos daba el universo, el absoluto o el infinito, sino un lugar habitable y un nombre. Ningún poeta es puramente panteísta. Los que se cuentan entre los más panteístas, como Shelley, utilizan imágenes locales y particulares, como hicieron los paganos. Después de todo, Shelley escribió sobre la alondra porque era alondra. Y, puestos a traducir su texto en Sudáfrica, no se nos ocurriría cambiar la alondra por una avestruz. Podemos decir que la imaginación mitológica se mueve en círculos, revoloteando para encontrar un lugar o para volver a él. En una palabra, la mitología es una *búsqueda*, una combinación de repetidas dudas y deseos, en los que el hambre sincera de buscar un lugar se mezcla con la más oscura, profunda y misteriosa indiferencia ante todos los lugares encontrados. La imaginación llegó muy lejos en su solitaria carrera, y la razón —a la que volveremos más adelante— no habría de juntarse nunca en su camino.

Todos estos elementos, diferían de la religión o de la realidad en un aspecto: no eran reflejo de la realidad sino una realidad diferente. Un cuadro puede parecer un paisaje en cada uno de sus detalles, pero hay un detalle que lo diferencia de la realidad: no es un paisaje. Es la misma diferencia que separa un retrato de la reina Isabel de la misma reina Isabel. Sólo en el mundo mítico y místico el retrato podía existir antes que la persona y esto hace que el retrato fuera más vago y dudoso. Pero todo el que esté familiarizado o imbuido de la atmósfera de estos mitos entenderá lo que quiero decir al afirmar que, en cierto sentido, los elementos mitológicos no eran realidades. Los paganos soñaban con realidades, y ellos mismos habrían sido los primeros en admitir, con sus propias palabras, que algunos les llegaron por la puerta de marfil y otros por la puerta del cuerno. Los sueños tienden a ser muy vivos cuando se refieren a cosas queridas o trágicas, y pueden hacer que una persona dormida se despierte con la impresión de que su corazón se ha roto durante el mismo. Continuamente, revolotean sobre temas apasionados de encuentros y despedidas, de una vida que se acaba o una muerte que es el comienzo de vida. Deméter vaga sin cesar por un mundo desolado en busca de una niña robada; Isis estira inútilmente sus brazos sobre la tierra con la esperanza de juntar los miembros de Osiris; y se escucha el llanto por Atis sobre las colinas y por Adonis en los bosques. Allí se entremezcla con semejante lamento, el sentido místico y profundo de que la muerte puede ser dispensadora de libertad y de paz; de que esa muerte nos ofrece una sangre divina para un río renovado, y que todo bien se encuentra en la unión de los miembros quebrados del dios. Son lo que podríamos llamar presagios, sin olvidar que los presagios no son más que sombras[30]. Y la metáfora de la sombra viene muy a propósito, pues refleja con gran exactitud el hecho que estamos tratando. Una sombra es una forma, el contorno de una forma, pero en ningún caso es textura. Las realidades mitológicas tenían cierto parecido con la realidad, lo que viene a ser lo mismo que decir que eran diferentes. Decir que algo es como un perro es otra forma de decir que no es un perro, y en este sentido de identidad es en el que afirmamos que un mito no es un hombre. A nadie se le ocurrió pensar en Isis como un ser humano, en Deméter como un personaje histórico, o en Adonis como el fundador de una Iglesia. A nadie se le pasó jamás por la cabeza que alguno de ellos hubiera cambiado el mundo. Su muerte y su vida recurrentes les recordaban más bien la hermosa y triste carga de la inmutabilidad del mundo. Ninguno de ellos fue una revolución, a no ser en el sentido de la revolución del sol y la luna. Y todo su significado se pierde si no alcanzamos a darnos cuenta de que no son más que las sombras de nuestras propias vidas y las sombras que perseguimos. En algunos aspectos sacrificiales y comunitarios parece entreverse el dios que podía satisfacer a los hombres, pero éstos no pare-

---

[30] En el original juega con las palabras *shadow* (sombra) y *foreshadow* (presagiar).

cen estar satisfechos. Si alguien dijera lo contrario no sería buen crítico de la poesía.

Los que refiriéndose a aquellos dioses, hablan de «Cristos paganos» manifiestan menor comprensión del paganismo que del cristianismo. Los que llaman a estos cultos «religiones» y los «comparan» con la certidumbre y el desafío de la Iglesia, no saben apreciar el lado humano del paganismo, ni entenderán por qué la literatura clásica sigue siendo algo que permanece en el aire como una canción. No manifiesta mucha compasión con el hambriento el que intenta demostrarle que el hambre es lo mismo que la comida. Ni podemos decir que sea precisamente una comprensión genial de la juventud pretender que la esperanza destruya la necesidad de la felicidad. Y es completamente falso pretender que esas imágenes mentales que tanta admiración causan en abstracto, compartan la misma existencia que un hombre y un gobierno adorados también por el hecho de ser reales. Se podría decir también que un muchacho jugando a los ladrones es lo mismo que un hombre agazapado en su trinchera; o que las primeras ilusiones de un muchacho acerca de su «chica ideal» son lo mismo que el sacramento del matrimonio. Su diferencia fundamental radica precisamente en su superficial semejanza. Casi se podría decir que no son lo mismo ni siquiera cuando son lo mismo. Lo único que les diferencia es que uno es real y el otro no. Quiero decir que uno nunca fue pensado para ser real en el mismo sentido que el otro. Vagamente lo he intentado sugerir aquí, pero resulta algo muy sutil y casi indescriptible. Es tan sutil que los estudiosos que profesan ponerlo a la altura de rival de nuestra religión pierden todo el significado y el sentido de su propio estudio. Sabemos mejor que los eruditos, incluso aquellos de nosotros que no lo son, lo que había detrás de aquel prolongado gemido ante la muerte de Adonis y por qué la Gran Madre tuvo una hija casada con la muerte. Penetramos más profundamente que ellos en los misterios eleusinos y llegamos a un nivel más alto, donde una puerta en el interior de otra guardó la sabiduría de Orfeo. Sabemos el significado de todos los mitos. Conocemos el último secreto revelado al perfecto iniciado. Y no es la voz de un sacerdote o un profeta que dice: «Estas cosas son». Es la voz de un soñador y un idealista clamando: «¿Por qué no habrían de ocurrir estas cosas?».

VI

DEMONIOS Y FILÓSOFOS

Me he extendido ligeramente al tratar de este mundo imaginario del paganismo que ha llenado el mundo de templos y es, por todas partes, el padre de las fiestas populares, para enlazar ahora con otras dos etapas que, a mi entender, preceden a la etapa final del cristianismo en la historia central de la civilización. La primera es la lucha entre este paganismo y otro paganismo más diluido, y la segunda, el proceso por el que el paganismo se hizo menos digno de sí mismo. En este politeísmo tan variado y con frecuencia tan difuso se alojaba la debilidad del pecado original. Los dioses paganos se representaban jugando a los dados con los mortales y, ciertamente, jugaban fuerte. Los hombres nacen desequilibrados, especialmente en lo que se refiere al sexo —casi podríamos decir que nacen locos—, y no parecen lograr cordura hasta alcanzar la santidad. Esta desproporción tiró para abajo de las alas de la fantasía y llenó el final del paganismo de la suciedad e inmundicia engendradas por la sensualidad de los dioses. Pero antes hay que tener en cuenta que este tipo de paganismo había librado una batalla con otra clase de paganismo, y esa lucha, de carácter esencialmente espiritual, fue determinante para la historia del mundo. Para entender esto debemos afrontar la revisión de esa otra clase de paganismo. Su estudio puede realizarse sin necesidad de extenderse mucho. De hecho, en algunos aspectos, cuanto menos se diga de él mejor. Si al primer tipo de mitología lo denominamos ensueño, a éste podríamos denominarlo pesadilla.

La superstición reaparece en todas las épocas, especialmente en las racionalistas. Recuerdo cómo, defendiendo la tradición religiosa frente a una mesa entera de distinguidos agnósticos, antes de que finalizara nuestra conversación, cada uno de ellos había sacado de su bolsillo o mostrado en la cadena del reloj, algún amuleto o talismán del que reconocían no separarse nunca. Yo era la única persona presente que había descuidado proveerse de un fetiche. La superstición se repite en los periodos racionalistas porque se basa en algo que, si no es idéntico al racionalismo, no está muy lejos del escepticismo o, al menos, está muy directamente relacionado con el agnosticismo; algo que es realmente un sentimiento muy humano y comprensible, como las invocaciones locales del *numen* en el paganismo popular. Y digo que es un sentimiento agnóstico por cuanto está fundado en dos sensaciones: que ignoramos las leyes del universo y que éstas pueden ser muy diferentes a todo lo que llamamos razón. Tales hombres se dan cuenta de esa verdad de que las cosas grandes normalmente giran alrededor de las pequeñas. Cuando les llega una leve insinuación de la tradición o de algún rumor de que un pequeño hecho concreto es la clave de un asunto, hay algo profundo y en ningún modo insensato en la naturaleza humana que les empuja a concederle crédito. Este sentimiento se da en las dos formas de paganismo que aquí consideramos. Pero al abordar la segunda, nos la encontramos transformada e impregnada de un espíritu diferente y más terrible.

Al ocuparme de ese superficial asunto que llamamos mitología, me he detenido poco en lo que sería su aspecto más discutible: el de saber hasta qué punto la invocación de los espíritus del mar o los elementos pueden convocar los espíritus de las profundidades o, utilizando las palabras de un personaje de Shakespeare, si los espíritus acuden cuando se les invoca. No creo andar muy errado al pensar que este problema, por práctico que pueda parecer, no jugó un papel predominante en la trama poética de la mitología. Sin embargo, parece innegable, a juzgar por las evidencias, que se han dado casos de ese tipo, aun cuando sólo se tratara de apariencias. Pero al adentrarnos en el mundo de la superstición, encontramos, en un sentido más sutil, una sombra de diferencia; una sombra oscura y profunda. Sin duda, la superstición más popular es tan frívola como cualquier mitología popular. Los hombres no creen como dogma que Dios les lanzará un rayo por pasar debajo de una escalera. Sin embargo, se divierten muy a menudo con el no poco laborioso ejercicio de dar un rodeo. En esta actitud no se esconde más que lo que ya he señalado antes: una especie de agnosticismo frívolo acerca de las posibilidades de un mundo tan extraño. Pero hay otra clase de superstición que, definitivamente, busca resultados. Es lo que podríamos llamar superstición realista. Y con ésta, la cuestión de si los espíritus contestan o hacen su aparición, se convierte en algo mucho más serio. Como he dicho, creo que es bastante cierto que a veces lo hacen. Pero, en torno a esto, hay una distinción que ha sido la causa de muchos males en el mundo.

Ya sea porque la Caída haya puesto en contacto a los hombres con una vecindad espiritual poco deseable, o simplemente porque a la disposición impaciente o codiciosa del hombre le resulte más fácil imaginar el mal, creo que la magia negra de la brujería ha tenido un carácter mucho más práctico y menos poético que la magia blanca de la mitología. Imagino que se puso mucho más cuidado en el jardín de la bruja que en el bosque de la ninfa, y que el campo malvado fue aún más fructuoso que el bueno. Para empezar, un cierto impulso, quizá un impulso desesperado, condujo a los hombres hacia el poder de las tinieblas a la hora de tratar de problemas prácticos. Había una especie de sensación secreta y perversa de que los poderes ocultos podían hacer las cosas, y que no había ningún absurdo en hacer aquello. Mas en esta frase se refleja exactamente la cuestión. Los dioses de la mitología estaban rodeados de una fuerte carga de absurdo, en el sentido disparatado y gracioso de la palabra. Pero el hombre que consultaba a un demonio sentía lo que muchos hombres han sentido al consultar a un detective, sobre todo a un detective privado: que aquello era trabajo sucio, pero había que hacerlo. Un hombre no se adentraba en el bosque para encontrarse con una ninfa, sino con la esperanza de encontrarla. Se trataba de una aventura más que de un encuentro. Pero el diablo cumplió con sus compromisos y, en cierto sentido, mantuvo sus promesas, aunque más tarde algún hombre deseara, como Macbeth, que las hubiera roto.

En los testimonios llegados hasta nosotros de muchas razas salvajes o rudimentarias, con frecuencia nos encontramos con que el culto a los demonios se produjo después del culto a las divinidades, e incluso después del culto a una única y suprema deidad. Podemos suponer que en casi todos estos lugares sentían la divinidad suprema como un ser demasiado lejano para atender asuntos de tan poca importancia, y que los hombres invocaban a los espíritus porque eran, en un sentido más literal, espíritus familiares. Pero, con la idea de recurrir a los demonios para conseguir cosas, aparece una nueva idea digna de los mismos. Se podría describir como la idea de ser digno de los demonios, de adecuarse a los requerimientos de su exigente y fastidiosa sociedad. La superstición más leve juega con la idea de que un hecho trivial, un pequeño gesto como el de arrojar sal, puede impulsar el resorte oculto que hace funcionar la misteriosa maquinaria del mundo; como el hecho que, después de todo, se esconde tras la idea del «Ábrete Sésamo». Pero con la invocación a los espíritus infernales llega la noción horrible de que el gesto no sólo debe ser muy pequeño sino al mismo tiempo algo vil; algo semejante a las artes que podría emplear el mono más repugnante por su fealdad y su vileza. Más pronto o más tarde, el hombre cae deliberadamente en el acto más repugnante que él mismo podría imaginar, con la sensación de que su extrema actitud hacia el mal provocará algún tipo de atención o de respuesta en los poderes malignos bajo la superficie de la tierra. Éste es el sentido que tiene la mayor parte del canibalismo en el mundo. Para la mayoría de la gente, el canibalismo no es una costumbre primitiva, ni siquiera bestial. Es algo artificial e incluso artístico, una especie de arte por el arte. Los hombres lo practican no porque no lo consideren horrible, sino precisamente porque lo consideran horrible. Desean, en el sentido más literal, hartarse de horrores. Por esta razón, a menudo nos encontramos con que algunas razas no educadas, como los naturales australianos, no son caníbales, mientras que otras razas mucho más refinadas e inteligentes, como los Maoríes de Nueva Zelanda, pueden serlo en algunos casos. Son lo suficientemente refinados e inteligentes como para caer a veces en una actitud diabólica consciente. Pero si pudiéramos entender sus mentes, o siquiera su lengua, probablemente nos encontraríamos con que no actuaban con ignorancia, es decir, como inocentes caníbales. Lo hacen no porque no sean conscientes de que hacen mal, sino precisamente porque son conscientes de que aquello está mal. Se comportan como un decadente parisino en una Misa negra. Pero la Misa negra tiene que ocultarse ante la presencia de la Misa verdadera. En otras palabras, los demonios han permanecido en lo oculto desde la venida de Cristo a la tierra. El canibalismo de los peores bárbaros tiende a ocultarse frente a la civilización del hombre blanco. Pero antes del cristianismo, y especialmente fuera de Europa, no siempre fue así. En el mundo antiguo los demonios vagaban a menudo por el mundo como los dragones. Podían ser reconocidos y públicamente entronizados como dioses. Sus enormes imágenes se podían colocar en templos públicos en el centro de pobladas ciudades. Y por todo el mundo podemos encontrar el rastro de este hecho llamativo y sólido. Un hecho que la crítica moderna pasa por alto como algo primitivo y temprano en la evolución, cuando, curiosamente, algunas de las mayores civilizaciones del mundo fueron los mismos lugares donde se exaltaban los cuernos de Satán, no solamente hasta las estrellas sino en la cara del sol.

Tomemos como ejemplo a los Aztecas y a los Indios americanos de los antiguos imperios de Méjico y Perú. Eran, por lo menos, tan avanzados como Egipto o China y únicamente tenían menor viveza que esa civilización central que es la nuestra. Pero los que critican esa civilización central —que es siempre su propia civilización— tienen la curiosa costumbre, no sólo de ejercer su legítima obligación al condenar sus crímenes, sino de idealizar desmedidamente a sus víctimas. Pretenden siempre que antes del advenimiento de Europa no existía nada salvo el Edén. Swinburne, en sus *Canciones antes de la Salida del Sol*, utiliza una expresión referida a España y sus conquistas que siempre me pareció muy extraña. Y nos habla de: «sus pecados e hijos dispersos por tierras sin pecado», y de cómo «hicieron maldito el nombre del hombre y tres veces maldito el nombre de Dios». Puede ser razonable que dijera que los españoles eran pecadores, pero, ¿por qué habría de decir que los americanos del sur no tenían pecado?, ¿por qué había de suponer que este continente estuviera poblado exclusivamente de arcángeles o santos perfectos en el cielo? Hasta en la más respetable comunidad sería algo difícil de admitir. Pero, cuando nos paramos a pensar en lo que realmente sabemos de esa sociedad, el resultado es bastante divertido. Sabemos que los sacerdotes sin pecado de esta gente sin pecado, adoraban dioses sin pecado, que no aceptaban como néctar y ambrosía de su soleado paraíso otra cosa que el sacrificio humano incesante, acompañado de horribles tormentos. En la mitología de esta civilización americana podemos observar también un elemento de oposición o de violencia contra el instinto, como escribiría Dante, que arrastra hacia atrás por todas partes con la fuerza de la religión antinatural de los demonios. Y es un hecho notorio no sólo en lo moral sino también en lo estético. El ídolo americano presentaba un aspecto tan repugnante como les fue posible, de la misma manera que la imagen griega era tan hermosa como había sido posible. Buscaban el secreto del poder, obrando contra su propia naturaleza y la naturaleza de las cosas. Y parecía que aspiraban a llegar algún día a tallar en oro, granito o en la oscura madera rojiza de los bosques, un rostro que haría romper en pedazos el mismo espejo de los cielos.

En cualquier caso, está claro que la repintada y dorada civilización de América tropical consintió sistemáticamente en los sacrificios humanos. Y, sin embargo, por lo que sé, no está nada claro que los esquimales consintieran alguna vez en los sacrificios humanos. No estaban suficientemente civilizados. Se encontraban demasiado aprisionados por el blanco invierno y la interminable oscuridad. La gélida penuria reprimió su noble rabia y congeló la genial corriente del alma. Será en días más brillantes y a plena luz del sol donde encontraremos la noble furia rugiendo inconfundible. Será en tierras más ricas e instruidas, donde la genial corriente fluirá por los altares y será bebida por los grandes dioses con antifaces y máscaras, llamados al terror o el tormento por largos nombres cacofónicos que suenan como la risa en el infierno. Fue necesario un clima más cálido y un cultivo más científico para producir estas floraciones; para acercar hacia el sol las largas hojas y las ostentosas flores que dieron el oro, el carmesí y la púrpura a ese jardín que Swinburne compara al Jardín de las Hespérides. Al menos, no había duda acerca del dragón.

No quiero plantear aquí la controversia que se produjo entre España y Méjico, pero creo que puede servirnos para entender la cuestión que se ha de suscitar en estas líneas acerca de Roma y Cartago. En ambos casos se ha dado siempre entre los ingleses la rara costumbre de ponerse del lado opuesto a los europeos y de representar la civilización rival, en frase de Swinburne, como sin pecado, cuando sus pecados clamaban o más bien aullaban al cielo. Pues Cartago fue también una gran civilización; una civilización, de hecho, altamente civilizada. Y Cartago también fundó esa civilización sobre una religión del miedo, expandiendo por todas partes el humo del sacrificio humano. Es normal reprender a nuestra propia raza o religión por faltar a nuestros propios estándares e ideales. Pero es absurdo pretender que cayeron más bajo que otras razas y religiones que profesaron estándares e ideales muy opuestos. En un sentido muy verdadero, el cristiano es peor que el pagano, el español peor que el indio, o incluso el romano, potencialmente, peor que el cartaginés. En un sentido, únicamente, y no precisamente el de ser positivamente peor. El cristiano es peor sólo porque su cometido es el de ser mejor.

Esta imaginación invertida produce cosas de las cuales es mejor no hablar. De algunas de ellas casi se podría hablar sin que fueran conocidas, pues son de ese tipo de atrocidades que parecen inocentes a los inocentes. Son demasiado inhumanas incluso para ser indecentes. Pero sin pararnos demasiado en estos rincones oscuros, debemos hacer notar que en esta tradición de la magia negra parecen repetirse ciertos antagonismos en contra de los hombres. En todas partes podemos intuir, por ejemplo, la presencia de un odio místico a la idea de la niñez. La gente entendería mejor la furia popular contra las brujas si recordaran que la maldad que normalmente se les atribuye era la de impedir el nacimiento de los niños. Los profetas hebreos estaban continuamente recriminando a la raza hebrea por caer una y otra vez en una idolatría que llevaba consigo una guerra similar contra los niños. Probablemente, esta abominable apostasía del Dios de Israel, se produjera más de una vez en Israel en forma de lo que se llama asesinato ritual. Una acción no cometida, por supuesto, por representantes de la religión judaica, sino por instrumentos individuales e irresponsables del diablo que resultaron ser judíos. Este sentido de amenaza de las fuerzas del mal sobre la niñez lo encontramos de nuevo en la enorme popularidad del niño Mártir[31] de la Edad Media. Chaucer no hizo sino dar otra versión de un leyenda inglesa de marcado carácter nacional, al con-

---

[31] Hugh Little o Hugh of Lincoln (1246-1255) supuestamente secuestrado, torturado y asesinado por un grupo de judíos a los nueve años de edad. Su martirio se convirtió en un tema popular de la poesía de la Edad Media encontrándose una referencia en el «Cuento de la Priora» de los *Cuentos de Canterbury* de Chaucer. La Iglesia no lo reconoce oficialmente como santo.

cebir la más malvada de todas las brujas, encarnada en la persona de una mujer extraña y misteriosa observando tras el enrejado de una elevada ventana y escuchando, como el sonido de un arroyo sobre la piedra de la calle, el canto del pequeño san Hugo.

De todos modos, las especulaciones en torno a este tema se centran, principalmente, en la parte oriental del Mediterráneo, donde los nómadas se habían convertido gradualmente en mercaderes y habían empezado a comerciar con todo el mundo. Realmente, en cuanto a comercio, viajes y extensión colonial, poseía ya algo de imperio mundial. Su tinte púrpura, emblema de su rica pompa y lujo, había empapado las mercancías que serían vendidas entre las apartadas costas de Cornualles y acompañaba las velas que penetraron en el silencio de los mares del Trópico entre todo el misterio de África. El mapa se había teñido verdaderamente de púrpura. Mientras su éxito era mundial, los príncipes de Tiro no se percatarían de que una de sus princesas había condescendido a casarse con el jefe de una tribu llamada Judá, y los mercaderes de su puesto fronterizo no esbozarían más que una leve sonrisa en sus labios semíticos, a la mención de una ciudad llamada Roma. Y, verdaderamente, no hay dos cosas que puedan parecer más distantes —no sólo en espacio sino en espíritu— que el monoteísmo de la tribu palestina y las virtudes de aquella pequeña república italiana. Existía un único obstáculo entre ellos y ese mismo obstáculo que causó su división ha sido el que los ha unido. Las cosas que podían amar los cónsules romanos y los profetas judíos eran muy diversas e incompatibles, pero había un acuerdo entre ellos respecto a lo que odiaban. Sería muy fácil representar ese odio en ambos casos como algo puramente odioso. Sería fácil hacerse una idea cruda e inhumana de Elías alegrándose de la matanza de los sacerdotes de Baal, o de Catón clamando contra la amnistía de África. Estos hombres tenían sus limitaciones y sus pasiones, pero en su caso, esta crítica es inimaginable y, por tanto, irreal. Hay un hecho olvidado, inmenso e intermedio, que suscitaba entre los vecinos de Oriente y Occidente un mismo furor, y ese algo es el primer objeto de este capítulo.

La civilización de Tiro y Sidón era fundamentalmente práctica. Pocos son los restos de su arte y menos aún de su poesía. Pero tenía el orgullo de ser muy eficiente y siguió, en su filosofía y religión, ese proceso extraño —y a veces secreto— de pensamiento, que hemos observado ya en todos los que buscan resultados inmediatos. En esta mentalidad se encuentra siempre la idea de que existe un atajo para alcanzar el secreto del éxito; algo que conmocionaría al mundo por esa especie de desvergonzada búsqueda de perfección. Era gente que creía, utilizando una frase al uso, en cumplir sus compromisos. En el trato con su dios Moloc tenían siempre cuidado de cumplir sus compromisos. Era una transacción interesante, sobre la cual nos detendremos más de una vez a lo largo de la exposición. Mas, lo que ahora nos interesa, es ver la implicación que esto tuvo en la actitud hacia los niños de la que antes hablamos. Fue precisamente lo que atrajo la furia simultánea del siervo del Dios Único en Palestina y de los guardianes de todos los dioses domésticos de Roma. Esto es lo que desafiaba dos realidades divididas naturalmente por todo tipo de distancia y desunión y cuya unión iba a salvar el mundo.

He llamado a la cuarta y última división de los elementos espirituales en los que dividiría la humanidad pagana con el nombre de Filósofos. Confieso que este apartado ocupa en mi mente muchas cosas que normalmente serían clasificadas de otra manera, y que lo que aquí llamo filosofías, en otros lugares se encontrarán denominadas como religiones. Creo, sin embargo, que mi propia descripción se puede considerar la más realista y no por ello la menos respetuosa. Pero, en primer lugar, debemos acudir a la forma más pura y nítida de la filosofía para tratar de delinear su perfil normal. Y este perfil se ha de buscar en el mundo de los perfiles más puros y claros; esa cultura del Mediterráneo de la que hemos estado considerando las mitologías e idolatrías en los dos últimos capítulos.

El politeísmo, o el aspecto politeísta del paganismo, nunca fue para los paganos lo que el catolicismo es para el católico. No fue nunca una visión del universo que satisficiera todos los aspectos de la vida; una verdad completa y compleja con algo que decir acerca de todo. Satisfacía únicamente uno de los lados del alma humana, el que podemos llamar lado religioso, aunque yo considero más correcto llamarlo el lado imaginativo. Pero éste lo satisfizo y hasta la saciedad. Todo aquel mundo era un tejido de cultos y cuentos entretejidos, sobre el que se bordaba, como hemos visto ya, el hilo negro entre los colores más inocentes; el paganismo más oscuro, que era realmente diabólico. Pero todos sabemos que esto no quiere decir que los paganos no pensaran nada más que en los dioses. Precisamente, porque la mitología sólo satisfacía una disposición de ánimo, convirtieron otras disposiciones en algo totalmente diferente. Y es muy importante darse cuenta de que aquello era totalmente diferente; algo demasiado diferente para ser ilógico; algo tan ajeno que no les chocaba. Mientras que una multitud de gente celebraba fastos en honor de Adonis o juegos en honor de Apolo, este o aquel hombre preferiría quedarse en casa y ponerse a pensar una pequeña teoría sobre la naturaleza de las cosas. Y a veces llenaría el tiempo pensando en la naturaleza de Dios o, en su caso, en la naturaleza de los dioses. Pero pocas veces se le ocurriría oponer su teoría sobre la naturaleza de los dioses a los dioses de la naturaleza.

Es necesario insistir en esta abstracción del que sería el primer estudiante de abstracciones. No era tanto un hombre antagonista como distraído. Su hobby podría ser el universo, pero al principio el hobby era tan privado como si se tratara de la numismática o del juego de las damas. Y aún cuando su sabiduría se convirtió en algo de dominio público, y casi una situación política, raramente se situaba en el mismo plano que las instituciones populares y religiosas. Aristóteles, con su colosal sentido común, fue quizás el más grande de todos los filósofos y, sin duda, el más práctico, pero en ningún caso habría puesto al mismo nivel al Absoluto y al Apolo de Delfos, como una religión similar o rival, lo mismo que Arquímedes no hizo de la palanca una especie de ídolo o de fetiche que sustituyera al Paladium de la ciudad. Igualmente, podríamos imaginar a Euclides construyendo un altar a un triángulo isósceles, u ofreciendo sacrificios al cuadrado de la hipotenusa. Mientras que uno meditó acerca de la metafísica, otro lo hizo sobre las matemáticas, ya fuera por amor a la verdad, por curiosidad o por diversión. Pero este tipo de diversión nunca parece haber interferido mucho con la otra clase de diversión: la diversión de bailar o de cantar para celebrar algún romance sobre Zeus convirtiéndose en toro o en cisne. La prueba de que hay cierta superficialidad o falta de sinceridad en el politeísmo popular, es que los hombres podían ser filósofos o incluso escépticos sin entrar en conflicto. Los pensadores podrían remover los cimientos del mundo sin alterar siquiera el contorno de esa nube coloreada que se cernía sobre él.

Y el hecho es que estos pensadores removieron los cimientos del mundo, a pesar de que un compromiso curioso parecía impedir que removieran los cimientos de la ciudad. Los dos grandes filósofos de la antigüedad se nos presentan como defensores de ideas sanas e incluso sagradas. Sus máximas se leen a menudo como respuestas a preguntas escépticas tan plenamente contestadas que resultan difíciles de recordar. Aristóteles echó por tierra cientos de anarquistas y chiflados adoradores de la naturaleza con la afirmación fundamental de que el hombre es un animal político. Platón anticipó, en cierto sentido, el realismo católico, como lo ataca el nominalismo herético, insistiendo en que las ideas son realidades; que las ideas existen, lo mismo que existen los hombres. A veces, sin embargo, Platón parecía imaginar que existían las ideas por el hecho de no existir los hombres, o que los hombres no merecerían gran consideración allí donde entran en conflicto con las ideas. Tenía algo del sentimiento social que llamamos fabiano, en su ideal de adecuar el ciudadano a la ciudad, como una cabeza imaginaria se ajusta a un sombrero ideal. Y grande y glorioso como ha llegado hasta nosotros, ha sido el padre de todos los maniáticos. Aristóteles anticipó más completamente la cordura sacramental que suponía combinar el cuerpo y el alma de las cosas, pues consideraba la naturaleza de los hombres al mismo tiempo que la naturaleza de la moral, y miraba a los ojos tanto como a la luz. Pero aunque estos grandes hombres eran, en ese sentido, constructivos y conservadores, pertenecían a un mundo donde el pensamiento era libre, hasta el punto de ser imaginativo. De hecho, les siguieron muchos otros grandes intelectos, algunos exaltando una visión abstracta de la virtud, otros interesándose de forma racionalista por la necesaria búsqueda de la felicidad en el hombre. Los primeros se denominaron estoicos, y su nombre se ha hecho proverbial para referirse a uno de los principales ideales morales de la humanidad: el de fortalecer la mente hasta alcanzar una textura capaz de resistir las calamidades o incluso el dolor. Pero, se suele admitir que la mayoría de los filósofos degeneraron en lo que aún llamamos sofistas: una especie de escépticos profesionales que se dedicaban a hacer preguntas incómodas, y recibían una generosa paga por volverse fastidiosos al vulgo. Quizá fuera un parecido accidental con este tipo de graznidos interrogativos lo que causó la impopularidad del gran Sócrates, cuya muerte parece contradecir la tregua permanente entre filósofos y dioses. Pero Sócrates no murió como un monoteísta que denunciara el politeísmo, ni como un profeta que denunciara los ídolos. Leyendo entre líneas, se puede distinguir en su proceso una acusación correcta o equivocada, basada en una influencia puramente personal que afectó a la moral y quizás a la política. El compromiso general se mantuvo: ya fuera el de que los sacerdotes consideraran sus mitos una broma o que los filósofos consideraran sus teorías como una broma. Nunca se produjo ningún choque en el que uno realmente destruyera al otro, y nunca hubo ninguna combinación en la que uno se reconciliara con el otro. Ciertamente, no trabajaron juntos. Si algo se podría decir del filósofo es que era rival del sacerdote. Pero ambos parecían haber aceptado una especie de separación de funciones y seguían formando parte del mismo sistema social. Otra tradición importante desciende de Pitágoras, digno de reseñar por cuanto está situado más cerca de los místicos orientales, de los que hablaremos a su debido tiempo. Pitágoras enseñó una especie de misticismo de las matemáticas, señalando que el número es la realidad última. Pero parece ser que enseñó también acerca de la trasmigración de las almas, como los brahmanes, y que dejó a sus seguidores ciertas recetas tradicionales para vegetarianos y amantes del agua, muy típicas entre los sabios orientales y especialmente practicadas en los salones de moda, como los del Imperio Romano tardío. Pero al tratar de los sabios orientales, y de esa atmósfera diferente que los rodea, nos acercamos a una verdad importante por otro camino.

Uno de los grandes filósofos dijo que sería una buena cosa si los filósofos fueran reyes, o los reyes filósofos. Sin duda, hablaba de algo demasiado bueno para ser verdad, pero que, con no poca frecuencia, ha sido un hecho real. Existe un arquetipo, quizás poco observado en la historia, que podríamos llamar filósofo real. Aparte de los derechos reales, el sabio, aunque no era lo que llamamos un fundador religioso, llegaba con frecuencia a ser algo así como un fundador político. El mejor ejemplo lo encontramos, después de atravesar miles de kilómetros por entre las vastas extensiones asiáticas, en ese maravilloso mundo de ideas e instituciones que tanta sabiduría encierra en algunos aspectos y que solemos despachar con cierta ligereza cuando hablamos de China. El hombre ha servido a dioses de muy diversa índole y se ha confiado lealmente a muchos ideales e incluso ídolos. China es una sociedad que ha elegido creer en el intelecto. Se ha tomado el intelecto seriamente, y es posible que sea la única que lo mantenga en el mundo. Desde una época muy temprana hizo frente al dilema del rey y el filósofo, designando un filósofo para aconsejar al rey. De un individuo que no tenía nada que ver con el mundo, salvo el hecho de ser intelectual, creó una institución pública. Contó y cuenta, por supuesto, con muchas otras realidades del mismo estilo. Crea todos los cargos y privilegios mediante público examen. No tiene nada de lo que llamamos aristocracia. Es una democracia dominada por la inteligencia. Pero lo que nos interesa es que tenía filósofos para aconsejar a los reyes. Y uno de esos filósofos debió ser, sin duda, un gran filósofo y un gran hombre de estado.

Confucio no fue un fundador religioso, ni un profesor de religión y, probablemente, ni siquiera fuera un hombre religioso. No era ateo, sino más bien lo que llamamos agnóstico. Pero lo realmente esencial es que no tiene sentido hablar de su religión. Es como si al hablar de cómo Rowland Hill[32] estableció el sistema postal o cómo Baden Powell organizó los Boy Scouts, señaláramos la teología como tema principal de la historia. Confucio no estaba allí para traer un mensaje del cielo a la humanidad sino para organizar China, y debió organizarla bastante bien. Las cuestiones morales ocuparon un lugar preeminente en su sistema, pero absolutamente restringido al cuidado de las formas. La particularidad de su esquema y de su país, en contraste con el gran sistema del cristianismo, es su insistencia en la perpetuación de la vida externa con todas sus formas, lo que podría preservar la paz interna. Los que saben cuánto tienen que ver los hábitos con la salud, tanto de la mente como del cuerpo, verán con claridad esta idea. Pero también se darán cuenta de que el culto a los antepasados y la veneración hacia el sagrado emperador eran há-

---

[32] Rowland Hill (1795-1879), político inglés. En 1837 sugirió la idea del sello postal, adoptado en 1839.

bitos y no credos. Es injusto con el gran Confucio decir que fue un fundador religioso. Y aún más injusto decir que no lo fue. Es tan injusto como tomarse la molestia de decir que Jeremy Bentham no fue un mártir cristiano.

Pero hay algunos casos interesantes en los que los filósofos fueron reyes y no, simplemente, amigos de los reyes. No se trata de una combinación accidental, sino que tiene mucho que ver con la función del filósofo. Y en ello podemos encontrar una de las claves de porqué la filosofía y la mitología llegaron casi a una ruptura abierta. No fue sólo porque había un tono ligeramente frívolo en torno a la mitología, sino porque había un tono algo arrogante en torno al filósofo. El filósofo despreciaba los mitos, pero también desdeñaba la multitud, y pensaba que uno y otro se ajustaban perfectamente. Rara vez se identificaba con el pueblo y menos aún con el espíritu que lo animaba. Rara vez lo encontramos entre los demócratas pero, fácilmente, lo encontraremos entre los amargos críticos de la democracia. A su alrededor podía respirarse una atmósfera de ocio aristocrático y humano, y esto hacía que a los hombres de dicha posición les resultara fácil representar el papel de filósofo. Resultaba muy fácil y natural a un príncipe o a una persona distinguida jugar a ser tan filosófico como Hamlet o Teseo en el *Sueño de una Noche de Verano*. Y, desde épocas muy tempranas, nos encontramos en presencia de estos intelectuales principescos. Uno de ellos, de hecho, nos lo encontramos en una de esas primeras épocas de las que tenemos noticia, sentado en el trono primitivo que miraba al antiguo Egipto.

El interés que existe por el caso de Akenatón, comúnmente llamado el Faraón herético, reside en el hecho de ser el único ejemplo, anterior a la era cristiana, de uno de estos filósofos reales que se propusieron luchar contra la mitología popular en nombre de su filosofía personal. La mayoría de ellos asumieron la actitud de Marco Aurelio, que es, en muchos sentidos, el modelo de monarca y sabio. A Marco Aurelio se le acusa de tolerar el anfiteatro pagano o los martirios cristianos. Pero esto era algo normal, considerando que para este tipo de personas la religión popular estaba al mismo nivel que los circos populares. El profesor Phillimore[33] nos lo describe con un juicio penetrante: «Un hombre bueno y grande y que se dio cuenta de ello». La filosofía del Faraón herético era más ardiente y quizá más humilde. Pues, habida cuenta que su orgullo le impedía luchar, los humildes habían de afrontar la mayor parte de la lucha. De todos modos, era lo bastante sencillo como para tomarse en serio su propia filosofía y, como quien se considera único entre aquellos príncipes intelectuales, asestó una especie de golpe de estado, derribando con gesto imperial los majestuosos dioses de Egipto y alzando para todos los hombres, como un espejo resplandeciente de verdad monoteísta, el disco del sol universal. Tenía también otras ideas interesantes que suelen ser frecuentes en esa clase de idealistas. En el mismo sentido que hablamos de un anglófilo, podríamos decir que era un poco «egiptófilo». Era realista en al arte, puesto que era idealista, y el realismo es más irrealizable que cualquier otro ideal. Pero en el fondo, se cierne ligeramente sobre él la sombra de Marco Aurelio, acechado por la sombra del profesor Phillimore. De lo que nunca se ha librado esta noble clase de príncipe es de ser algo pedante. La pedantería es un olor tan fuerte que persiste hasta entre las marchitas especias de la momia egipcia. Lo que pasó con el Faraón herético, como con muchos otros buenos herejes, fue que, probablemente, nunca se paró a pensar por un momento si había algo en la creencia popular o en los cuentos de la gente que no fuera él mismo. Y, como ya señalamos, realmente lo había. Un hambre verdadera se reflejaba en todos esos característicos elementos locales, esa procesión de divinidades, como enormes animales domésticos, vigilan-

---

[33] John Swinnerton Phillimore. Filólogo inglés que se distinguió en el estudio de las literaturas clásicas.

do infatigablemente ciertos lugares encantados en el abundante deambular de la mitología. La naturaleza puede no llamarse Isis, e Isis puede no buscar a Osiris. Pero la naturaleza anda en busca de algo; está buscando siempre lo sobrenatural. Algo mucho más definido iba a satisfacer esa necesidad; pero un monarca dignificado con un disco del sol no la satisfizo. El experimento real fracasó, en medio de una furiosa reacción de supersticiones populares, en las que los sacerdotes se alzaron sobre los hombros de la gente y ascendieron al trono de los reyes.

El siguiente gran ejemplo que tomaré de sabio y príncipe es el de Gautama, el gran señor Buda. Sé que normalmente no se le incluye entre los filósofos, pero cada vez me convenzo más, por toda la información que me llega, que ésta es la interpretación verdadera de su tremenda importancia. Hasta ese momento, fue el más grande y el mejor de aquellos intelectuales nacidos en la púrpura. Su reacción fue quizás la más noble y más sincera de todas las acciones resultantes de esa combinación de pensadores y de tronos: su reacción fue la renuncia. A Marco Aurelio le gustaba decir, con fina ironía, que se podía vivir bien hasta en un palacio, a lo que el más violento rey egipcio concluiría que se podría vivir mejor aún después de una revolución de palacio. Pero el gran Gautama fue el único que probó que podía vivir sin su palacio. Uno cayó en la tolerancia y otro en la revolución. Pero, en el fondo, hay algo más absoluto en la abdicación. La abdicación es, quizás, el único acto realmente absoluto de un monarca absoluto. El príncipe hindú, encumbrado en el lujo y la pompa orientales, se marchó voluntariamente y emprendió la vida de un mendigo. Esto es algo magnífico, pero no es ninguna guerra; no es necesariamente una Cruzada en el sentido cristiano. Con ello no se resuelve la cuestión de si la vida del mendigo era la vida de un santo o la vida de un filósofo. No resuelve la cuestión de si este gran hombre va realmente a entrar en el tonel de Diógenes o en la cueva de san Jerónimo.

Ahora bien, los que parecen haber estudiado a Buda con más detenimiento, y los que escriben con más claridad y mayor rigor intelectual acerca de él, me convencen, al menos, de que sencillamente se trató de un filósofo que fundó una acertada escuela de filosofía, y se vio convertido en una especie de divo o ser sagrado por la elevada atmósfera de misterio y escasa fundamentación científica de todas aquellas tradiciones asiáticas. Llegados a este punto, es necesario decir algunas palabras sobre esa frontera invisible y al mismo tiempo viva que atravesamos al pasar del Mediterráneo al misterio de Oriente.

De ninguna cosa se extrae tan poca verdad como de los tópicos, sobre todo cuando son verdad. Estamos acostumbrados a decir cosas de Asia; cosas ciertas pero que apenas nos sirven porque no entendemos la verdad que encierran. Decimos, por ejemplo, que Asia es arcaica, que mira hacia el pasado o que vuelve la espalda al progreso. El cristianismo mira más hacia el progreso, en cuanto que nada tiene que ver con esa estrecha visión que lo concibe como una interminable queja ante las mejoras políticas. El cristianismo cree, porque así lo cree la cristiandad, que el hombre puede llegar a cualquier parte, en este mundo o en el otro, o por caminos diversos según las doctrinas. Los deseos del mundo pueden ser satisfechos de alguna manera como se satisfacen los deseos, ya sea por una nueva vida, por un viejo amor o por alguna forma de posesión o logro positivo. Para el resto, todos sabemos que existe un ritmo y no un mero progreso en las cosas: las cosas ascienden y caen. Solamente para los cristianos el ritmo es un ritmo libre e incalculable. En la mayor parte de Asia el ritmo se ha solidificado en la repetición. Ya no se trata simplemente de una especie de mundo al revés, ahora se trata de una rueda. Lo que le ha sucedido a toda esa gente tan inteligente y civilizada es que se han visto envueltos en una especie de rotación cósmica, que gira sobre el hueco eje de la nada. Y lo peor del caso es que podría continuar así eternamente. Esto es lo que queremos decir cuando decimos que

Asia es arcaica, que da la espalda al progreso o que mira hacia el pasado. Por esto es por lo que contemplamos sus curvadas espadas como si fueran los arcos rotos de esa rueda cegadora, y sus adornos de serpiente, como una serpiente que nunca muere. Es algo que tiene muy poco que ver con el barniz político del progreso.

Cuando el genio de Buda se alzó para ocuparse del asunto, esta especie de sentimiento cósmico lo había impregnado casi todo en Oriente. Aquello era la selva de una mitología extraordinariamente extravagante y casi asfixiante. Es posible, sin embargo, que manifestemos más comprensión hacia esta popular riqueza de folclore que hacia un cierto tipo de pesimismo que podría haberla marchitado. No debemos olvidar que gran parte de la imaginería espontánea oriental es idolatría: adoración literal y concreta de un ídolo. Esto es algo que no se da en el antiguo sistema de los brahmanes, al menos desde su punto de vista. Pero esa sola frase nos trae a la memoria una realidad de mucha mayor importancia: el sistema de castas de la antigua India. Este sistema pudo haber disfrutado de algunas de las ventajas prácticas que tenía el sistema de gremios de la Europa medieval. Pero a diferencia de lo que constituiría una democracia cristiana y, en contraposición a cualquier tipo de aristocracia cristiana, concibe la superioridad social como una superioridad espiritual. Esto, no sólo lo separa radicalmente de la fraternidad del cristianismo, sino que le hace situarse como una poderosa montaña de orgullo entre los niveles relativamente igualados del Islam y de China. Y la permanencia de este hecho a lo largo de los siglos no es sino otra muestra de ese espíritu de repetición que ha caracterizado a las épocas desde tiempo inmemorial. Ahora bien, hay otra idea predominante que se tiende a asociar a los budistas, según lo interpretado por los teosofitas, aunque algunos de los budistas más estrictos nieguen la idea y, con mayor desprecio, renieguen de los teosofitas. Pero, ya esté la idea en el budismo o, únicamente, en su lugar de nacimiento, en una tradición o en un budismo transformado, es una idea que se adecua perfectamente a este principio de repetición. Me refiero, por supuesto, a la idea de la Reencarnación.

La reencarnación no es propiamente una idea mística, trascendental o, en ese sentido, una idea religiosa. El misticismo concibe algo que trasciende la experiencia; la religión busca chispazos de un bien mejor o un mal peor que el que pueda ofrecer la experiencia. La reencarnación sólo necesita ampliar las experiencias en el sentido de repetirlas. No es más trascendental para un hombre recordar lo que hizo en Babilonia antes de nacer que recordar lo que hizo en Brixton antes de darse un golpe en la cabeza. Sus sucesivas vidas no necesitan ser más que vidas humanas, independientemente de las limitaciones que la misma vida le pueda imponer. No tiene nada que ver con contemplar a Dios o invocar al diablo. En otras palabras, la reencarnación, como tal, no se escapa necesariamente de la rueda del destino; es, en cierto sentido, la rueda del destino. Y ya se trate de algo que Buda fundó, encontró, o a lo que renunció totalmente cuando lo encontró, la reencarnación es ciertamente algo que forma parte de esa atmósfera asiática en la que él tuvo que desempeñar su papel. Y ese papel fue el de un filósofo intelectual, con una teoría particular sobre la actitud intelectual apropiada ante ese hecho.

Entiendo que los budistas puedan tomar a mal que se mantenga que el budismo es simplemente una filosofía, si se entiende por filosofía un simple juego intelectual como el que jugaban los sofistas griegos, arrojando al aire los mundos y agarrándolos como si fueran bolas. Quizás sería más exacto decir que Buda creó una disciplina metafísica que podríamos denominar disciplina psicológica. Propuso una forma de escape al dolor humano; y lo hizo, sencillamente, librándose del engaño llamado deseo. No sería cuestión de refrenar nuestra impaciencia para conseguir lo que deseamos, o de conseguirlo de una manera mejor o en un mundo mejor. De lo que se trataría es de evitar el mismo deseo. Si alguna vez el hombre se diera cuenta de que no hay realidad y que todo, incluyendo su alma, se diluye a cada instante, anticiparía su desengaño y se haría insensible al cambio, prolongando su existencia —hasta donde es posible hablar de existencia—, en una especie de éxtasis de indiferencia. Los budistas llaman a esto beatitud y no vamos a detenernos a discutir el hecho. Ciertamente, para nosotros, es algo que no se distingue de la desesperación. No acierto a comprender, por ejemplo, por qué el desengaño respecto al deseo no debería aplicarse tanto a los deseos más benévolos como a los más egoístas. Pues el Señor de la Misericordia parece compadecerse de la gente que vive más que de la que muere. Para el resto, un inteligente budista escribió: «la explicación del budismo chino y japonés popular es que no es budismo». Sin duda, ha dejado de ser una mera filosofía, para convertirse en una mera mitología. Una cosa es cierta: nunca se ha convertido en nada que se pudiera parecer lo más mínimo a lo que llamamos Iglesia.

Podría parecer una broma si dijera que la historia religiosa ha sido como un juego de tres en raya, con ceros y cruces. Unos ceros que no representarían un «vacío», sino los aspectos negativos de un modelo frente a los aspectos positivos de otro. Y aunque este símbolo sea solamente una coincidencia, es una coincidencia que realmente coincide. La mente de Asia se puede representar por un cero redondo, si no en el sentido de la cifra, sí al menos en el de círculo. El gran símbolo asiático de la serpiente con la cola en la boca es una imagen muy perfecta de una idea de unidad y repetición que pertenece a las filosofías y religiones orientales. Es una curva que, en cierto sentido, incluye todo y, en cierto sentido, nada. Confiesa, o más bien se jacta, de que toda discusión es una discusión en círculo. Y aunque la figura no es más que un símbolo, podemos ver qué saludable es el sentido simbólico que lo produce: el símbolo paralelo a la Rueda de Buda normalmente llamado Esvástica. La cruz cristiana dibuja cuatro ángulos rectos señalando audazmente en direcciones opuestas, pero la esvástica es una misma cosa en un acto de volver a la curva recurrente: una cruz retorcida convirtiéndose en rueda. Antes de que rechacemos estos símbolos como si fueran símbolos arbitrarios, debemos recordar la intensidad del instinto imaginativo que los produjo o los seleccionó tanto en Oriente como en Occidente. La cruz se ha convertido en algo más que una recuerdo histórico; transmite, casi como por un diagrama matemático, la verdad acerca del punto en cuestión: la idea de un conflicto que se estira hacia la eternidad. Es cierto y al mismo tiempo tautológico decir que la cruz es la clave de todo el asunto.

En otras palabras la cruz, tan bien como la figura, representa la idea de salir de ese círculo que es a la vez todo y nada. La cruz escapa a la argumentación circular por la que todo empieza y termina en la mente. Y puesto que tratamos con símbolos, nos puede servir para ilustrar este hecho esa historia que, en forma de parábola, se cuenta de san Francisco: que los pájaros que recibían su bendición se iban volando hacia los límites infinitos de los cuatro vientos del cielo, dejando tras de sí el rastro de una extensa cruz sobre el cielo. Así, mientras la forma de la cruz cristiana es el reflejo de la libertad del vuelo de aquellos pájaros, la forma de la esvástica es como la de un gato que persigue su cola. Utilizando una alegoría más popular, podríamos decir que cuando san Jorge atravesó con su lanza las quijadas del monstruo, rompió la monótona soledad de la serpiente que se devoraba a sí misma y le dio algo para morder que no fuera su propia cola. Pero aunque se pudieran utilizar muchas imágenes como figuras de la verdad, la verdad misma es abstracta y absoluta; aunque a veces no es fácil de representar si no es utilizando tales figuras. El cristianismo no apela a una verdad sólida fuera de sí misma; a algo que en ese sentido es externo así como eterno. Se basa en la realidad de las cosas o, en otras palabras, defiende que las cosas son realmente cosas. En esto el cristianismo está de acuerdo con el sentido común, pero la historia religiosa demuestra que este sentido común perece allí donde no está el cristianismo para preservarlo.

Ciertamente, no es posible que exista o que perdure porque el puro pensamiento no es capaz de mantenerse sano. En cierto sentido, se convierte en algo demasiado simple para ser sano. La tentación de los filósofos es la simplicidad más que la sutileza. Se ven atraidos por las simplificaciones insanas, como el hombre suspendido sobre el abismo se ve fascinado por la muerte, la nada y el vacío. Fue necesaria otra clase de filósofo capaz de mantener el equilibrio sobre el pináculo del templo sin arrojarse abajo. Una de estas explicaciones obvias —demasiado obvias— es que todo es un sueño y un engaño, y no hay nada fuera del yo. Otra es que todas las cosas se repiten; otra, que atribuyen a los budistas y es ciertamente oriental, es la idea de que nuestro problema radica en la creación en lo que se refiere a la diferencia de razas y caracteres, y que nada se arreglará mientras no seamos todos fundidos en una unidad. En pocas palabras, según esta teoría la Creación fue la Caída. Esta teoría tiene gran importancia desde el punto de vista histórico porque se quedó almacenada en el oscuro corazón de Asia y fue surgiendo en diversos momentos y bajo formas variadas sobre las débiles fronteras de Europa. Allí encontramos la misteriosa figura de Manes o Maniqueo, el místico de la inversión, al que deberíamos llamar pesimista y que fue padre de muchas sectas y herejías. En otro lugar más alto, distinguimos la figura de Zoroastro. Popularmente se ha identificado a éste, con otra de esas explicaciones simplistas, con la igualdad del bien y el mal, equilibrados y en lucha, hasta el mínimo átomo. Y, formando parte también de la escuela de los sabios que podemos denominar místicos, procedente del mismo misterioso jardín persa, llegó sobre una pesadas alas, Mitras, el dios desconocido, para turbar el último crepúsculo de Roma.

Aquel círculo o disco del sol colocado en los albores del mundo por el remoto egipcio, fue un espejo y un modelo para todos los filósofos. Sacaron muchas cosas de él y algunas veces se volvieron locos por su culpa, sobre todo, cuando el círculo se convirtió, como en estos sabios orientales, en una rueda que daba vueltas y vueltas alrededor de sus cabezas. Pero, lo que nos interesa de ellos es que piensan que la existencia se ha de representar por medio de diagramas en lugar de dibujos; y los rudimentarios dibujos de los creadores de mitos infantiles son una especie de protesta cruda y enérgica contra esa visión. No se acaban de creer que la religión no sea realmente un modelo sino un cuadro. Y menos aún que se trate de un cuadro de algo que realmente existe fuera de nuestras mentes. A veces, la filosofía pinta el disco todo de negro y se llama a sí misma pesimista; otras veces lo pinta todo de blanco y se proclama optimista; otras veces lo divide exactamente en dos mitades, una blanca y otra negra, y se llama a sí misma dualista, como aquellos místicos persas, a quienes desearía hacer justicia de tener espacio suficiente. Ninguno de aquellos filósofos podía entender una realidad que empezó a dibujar proporciones como si fueran verdaderas y dispuestas de una manera que el proyectista matemático consideraría desproporcionada. Como el primer artista de la cueva, aquello revelaba a los ojos incrédulos la idea de un nuevo propósito en lo que parecía un patrón violentamente retorcido. Parecía estar distorsionando su diagrama, cuando empezaron a delinearse, por primera vez en la historia, los trazos de una forma y de un Rostro.

VII

LA GUERRA ENTRE LOS DIOSES
Y LOS DEMONIOS

La teoría materialista de la historia, según la cual toda la política y la ética son expresión de la economía, es una falacia muy simple. Consiste sencillamente en confundir las necesarias condiciones de vida con las preocupaciones normales de la vida, que son cosas muy diferentes. Es como decir que puesto que un hombre sólo puede caminar sobre dos piernas, nunca lo hace más que para comprar zapatos o calcetines. El hombre no puede vivir sin los dos apoyos del alimento y de la bebida, que lo sustentan como dos piernas, pero sugerir que éstos hayan sido los motivos de todos sus actos a lo largo de la historia, es como decir que todas las marchas militares o peregrinajes religiosos de la historia no han tenido otro objeto que ejercitar los músculos de la pantorrilla. Pero esto actos son los que forjan la historia de la humanidad y sin ellos no habría prácticamente historia. Las vacas pueden constituir un hecho puramente económico, en cuanto que no las vemos hacer otra cosa que pastar y buscar mejores lugares de pasto y, por esto mismo, una historia de vacas en doce volúmenes no resultaría una lectura muy animada. Las ovejas y las cabras pueden ser economistas puros en su acción externa, al menos. Por esto, quizá, es por lo que no se ha considerado a las ovejas dignas de figurar en la narración detallada de los héroes de guerras épicas, y por lo que el otro cuadrúpedo, más activo, no ha inspirado algún libro para muchachos titulado *Las Gloriosas Hazañas de unas Cabras Galantes*, o algún otro título semejante. Pero, lejos de los movimientos que dan a la historia del hombre un valor económico, podemos decir que la historia comienza allí donde se extingue el motivo de las vacas y de las ovejas. Será difícil mantener que los cruzados marcharon de sus hogares hacia un lúgubre desierto porque las vacas acostumbran a abandonar el desierto en busca de pastizales más confortables. Será difícil mantener que los exploradores del Ártico se dirigieron al norte por el mismo motivo que impulsó a las golondrinas hacia el sur. Y si se suprimen en la historia humana elementos tales como las guerras religiosas o las exploraciones puramente aventureras, no sólo dejará de ser humana, sino que dejará de ser historia. El perfil de la historia se dibuja con estas curvas y ángulos decisivos que vienen determinados por la voluntad del hombre. Una historia puramente económica ni siquiera sería historia.

Pero hay una falacia aún más profunda detrás de este hecho evidente: que los hombres no necesitan vivir *para* el alimento, sencillamente porque no pueden vivir sin alimento. Lo que los hombres tienen en la cabeza, no son precisamente los mecanismos económicos necesarios para su existencia, sino su propia existencia: el mundo que contempla cuando despierta cada mañana y la naturaleza de su posición general con respecto al mismo. Hay algo más cercano a él que su propia subsistencia: su propia vida. Pues, una vez que se acuerda del trabajo que le proporciona su salario y del salario que le da de comer, se planteará veinte veces si hace un día agradable, o si la gente es rara, o se preguntará si vale la pena vivir, o si el matrimonio no funciona, o si está contento o agobiado por sus propios hijos, o recordará su propia juventud, o se pondrá a repasar vagamente la misteriosa herencia del hombre. Es lo que ocurre con la mayoría de la gente, hasta con los que viven esclavizados por los salarios de nuestro mórbido industrialismo moderno, que en su atrocidad e inhumanidad ha puesto la cuestión económica por delante. Y en mucha mayor medida es esto cierto para la gran multitud de campesinos, cazadores o pescadores que forman la verdadera masa de la humanidad. Hasta esos desagradables pedantes que piensan que la ética depende de la economía, han de admitir que la economía depende de la existencia. Y todas las dudas e ilusiones de cada día se fundan en la existencia, de tal forma que no nos preguntamos cómo podremos vivir, sino por qué lo hacemos. La prueba de ello es simple, tan simple como lo puede ser el suicidio. Demos la vuelta al universo en la mente y daremos la vuelta a todos los economistas políticos con ello. A un hombre que desea morir, las elaboradas explicaciones del profesor de economía política acerca de lo que le espera en la vida, le resultan bastante aburridas. Y todos los puntos de partida y las decisiones que hacen de nuestro pasado una historia, comparten esa característica de desviar el curso directo de la pura economía. Así como el economista puede excusarse de calcular el sueldo futuro de un suicida, también puede excusarse de garantizar la pensión de jubilación de un mártir. Y lo mismo que no necesita satisfacer las necesidades de futuro de un mártir, tampoco necesita atender a las necesidades de la familia de un monje. Su plan se ve modificado, poco a poco y de forma impredecible, a causa de un hombre que es soldado y muere por su propio país; un hombre que es campesino y ama particularmente su propia tierra o un hombre más o menos practicante de alguna religión que le prohíbe hacer esto o lo otro. Todos estos ejemplos nos hacen volver los ojos, no hacia el cálculo económico de los medios de subsistencia, sino hacia una perspectiva elemental sobre la vida. Nos hacen fijarnos en lo que el hombre siente como algo esencial cuando desde esas curiosas ventanas que llamamos ojos contempla esa curiosa visión que llamamos mundo.

Cualquier hombre sabio se contentaría con esto, pero se podría admitir la necesidad de un nuevo elemento, que podríamos denominar historia psicológica. Con ello me refiero a la percepción psicológica que el hombre —en especial el hombre corriente— tiene de la realidad de las cosas, a diferencia de lo que está ya definido o podría deducirse de una versión oficial. Es un tema que ya abordamos al hablar del tótem y los mitos populares. No es suficiente decir que al gato se le llamaba tótem, sobre todo cuando no se le llamaba así. Nos gustaría saber cuál era su apariencia real. ¿Se trataba de un gato como el de Whittington[34], o como el de una bruja? ¿Era conocido como Pat[35] o como el Gato con Botas? Esto es lo que necesitamos saber en lo que se refiere a la naturaleza de las relaciones políticas y sociales. Necesitamos saber cuál era el sentimiento verdadero que se encerraba tras el compromiso social de muchos hombres corrientes, tan sanos y tan egoístas como nosotros. ¿Qué sintieron los soldados cuando vieron en el cielo aquel espléndido y extraño tótem que se conoce como el Águila Dorada de las legiones? ¿Qué sentirían los vasallos feudales ante aquellos otros totems de leones o de leopardos, que se dibujaban sobre el escudo de su señor? Mientras no tengamos en cuenta este aspecto subjetivo de la historia, que podríamos denominar el alma de la historia, habrá siempre una limitación en esa ciencia que el arte podrá abordar con mejor tiento. Mientras el historiador no haga eso, la ficción será más auténtica que la realidad y habrá más realidad en la novela, aunque se trate de una novela histórica.

De nada está tan necesitada esta nueva historia como de la psicología de la guerra. Nuestra historia es rígida, con documentos oficiales, públicos o privados, que no dicen gran cosa sobre el fondo de la cuestión. En el peor de los casos,

---

[34] En Inglaterra existe una leyenda sobre Richard Whittington, lord alcalde de Londres de comienzos del siglo XV. Comerciante de gran fortuna y prestigio, se dice que tuvo una cuna pobre y humilde. Quedó huérfano y fue contratado por un rico mercader de Londres. Según la leyenda, todo lo que poseía para vender Whittington era su gato y lo entregó a su amo, viéndose en la obligación de salir luego de Londres para sanar de una enfermedad. Al volver, Whittington se enteró de que su gato había sido vendido por una gran fortuna a un señor cuyos dominios estaban invadidos por una plaga de ratas. Whittington ve cambiar su suerte y se casa con la hija de su amo, alcanzando mucho éxito en los negocios y logrando el cargo de señor alcalde de Londres en tres períodos de la historia. Es una historia que aparece registrada por primera vez el año 1605.

[35] Divinidad egipcia representada por un gato o una mujer con cabeza de gato.

disponemos de comunicados oficiales, carentes de espontaneidad por el mismo hecho de ser oficiales y, en el mejor de ellos, sólo encontramos despachos diplomáticos confidenciales, cuya confidencialidad les hace perder su mismo carácter popular. Mas en uno u otro caso se basa el juicio histórico para determinar las verdaderas razones que hay detrás de los conflictos. Y, de acuerdo con ello, los gobiernos lucharían por las colonias o por los derechos comerciales, por los puertos o las tarifas aduaneras, por una mina de oro o una industria pesquera de la perla. Pero considero suficiente contestarles que los gobiernos no luchan en absoluto. ¿Por qué luchan los combatientes? ¿Qué psicología se esconde tras ese hecho, maravilloso y terrible al mismo tiempo, que llamamos guerra? Ninguna persona medianamente familiarizada con la vida militar creerá la estúpida afirmación de algunos catedráticos que sostienen que millones de hombres puede ser gobernados por la fuerza. Si a todos ellos se les ocurriera desertar, sería imposible castigarlos a todos. Y el menor intento de deserción podría comprometer una campaña en pocas horas. ¿Qué sintieron los hombres realmente acerca de la política? Si se dice que aceptaron la política del político, ¿qué sentían acerca del político? Si los vasallos lucharon a ciegas por su príncipe, ¿qué vieron aquellos hombres ciegos en su príncipe?

Hay un hecho que todos conocemos que sólo puede traducirse, de forma apropiada, como «realpolitik» o «política práctica». Se trata, de hecho, de una política de irrealismo prácticamente insano. Está siempre repitiendo de forma obstinada y estúpida que los hombres luchan por fines materiales, sin pararse a pensar por un momento que los fines materiales son casi siempre materiales para los hombres que luchan. En cualquier caso, ningún hombre morirá por razones de política práctica, igual que ningún hombre morirá por un salario. Nerón no podría emplear a cien cristianos para que se los comieran los leones a razón de un chelín la hora, pues ninguno se dejaría martirizar por el dinero. Pero el punto de vista que defendía la «realpolitik», raya en el extremo de la locura y de lo increíble. ¿Hay alguien en el mundo que crea a un soldado capaz de decir: «casi no siento la pierna, pero continuaré luchando hasta caerme, pues después de todo disfrutaré de todas las ventajas que supone que el gobierno obtenga un puerto de cálidas aguas en el golfo de Finlandia»? ¿Puede alguien suponer que un oficinista alistado en el ejército sea capaz de decir: «si me atacan con gases tóxicos, probablemente muera con grandes dolores, pero es un consuelo pensar que si hubiera optado por ser buscador de perlas en los mares del sur, tanto yo como mis conciudadanos habríamos tenido la posibilidad de hacerlo»? La historia materialista es la historia más locamente increíble de todas las historias e, incluso, de todas las novelas. Sea lo que sea lo que provoca las guerras, aquello que las sostiene está dentro del alma, es decir, tiene alguna relación con la religión. Es algo relacionado con lo que los hombres sienten acerca de la vida y de la muerte. Un hombre a punto de morir se enfrenta directamente con lo absoluto. No tiene sentido decir que sólo está interesado en problemas relativos y pasados, con los que la muerte acabará en último término. Si el hombre sustenta su vida sobre algún tipo de fidelidad, ésta ha de ser tan sencilla como la muerte. Generalmente se trata de dos ideas, que son caras de una misma idea. La primera es el amor hacia algo que se considera amenazado y que conocemos, aunque sólo sea vagamente, como hogar. La segunda es la aversión y el desafío ante algo extraño que lo amenaza. El primer aspecto encierra más filosofía de lo que parece, pero no nos pararemos a discutirlo aquí. Un hombre no desea ver destruido o transformado su lugar natal, pues son tantas las cosas buenas asociadas a él que no podría ni siquiera recordarlas todas. De igual forma, no desearía ver su casa incendiada, porque las cosas que perdería serían innumerables. Este hombre, por tanto, lucha por lo que suena a vaga abstracción, pero realmente es una casa. El lado negativo de esto tiene un carácter tan acentuadamente noble como fuerte. Los hombres luchan denodadamente cuando sienten que el enemigo es a la vez un viejo enemigo y un eterno extranjero cuya atmósfera es ajena y antagonista, como la sensación de los franceses ante los prusianos o la de los cristianos orientales ante los turcos. Si decimos que se trata de una diferencia de religión, la gente acabará envuelta en aburridas discusiones sobre las sectas y los dogmas. Compadeciéndonos de ellos les aclararemos que existe una diferencia entre la muerte y la luz del día, una diferencia que se posa como una sombra oscura entre nuestros ojos y el día. Los hombres pueden pensar en esta diferencia incluso en el momento de la muerte, pues es una diferencia en torno al sentido de la vida.

Los hombres se mueven en estos temas por algo superior y más santo que la política: el odio. Cuando los hombres se mantuvieron firmes en los oscuros días de la gran guerra, sufriendo en sus cuerpos o en sus almas por aquéllos que amaban, hacía tiempo que habían dejado de preocuparse por los detalles de los asuntos diplomáticos como motivos para su rechazo a la rendición. Por mí mismo y por aquéllos que conocía mejor, puedo responder del punto de vista que hacía imposible la rendición. Se trataba de la visión de la cara del emperador alemán mientras entraba en París. No era éste el sentimiento que algunos de mis amigos idealistas describen como Amor. Me complace llamarlo odio, el odio del infierno y todas sus obras, y convenir que como aquéllos no creen en el infierno no necesitan creer en el odio. Pero a la vista de este prejuicio frecuente, ha sido necesaria, por desgracia, esta larga introducción para asegurar la comprensión de lo que se entiende por una guerra religiosa. Hay una guerra religiosa cuando dos mundos se encuentran, es decir, cuando se encuentran dos distintas visiones del mundo o, empleando un lenguaje más moderno, cuando se encuentran dos atmósferas morales. Lo que para unos es el aire para respirar para otros es el veneno, y en vano se fundirá lo turbio con las aguas cristalinas.

Y esto es lo que deberíamos entender, aun a costa de la digresión, si viéramos lo que realmente sucedió en el Mediterráneo cuando, contra el alzamiento de la República en el Tíber, algo que sobresalía sobre ella y la despreciaba, oscurecido con los enigmas orientales y arrastrando tras de sí a todas las tribus y los pueblos sometidos por el imperialismo, llegó Cartago cabalgando sobre el mar.

La antigua religión de Italia estaba formada, en su conjunto, por esa mezcla de la que ya tratamos al hablar de la mitología, con la única diferencia de que, donde los griegos tenían una predisposición natural hacia la mitología, los latinos parecen haber tenido una predisposición verdadera hacia la religión. En ambos lugares se multiplicaron los dioses, aunque a veces parecen haberse multiplicado por razones opuestas. Parece como si el politeísmo griego se ramificara hacia arriba y floreciera como las ramas de un árbol, mientras que el politeísmo latino se ramificara hacia abajo como las raíces. Las ramas de los primeros se habrían levantado ligeramente, ofreciendo sus flores, mientras que las de los últimos colgarían hacia abajo, abatidas por el peso de la fruta. Los latinos parecen multiplicar a los dioses para acercarlos a los hombres, mientras que los dioses griegos se alzaron radiantes hacia el cielo de la mañana. Lo que nos choca en los cultos latinos es su carácter local y particularmente doméstico. Tenemos la impresión de un enjambre de divinidades revoloteando, como las moscas alrededor de la casa; divinidades agrupadas como racimos, colgadas como murciélagos sobre sus pilares o anidando como los pájaros bajo sus cornisas. Y nos encontramos con dioses de los tejados, de los pilares, de las puertas y hasta de las alcantarillas. Como hemos visto, la mitología no sería más que una especie de cuento de hadas, que podríamos también calificar, sin temor, de cuentos al calor del hogar o de cuentos para contar a los niños al abrigo de la noche. Eran historias que se narraban en el interior del hogar, como las que hacían hablar a las mesas y a las sillas como si fueran elfos.

Los viejos dioses domésticos de los campesinos italianos dan la impresión de haber sido grandes y deslavazadas imágenes de madera, sin más rasgos distintivos que los de una figura de juguete sometida a los golpes de una mano infantil. Esta religión del hogar era muy casera. Por supuesto, había otros elementos menos humanos en el enredo de la mitología latina. Había divinidades griegas superpuestas a las romanas. Por todos lados se introducían elementos más despreciables que eran resultado de los experimentos realizados en el lado cruel del paganismo, como el rito de Aricina[36] que muestra a un sacerdote asesinando al asesino. Pero estas cosas eran siempre potenciales en el paganismo. No constituyen, ciertamente, el carácter peculiar del paganismo latino. Su particularidad se puede definir de un modo un tanto tosco diciendo que si la mitología personificó las fuerzas de la naturaleza, esta mitología personificó la naturaleza en cuanto transformada por las fuerzas del hombre. Era el dios del maíz y no de la hierba, de los ganados y no de las cosas salvajes del bosque. En resumen, su culto era literalmente una cultura, como la cultura del campo que llamamos agricultura.

Junto a esto, había una paradoja que sigue siendo para muchos el rompecabezas o el enigma de los latinos. Con la religión asomando detrás de cada detalle doméstico como una enredadera, sobrevino lo que a muchos les parece un espíritu muy contrario: el espíritu de la rebelión. Los imperialistas y los reaccionarios a menudo apelan a Roma como el mismo modelo del orden y la obediencia, pero Roma era todo lo contrario. La verdadera historia de la antigua Roma es muy parecida a la historia del París actual. Podríamos decir, utilizando un lenguaje moderno, que se trataba de una

---

[36] Aricina, sobrenombre de la Diana venerada en el santuario de Aricia, ciudad del Lacio situada cerca y al sur del lago Albano. Para ser sacerdote de aquel templo era preciso apoderarse de una rama sagrada del bosque donde estaba el santuario y asesinar al sacerdote cuyo puesto se aspiraba a ocupar.

ciudad construida fuera de las barricadas. Se dice que la puerta de Jano nunca se cerraba porque había una guerra eterna fuera, lo que es casi tan cierto como que había una revolución eterna dentro. Desde las primeras revueltas de los plebeyos hasta las últimas guerras serviles, el estado que impuso la paz en el mundo nunca estuvo realmente en paz. Los mismos gobernadores eran rebeldes.

Hay una relación verdadera entre esa religión de carácter privado y esa revolución de carácter público. Las historias, no menos heroicas por el hecho de haber sido repetidas con frecuencia, nos recuerdan que la república fue fundada en un tiranicidio que vengó la injuria infringida a una esposa y que los tribunales populares fueron restablecidos después de otro tiranicidio que vengó una ofensa a una hija. La verdad es que solamente aquéllos para quienes la familia es algo sagrado tendrán alguna vez un fundamento moral o un estatus desde el que podrán criticar al estado. Sólo ellos pueden apelar a algo más sagrado que los dioses de la ciudad o del hogar. Por esta razón los hombres se desconciertan al ver que las mismas naciones que son rígidas en sus asuntos internos también son inquietas en la política, como es el ejemplo de irlandeses y franceses. Vale la pena detenerse en este punto de lo doméstico porque es un ejemplo exacto de lo que entiendo por el interior de la historia, lo mismo que hablamos del interior de las casas. Las historias puramente políticas de Roma pueden tener bastante razón al decir que esto o aquello fue un acto cínico o cruel de los políticos romanos, pero el espíritu que hizo levantarse a Roma fue el espíritu de todos los romanos, y no es un tópico llamarlo el ideal de Cincinato[37] que pasa del senado al arado. Hombres de ese tipo habían

---

[37] Lucio Quintio Cincinato (519-438 a.C), general y político romano, cónsul en 460 a.C; dictador en 459 y en 439. Labraba su campo cuando llegó la embajada del Senado para comunicarle que le había sido concedido el poder dictatorial en la lucha contra los enemigos. Cuando éstos fueron vencidos, volvió a empuñar de nuevo el arado.

fortalecido su aldea en todos los aspectos, habían extendido ya su victoria sobre los latinos e incluso sobre los griegos, cuando se encontraron a sí mismos enfrentados con una guerra que cambió el mundo: la guerra entre los dioses y los demonios.

Una ciudad que llevaba el nombre de Ciudad Nueva se había establecido en la costa opuesta del mar interior. Era ya mucho más vieja, más poderosa y más próspera que la ciudad latina, pero todavía seguía habiendo sobre ella una atmósfera que hacía que el nombre pareciera inadecuado. Recibió el calificativo de Nueva porque venía a ser una colonia como Nueva York o Nueva Zelanda. Era un puesto fronterizo o un asentamiento de la energía y expansión de las grandes ciudades comerciales de Tiro y Sidón. En ella se observaba esa nota característica de los nuevos países y colonias: la visión confiada y comercial. Les gustaba decir cosas que tuvieran un cierto eco de su poderío, como que nadie podía lavarse las manos en el mar sin el permiso de la Ciudad Nueva. Y es que dependía casi enteramente de la grandeza de sus naves, lo mismo que los dos grandes puertos y mercados de los que provenía su gente. Aquella ciudad había traído de Tiro y de Sidón un talento prodigioso para el comercio y una considerable experiencia para la navegación, pero había traído otras cosas también.

Anteriormente he hecho alusión a la psicología que subyace tras cierto tipo de religión. Aquellos hombres hambrientos de resultados prácticos, aparte de los resultados poéticos, recurrían a los espíritus del terror para mover a Aqueronte a doblegar a los dioses. Está siempre presente esa pálida idea de que los poderes oscuros harán cosas, sin que ello sea una afirmación absurda. En la psicología interior de los pueblos púnicos este curioso tipo de sentido práctico pesimista había alcanzado proporciones exageradas. En la Ciudad Nueva, que los romanos llamaban Cartago, así como en las ciudades principales de Fenicia, el dios que conseguía hacer las cosas llevaba el nombre de Moloc, que era quizás idéntico al de otra deidad que conocemos como Baal, el Señor. Los romanos, al principio, no sabían muy bien como llamarlo o con qué compararlo. Y acudiendo de nuevo al más basto de todos los mitos griegos o romanos desde los orígenes, lo compararon a Saturno devorando a sus hijos. Pero los adoradores de Moloc no eran bastos o primitivos. Eran miembros de una civilización madura y refinada, pródiga en lujos y comodidades. Probablemente estaban más civilizados que los romanos. Y Moloc no era un mito, o en todo caso su comida no era un mito. Esta gente tan civilizada se reunía para invocar la bendición del cielo sobre su imperio, arrojando sus hijos por centenares en un horno gigante. Para hacernos una idea del contraste, podemos imaginar lo que sería un grupo de comerciantes de Manchester, perfectamente vestidos, con sus chisteras y sus flamantes bigotes, acudiendo a la iglesia todos los domingos a las once en punto para asistir a una ceremonia en la que unos niños fueran arrojados al fuego con el fin de quemarlos vivos.

Las primeras etapas de la contienda política o comercial se pueden seguir con mucho detalle, precisamente porque tiene un carácter puramente político o comercial. Las guerras púnicas se veían en su día como algo que nunca había de terminar, y no es fácil decir en qué momento comenzaron. Griegos y sicilianos, del lado europeo, habían luchado ya, débilmente, contra la ciudad africana. Cartago había derrotado a Grecia y conquistado Sicilia. Y también se había asentado con fuerza en España. La Ciudad Latina se hallaba oprimida entre España y Sicilia, y habría sido aplastada si los romanos hubieran sido de esa clase de gente que se dejara aplastar fácilmente. Con todo, el interés de la historia consiste en el hecho de que Roma fue aplastada. Si no se hubieran dado ciertos elementos morales junto a los elementos materiales, la historia habría terminado donde Cartago, ciertamente, pensó que había terminado. Se suele culpar a Roma de no haber hecho las paces. Pero había un instinto en la conciencia popular de aquellos romanos que les decía que no sería posible la paz con ese tipo de gente. También se acusa a los romanos por su *Delenda est Carthago*: «Cartago debe ser destruida». Pero aún es más frecuente olvidarse de que, aparentemente, Roma fue destruida. Se tiende a olvidar, con mucha frecuencia, que el sagrado aroma que envolvería a Roma eternamente, lo consiguió, en parte, porque había surgido repentinamente de los muertos.

Cartago era una aristocracia, al igual que la mayoría de los estados mercantiles. La presión de los ricos sobre los pobres era tan impersonal como aplastante. Pues tales aristocracias nunca permiten el gobierno personal que es quizás por lo que el gobierno de Cartago tenía envidia del talento personal. Pero el genio puede aparecer en cualquier parte, hasta en la clase dirigente. Y como para hacer de aquel conflicto supremo un hecho terrible, de una de las casas más aristocráticas de Cartago, parece buscarse a un hombre que saliera de aquellos palacios dorados con toda la energía y originalidad de un Napoleón surgiendo de la nada. En el peor momento de la guerra, Roma se enteró que la misma Italia, por una milagrosa maniobra militar, había sido invadida por el norte. Aníbal, la Gracia de Baal, como fue proclamado su nombre en su propia lengua, traía consigo, atravesando la estrellada soledad de los Alpes, una pesada carga de armamento y se dirigía hacia el sur, hacia aquella ciudad que, por todos sus terribles dioses, había prometido destruir.

Aníbal marchaba sobre Roma, y los romanos que salieron a su encuentro sentían como si estuvieran luchando con un mago. Dos grandes ejércitos sucumbieron a su derecha y a su izquierda en los pantanos del Trebia; otros muchos se vieron engullidos por el fatal torbellino de Cannas y muchos otros fueron al combate para sucumbir a su mágico encantamiento. El signo supremo de todos los desastres, que es la traición, aunó todas las tribus frente a la causa perdida de

Roma, mientras el invencible enemigo se aproximaba a la ciudad. En pos de su líder, el crecido ejército cosmopolita de Cartago avanzaba con sus huestes como si se tratara de un gran desfile mundial: elefantes que sacudían la tierra como montañas ambulantes; gigantescos galos rodeados de su bárbara pompa; tostados españoles ceñidos de oro; númidas del desierto sobre caballos, ágiles y veloces como halcones, y multitudes enteras de desertores, mercenarios y gente de diversos pueblos; y la Gracia de Baal los precedía.

Los augures y los escribas romanos que dijeron que aquella hora fue ocasión de que se produjeran prodigios sobrenaturales, como que un niño naciera con la cabeza de elefante o que las estrellas se desplomaran como el granizo, tuvieron una intuición más filosófica de lo sucedido que el propio historiador moderno, que no ve en ello más que un éxito estratégico ante una rivalidad comercial. Algo muy diferente debieron sentir entonces, en el lugar donde se desarrollaron los hechos, como lo que se siente cuando una atmósfera extraña, como la niebla o un olor extraño, se adentra en la propia. No se trató de una mera derrota militar; ni, ciertamente, de una mera rivalidad comercial que llenaría la imaginación romana de aquellos horribles presagios de la naturaleza, desnaturalizándose a sí misma. Era Moloc sobre la montaña de los latinos, mirando, con su espantosa cara, la llanura. Era Baal pisoteando los viñedos con sus pies de piedra. Era la voz de Tanit, la invisible, tras el velo, susurrando un amor que es más horrible que el odio. El incendio de las mieses y la ruina de las vides italianas eran algo más que reales, eran alegóricas. Simbolizaban la destrucción de lo doméstico y lo fecundo, el marchitar de lo que fue humano antes de aparecer esa inhumanidad que está más allá de lo que llamamos crueldad. Los dioses domésticos se agacharon en la oscuridad de sus humildes tejados y, sobre ellos, pasaron los demonios, impulsados por un viento venido del más allá y tocando la trompeta del Tramontano. La puerta de las montañas fue derribada y, en un sentido nada vulgar sino más bien solemne, aquello vino a ser como la liberación de los infiernos. La guerra entre los dioses y los demonios parecía haber terminado ya, y los dioses estaban muertos. Las águilas estaban perdidas y las legiones rotas, y nada quedaba en Roma salvo el honor y el frío coraje de la desesperación.

En el mundo entero una cosa amenazaba aún a Cartago: Cartago mismo. Seguía latente la presencia de un fuerte elemento en todos los estados comerciales en auge, junto a la presencia de un espíritu que ya conocemos. Seguía latente ese sentido de solidez y astucia que caracteriza a los grandes hombres de empresa. Seguían existiendo los consejos de los grandes expertos financieros, la gestión y la amplia y serena perspectiva de los prácticos hombres de negocios, y en esto podían depositar los romanos sus esperanzas. A medida que la guerra se dirigía a lo que parecía su trágico final, crecía gradualmente una débil y curiosa posibilidad de que incluso ahora podría ser que no esperaran en vano. Los verdaderos hombres de negocios de Cartago, pensando como tales hombres lo hacen, en términos de razas que viven y mueren, vieron claramente que Roma no sólo se estaba muriendo sino que estaba muerta. La guerra había terminado. Obviamente, no existía ninguna esperanza de que la ciudad latina resistiera más tiempo, y resultaba inconcebible que alguien pudiera resistir cuando no había esperanza. En tales circunstancias, seguía existiendo otro amplio y saludable sistema de principios comerciales. Las guerras fueron financiadas con dinero, y por consiguiente costaron dinero. Quizás sentían en sus corazones, al igual que muchos de su clase, que después de todo, la guerra debía de suponer algo de maldad puesto que costaba dinero. Había llegado el momento de la paz y, más aún, de la economía. Los esporádicos mensajes enviados por Aníbal pidiendo refuerzos eran un ridículo anacronismo; había cosas mucho más importantes que atender en aquel momento. Podía ser verdad que algún que otro cónsul hubiera asestado un último golpe al Metauro[38], hubiera matado al hermano de Aníbal y arrojado su cabeza, con furia latina, sobre los territorios de aquél. Acciones enojadas de este tipo, demuestran lo completamente desesperados que se sentían los latinos frente a su causa. Pero los excitables latinos no podían estar tan enloquecidos como para aferrarse a una causa perdida para siempre. Así argumentaban los mejores expertos financieros, y echaban a un lado más y más cartas, llenas de turbios informes alarmistas. Así argumentaba y actuaba el gran imperio cartaginés. Aquel prejuicio sin sentido que sería la maldición de los estados comerciales, de que la estupidez es en cierto modo práctica y el genio en cierto modo vano, los condujo a dejar morir de hambre y a abandonar a aquel gran artista en la escuela de las armas que los dioses les habían otorgado en vano.

¿Por qué los hombres mantienen esa rara idea de que lo sórdido debe derrocar siempre a lo magnánimo, de que hay una débil conexión entre los cerebros y la brutalidad, o de que no importa que un hombre sea aburrido mientras sea al mismo tiempo mezquino? ¿Por qué mezclan confusamente la caballerosidad con el sentimiento y el sentimiento con la debilidad? Lo hacen porque albergan, como todos los hombres, ese primer impulso de la religión. Para ellos, como para todos los hombres, lo primero es la concepción de la naturaleza de las cosas, la idea acerca del mundo en el que viven. Y puesto que creen que la única verdad fundamental es el miedo, creen también que el corazón mismo del mundo es el mal. Creen que la muerte es más fuerte que la vida y, por tanto, las cosas muertas deben ser más fuertes que las vivas, ya se trate del oro, el hierro, las máquinas, las rocas, los ríos o las fuerzas de la naturaleza. Puede sonar raro decir que los

---

[38] Río de la Italia central, en la provincia de Pésaro, tributario del Adriático. En sus orillas fue derrotado y muerto por los romanos el cartaginés Asdrúbal, hermano de Aníbal (207 a.C).

hombres que nos podemos encontrar en las mesas del café o en las tertulias campestres son secretos adoradores de Baal o de Moloc. Pero esta especie de mentalidad comercial tiene su propia visión del universo y es la visión de Cartago. Una visión que está impregnada de la misma equivocación brutal que supuso su ruina. El poder púnico cayó porque en su materialismo se escondía una loca indiferencia hacia el pensamiento racional. Al dejar de creer en el alma, se deja de creer en la mente. Se es demasiado práctico para admitir la moral, negando lo que todo soldado práctico llama la moral del ejército. Se imagina que el dinero luchará cuando los hombres dejen de hacerlo. Así ocurrió con los príncipes comerciantes cartagineses. Su religión era una religión de la desesperanza, aun cuando sus riquezas prácticas estuvieran llenas de esperanza. ¿Cómo podían entender que los romanos tuvieran alguna esperanza cuando sus riquezas no les ofrecían ninguna? Su religión era una religión basada en la fuerza y el miedo, ¿cómo iban a entender que los hombres pueden despreciar el miedo incluso cuando se ven sometidos a la fuerza? Su filosofía del mundo tenía hastío en su mismo corazón; sobre todo estaban cansados de la guerra, ¿cómo entenderían a los que son capaces de emprender la guerra aun cuando están cansados de ella? En una palabra, ¿cómo iban a entender la mente del Hombre, que durante tanto tiempo se había sometido a cosas sin alma, al dinero, a la fuerza bruta y a dioses con corazón de bestias? Aquellos hombres despertaron súbitamente al oír que las ascuas que habían desdeñado hasta el punto de pisarlas, se inflamaban de nuevo por todas partes. Asdrúbal era derrotado; Aníbal superado en número; Escipión alcanzaba España y África con sus tropas. Ante las mismas puertas de la ciudad dorada, Aníbal libraba su última batalla y la perdía, y Cartago caía como ninguna otra cosa ha caído desde Satán. El nombre de la Ciudad Nueva permanece sólo como un nombre. No queda rastro de piedra suya sobre la arena. Una última guerra se emprendería antes de la destrucción final: pero la destrucción era final. Siglos después, unos hombres, cavando en sus profundos cimientos, encontrarían un montón de pequeños esqueletos, reliquias santas de esa religión. Cartago cayó porque fue fiel a su propia filosofía y siguió hasta su lógica conclusión su propia visión del universo: Moloc había devorado a sus hijos.

Los dioses se habían levantado de nuevo y los demonios habían sido derrotados después de todo. Pero habían sido derrotados por los vencidos y, casi podríamos decir, por los muertos. No es posible entender el desenlace de Roma, y cómo llegó a alzarse más tarde hasta alcanzar un liderazgo que parecía casi cosa del destino y algo totalmente natural, si no se tienen en cuenta los momentos de agonía y humillación durante los que siguió dando testimonio de una sensatez que es el alma de Europa. Roma volvió a resurgir en medio de un imperio porque ya anteriormente había salido airosa en medio de la ruina y la devastación. Después de aquello, todos los hombres reconocieron en sus corazones que había sido representante de la humanidad, aun después de haber sido rechazada por los hombres. Y en aquel momento se cernió sobre ella la sombra de una luz brillante y hasta ahora invisible, y la carga de unos sucesos que se habían de producir. No nos corresponde conjeturar de qué manera o en qué momento la Misericordia de Dios podría haber salvado el mundo, pero es indudable que la batalla que emprendió el cristianismo habría sido muy diferente si en vez de un Imperio de Roma hubiera tenido delante un Imperio de Cartago. Debemos agradecer a la paciencia de las guerras púnicas que, en épocas posteriores, los dones divinos descendieran al menos sobre una base humana y no inhumana. Europa evolucionó hacia sus propios vicios y su propia impotencia, como veremos más adelante, pero aquello hacia lo que evolucionó no fue peor que aquello de lo que había escapado. ¿Acaso no es capaz de distinguir un hombre en sus cabales, esa gran muñeca de madera a quien los niños esperan dar de comer un poco de su cena, del gran ídolo del que no se espera otra cosa sino que devore a los niños? Ésta es la medida de hasta qué punto se extravió el mundo en comparación con lo lejos que se podía haber extraviado. Si los romanos eran despiadados, lo eran en cuanto que se enfrentaban con un enemigo y no simplemente con un rival. Recordaban, no las rutas comerciales y las regulaciones, sino rostros de hombres con mirada de desprecio, y odiaban el alma odiosa de Cartago. Y algo debemos agradecer a Roma si nunca tuvimos necesidad de acabar con las arboledas de Venus como ellos acabaron con las arboledas de Baal. En parte, debemos a su dureza que los recuerdos de nuestro pasado no sean totalmente crudos. Si el paso del paganismo al cristianismo fue un puente al mismo tiempo que una ruptura, lo debemos a aquéllos que mantuvieron lo humano después del paganismo. Si, después de todo este tiempo estamos en cierto sentido en paz con el paganismo y podemos mirar con mayor agrado a nuestros padres, haríamos bien en recordar las cosas que sucedieron y las que podían haber sucedido. Gracias a ello, únicamente, es por lo que podemos llevar sin agobio la carga de la antigüedad y no nos produce estremecimiento encontrarnos con una ninfa en una fuente o con un cupido en una felicitación de enamorados. La risa y la tristeza nos ligan a cosas ocurridas hace largo tiempo y recordadas sin sonrojo, y podemos contemplar, no sin cierta conmiseración, el crepúsculo ocultándose sobre la granja de Sabina[39], y escuchar el regocijo de los dioses domésticos cuando Catulo regresa a Sirmio[40]. *Deleta est Carthago*.

---

[39] Julia Sabina, emperatriz romana, esposa de Adriano y sobrina de Trajano.
[40] Antigua ciudad de la Parmonia inferior, situada a orillas del Save. Elegida por los romanos para arsenal en su guerra contra las tribus danubianas.

VIII

EL FIN DEL MUNDO

Cierto día de verano me encontraba sentado en un prado de Kent a la sombra de una pequeña iglesia de aldea, con un compañero bastante curioso con quien acababa de caminar por el bosque. Aquel hombre formaba parte de un grupo de excéntricos con los que me había topado en mis correrías y que pertenecían a una nueva religión llamada «Higher Thought» (Pensamiento Superior), en la que me encontraba lo suficientemente iniciado como para percibir en torno a ella una atmósfera general de arrogancia o superioridad, y de la que esperaba descubrir en una etapa posterior y más esotérica los rudimentos del pensamiento. Mi compañero era el más divertido de todos pues, cualquiera que fuese el nivel de su inteligencia, los superaba a todos en experiencia, habiendo viajado más allá de las zonas tropicales mientras los demás meditaban en los suburbios. Se le acusaba de ser demasiado prolijo en la narración de sus aventuras, mas a pesar de lo que dijeran en su contra, lo preferí a sus compañeros y me fui con él de buena gana por el bosque. Mientras caminábamos no pude dejar de sentir que su cara bronceada, el fiero gesto de sus pobladas cejas y su acentuada barba, le otorgaban un cierto parecido con el dios Pan. Nos sentamos en la hierba y nos pusimos a contemplar despreocupadamente las copas de los árboles y la torre de la iglesia del pueblo. Mientras la cálida tarde se encaminaba a su ocaso, podía escucharse a lo lejos el trinar de un pajarillo o el susurro de la brisa que calmaba —más que agitar— las antiguas huertas del jardín de Inglaterra. Entonces, mi compañero me dijo: «¿Sabe por qué se alza así la torre de esa iglesia?». Yo le manifesté un respetable agnosticismo, a lo que replicó con aire displicente: «¡Oh, igual que los obeliscos!, la adoración fálica de la antigüedad». Lo miré de repente mientras permanecía allí, mirándome de reojo con su barba de chivo, y por un momento pensé que no se parecía tanto al dios Pan como al mismísimo diablo. No existen palabras en lengua mortal que puedan expresar la ilógica incongruencia, la tremenda y antinatural perversión de pensamiento que implicaba decir semejante cosa en un momento y en un lugar semejantes. Por un momento mi primer impulso fue parecido al de aquéllos que llevaban las brujas a la hoguera y al poco se abrió ante mis ojos el sentido de lo absurdo con la claridad de un amanecer. «Por supuesto», le dije después de reflexionar un instante, «porque si no hubiera sido por la adoración fálica, habrían construido la torre señalando hacia abajo y sostenida sobre su propio ápice». Me podía haber sentado en aquel lugar y haber estado riendo durante horas. Mi amigo no parecía ofendido, porque ciertamente no tenía la piel muy fina por lo que se refería a sus descubrimientos científicos. Me había encontrado con él por casualidad y nunca lo volví a ver de nuevo. Creo que ya murió, pero, aunque no tiene nada que ver con la argumentación, quizá valga la pena mencionar el nombre de este seguidor del «Pensamiento Superior» e intérprete de los orígenes religiosos primitivos o, en todo caso, el nombre por el que era conocido. Su nombre era Louis de Rougemont.

Aquella insana imagen de la iglesia de Kent sostenida sobre el pináculo de la torre, como sacada de un viejo cuento popular absurdo, me viene siempre a la imaginación cuando oigo cosas parecidas en relación a los orígenes paganos, y acude en mi ayuda la risa de los gigantes. En esos momentos, me siento tan allegado y comprensivo con el resto de investigadores científicos, críticos y autoridades en religión antigua y moderna, como lo estoy con el pobre Louis de Rougemont. Pero el recuerdo de aquel inmenso absurdo permanece como una especie de medida y de prueba por la que determinar lo que es sano, no sólo en lo que se refiere a las iglesias cristianas, sino también a los templos paganos. Mucha gente habla de los orígenes paganos como nuestro distinguido viajero hablaba de los orígenes cristianos. Ciertamente, muchos paganos modernos han sido muy duros con el paganismo, lo mismo que muchos humanistas modernos han sido muy duros con la religión verdadera de la humanidad. La han representado como algo presente en todas partes y enraizada desde el principio, únicamente, en estos arcanos repulsivos, y con el sello de un carácter completamente desvergonzado y anárquico. Ahora bien, no creo ni por un instante que esto sea verdad. Jamás se me pasaría por la cabeza pensar de la adoración de Apolo lo que De Rougemont podría pensar de la adoración de Cristo. Nunca admitiría que en una ciudad griega se diera una atmósfera tal como la que ese loco era capaz de oler en una aldea de Kent. Por el contrario, vuelvo a insistir que la clave de todo este asunto, y clave también de este capítulo sobre la decadencia final del paganismo, es el hecho de que la peor clase de paganismo fue derrotada por la mejor. Fue la mejor clase de paganismo la que conquistó el oro de Cartago. Fue la mejor clase de paganismo la que llevó los laureles de Roma. Era lo mejor que el mundo había conocido hasta entonces, todo sumado y considerando las cosas a gran escala, ejerciendo sus dominios desde la muralla Grampiana al jardín del Éufrates. Fue el mejor el que conquistó; fue el mejor el que gobernó, y fue el mejor el que comenzó a decaer.

A menos que se entienda esta amplia verdad, se verá toda la historia de forma torcida. El pesimismo no consiste en cansarse del mal sino del bien. La desesperanza no reside en el cansancio ante el sufrimiento, sino en el hastío de la alegría. Cuando por cualquier razón lo bueno de una sociedad deja de funcionar, la sociedad empieza a declinar: cuando su alimento no alimenta, cuando sus remedios no curan, cuando sus bendiciones dejan de bendecir. Prácticamente se podría decir que en una sociedad sin tales cosas buenas no tendríamos ningún elemento que nos pudiera alertar de una decadencia. Es por ello por lo que algunas de las oligarquías comerciales estáticas como Cartago, tienen en la historia un aire de quietud y una mirada fija, como las momias: tan secas, vendadas y embalsamadas que ningún hombre sabe cuándo son nuevas o viejas. Cartago, en todo caso, estaba muerta, y el peor asalto realizado nunca por los demonios sobre la sociedad mortal había sido vencido. ¿Pero qué importaba que lo peor estuviera muerto si lo mejor se estaba muriendo?

La relación de Roma con Cartago se repitió y, en algunos casos, alcanzó una mayor magnitud en su relación con naciones más normales y afines a ella que el propio Cartago. Pero no quiero detenerme en esa visión meramente política que considera que los hombres de estado romanos actuaron sin ningún escrúpulo contra Corinto o las ciudades griegas. Lo que me interesa es contradecir esa idea de que detrás del habitual gesto de aversión de los romanos hacia los vicios griegos no había otra cosa que una excusa hipócrita. Con esto no quiero decir que los paganos fueran unos paladines de la virtud, con un sentimiento sobre el nacionalismo nunca conocido hasta el periodo cristiano. Pero sí quiero hacer ver que eran hombres con sentimientos de hombres, y aquellos sentimientos no eran simulados. Ciertamente, los puntos débiles del culto a la Naturaleza y de la mitología habían producido ya una perversión entre los griegos, y esto debido al peor de los sofismas: el sofisma de la simplicidad. Así como se desnaturalizaron por el culto a la Naturaleza, de igual forma se pervirtieron en su humanidad dando culto al hombre. Es verdad que, en cierto sentido, hubo menos inhumanidad en Sodoma y Gomorra que en Tiro y Sidón aunque, al considerar la guerra de los demonios sobre los niños, no podemos comparar la decadencia griega con el culto púnico al diablo. Pero no es verdad que la repulsa sincera hacia cualquiera de ellas tenga que ser puramente farisaica. No es verdad por lo que se refiere a la naturaleza humana o al sentido común. Dejemos que cualquier chaval que haya tenido la suerte de crecer sano e inocente en sus ensueños infantiles oiga hablar por primera vez del culto a Ganimedes. No sólo le producirá una conmoción sino que se pondrá enfermo. Y esa primera impresión, como frecuentemente hemos señalado acerca de las primeras impresiones, será correcta. Nuestra indiferencia cínica es el producto de una ilusión, la más grande de todas las ilusiones: la ilusión de la familiaridad. Podemos imaginar las virtudes más o menos rústicas del vulgo romano reaccionando contra el solo rumor de las virtudes griegas con una total sinceridad y espontaneidad. Podríamos verlos reaccionando exactamente como lo hicieron, si bien en menor grado, contra la crueldad de Cartago. Porque fue menor la dureza empleada en la destrucción de Corinto que en la de Cartago. Pero si su actitud y acción fueron algo destructivas, en ningún caso su indignación tenía por qué haber sido mera autojustificación para encubrir su egoísmo. Y si alguien dijera que detrás de aquello no había otra cosa que razones de estado y conspiraciones comerciales, habrá que decirle que hay una cosa que no acaba de entender, que probablemente no llegue a entender nunca, y que mientras no la entienda, nunca entenderá a los latinos. Este elemento es lo que llamamos democracia. Es probable que escuchara esta palabra un montón de veces y hasta que la utilizara él mismo, pero no tiene ni idea de lo que significa. A lo largo de toda la historia revolucionaria de Roma se produjo un giro hacia la democracia. El Estado y los gobernantes no podían hacer nada sin un considerable apoyo de la democracia; con esa clase de democracia que nada tiene que ver con la diplomacia. Gracias a la democracia romana es por lo que oímos hablar tanto de la oligarquía romana. Los historiadores recientes, por ejemplo, han intentado explicar el valor y la victoria de Roma en términos de esa usura detestable y detestada practicada por algunos patricios, como si Curius[41] hubiera conquistado a los

---

[41] Manio Curio Dentato (cónsul en 290), vencedor de los samnitas y general en la guerra de Pirro, célebre por la ruda simplicidad de su vida. Una vez los samnitas le ofrecieron una gran cantidad de oro y Curio, que estaba sentado junto a la

hombres de la falange macedónica prestándoles dinero, o el cónsul Nerón hubiera negociado la victoria de Metauro a un cinco por ciento. Pero la codicia de los patricios es puesta en evidencia por la perpetua rebelión de los plebeyos. El gobierno de los príncipes púnicos comerciantes tenía el alma de la usura, pero nunca se alzó una multitud entre los púnicos que se atreviera a llamarlos usureros.

Cargado, como todo lo mortal, con el peso de los pecados y debilidades que le son propias, el surgir de Roma había sido realmente el surgir de las cosas ordinarias, sobre todo de las populares, acompañado de un odio totalmente normal y profundamente popular a la perversión. Ahora bien, entre los griegos la perversión se había convertido en una convención, especialmente una convención literaria, hasta el punto de que los literatos romanos llegarían a adoptarla a veces también por convención. Pero surge aquí una de esas complicaciones a las que siempre dan pie las convenciones. No debemos dejar que se oscurezca la diferencia de tono que se percibe en las dos sociedades en conjunto. Seguramente, Virgilio tomara de vez en cuando un tema de Teócrito, pero nadie puede llevarse la impresión de que Virgilio fuera particularmente aficionado a ese tema. Los temas de Virgilio eran, esencial y notoriamente, los temas normales y no estaban centrados sino en la moral, la piedad, el patriotismo y los honores de la tierra. Y, al detenernos en este otoño de la antigüedad, su nombre se alza excelso como la misma voz del otoño, voz que proclama su madurez y su melancolía, sus frutos cumplidos y su visión anticipada de la decadencia. Tan sólo unas pocas líneas suyas bastan para hacernos ver cómo entendía perfectamente el valor que la salud moral tiene para la humanidad. Nadie puede dudar de sus sensaciones cuando los demonios fueron conducidos en vuelo ante los dioses domésticos. Pero

---

lumbre, los rechazó diciendo que lo que él tenía a gloria no era tener oro, sino mandar a los que lo tenían.

hay dos puntos sobre él y su obra que son particularmente importantes para la tesis que aquí sostenemos. El primero es que el conjunto de su gran epopeya patriótica está fundado sobre la caída de Troya en un sentido muy particular, pues se funda sobre su orgullo, aunque ésta hubiera caído. Al remontar hasta los troyanos la fundación de su querida raza y república, comenzó lo que se puede llamar la gran tradición troyana, que descubrimos en la historia medieval y moderna. Ya vimos un primer asomo de esto en los sentimientos de Homero sobre Héctor. Pero Virgilio lo convirtió no simplemente en una literatura sino en una leyenda; una leyenda de la dignidad casi divina que pertenece a los vencidos. Ésta fue una de las tradiciones que verdaderamente prepararon el mundo a la venida del cristianismo y especialmente a la caballerosidad cristiana. Esto es lo que ayudó a sostener la civilización a través de las incesantes derrotas de la baja Edad Media y de las guerras bárbaras, a raíz de lo cual nacieron los caballeros. Es la actitud moral del hombre dando la espalda a los muros: los muros de Troya. A lo largo de toda la época medieval y moderna encontramos las virtudes del conflicto homérico cooperando de muchas formas distintas con el sentimiento cristiano. A nuestros propios paisanos y a hombres de otros países, les encantaba decir —como Virgilio— que su propia nación descendía de los heroicos troyanos. Todo tipo de gente consideraba como el más alto grado de nobleza poder justificar su descendencia del mismísimo Héctor. Nadie parece haber deseado descender de Aquiles. El mismo hecho de que el nombre del héroe troyano se haya convertido en un nombre cristiano y se haya dispersado hasta los últimos confines del cristianismo, a Irlanda o a las montañas gaélicas, mientras que el nombre del griego haya perdurado como un nombre relativamente raro y pedante, es un tributo a la misma verdad. De hecho, el nombre de Héctor provoca un curioso hecho lingüístico que raya casi en la broma. El nombre se utiliza para vanagloria de los soldados vencedores. Ciertamente, nadie en la antigüedad fue menos dado que Héctor a vanagloriarse, pero la jactancia del conquistador tomó su título del conquistado. Por esta razón es por lo que la popularización del origen troyano de Virgilio ha llevado a algunos a decir que Virgilio era casi cristiano. Es como si dos grandes instrumentos obtenidos de una misma madera divina y humana, hubieran sido dispuestos por la Providencia de forma tal que lo único comparable a la Cruz de madera fuera el Caballo de madera de Troya. Y en alguna alegoría salvaje, piadosa en la intención aunque profana en la forma, podríamos encontrar al Santo Niño enfrentándose al dragón con una espada de madera y un caballo de madera.

El otro elemento en Virgilio que es esencial para la argumentación, es la naturaleza particular de su relación con la mitología, o lo que con un sentido especial, podemos denominar aquí folclore: los credos y las suposiciones del populacho. Todo el mundo sabe que su poesía más sublime no se interesa tanto por la pomposidad del Olimpo como por los númenes de la vida natural y agrícola. Todo el mundo sabe dónde buscaba Virgilio las causas de las cosas. Y las encuentra no tanto en alegorías cósmicas de Urano y de Cronos, sino más bien en el dios Pan, en la hermandad de las ninfas o en Silvano, el viejo hombre del bosque. Quizás donde más sinceramente se manifiesta Virgilio es en algunos pasajes de las *Églogas* en los que perpetúa la gran leyenda de Arcadia y los pastores. En este punto es fácil perder el hilo de la argumentación para ponerse a criticar lo que separa su convención literaria de la nuestra. No hay nada más artificial que el grito de artificialidad dirigido contra la vieja poesía pastoril. Todo lo que nuestros padres querían transmitirnos lo hemos perdido fijándonos en lo externo de sus escritos. La gente se ha divertido tanto con el mero hecho de que la pastora china fuera de porcelana que ni siquiera se ha parado a pensar por qué fue modelada. Se han quedado tan contentos de ver al Feliz Campesino como una figura de ópera que ni siquiera se han planteado cómo llegó a ese lugar, o cómo se perdió por el escenario.

En resumen, únicamente nos tenemos que preguntar: ¿Por qué existe una pastora de porcelana y no un comerciante de porcelana? ¿Por qué no se adornaban las repisas con figuras de comerciantes en actitud distinguida, o de herradores labrados en metal o especuladores del oro labrados en oro? ¿Por qué la ópera mostraba a un Feliz Campesino y no a un Feliz Político? ¿Por qué no había un ballet clásico de banqueros, moviéndose graciosamente sobre las puntas de los pies? Por una sencilla razón: porque el viejo instinto de la humanidad les había dicho siempre que las convenciones de ciudades complejas, cualesquiera que fueran, eran menos saludables y felices que las costumbres del campo. De ahí la eternidad de las *Églogas*. En una obra de un poeta moderno titulada *Églogas de Fleet Street*, los poetas asumen el lugar de los pastores. Pero nadie ha escrito todavía nada parecido a las *Églogas de Wall Street*, en las que los millonarios asumirían el lugar de los poetas. Y la razón es que hay un deseo auténtico y permanente de aquella simplicidad, mientras que no existe el mismo tipo de deseo por este tipo de complejidad. La clave del misterio del Feliz Campesino es que el campesino habitualmente es feliz. Los que no lo creen son simplemente los que no saben nada de él, y por tanto no saben cuáles son sus momentos de alegría. Los que no creen en las fiestas o en las canciones pastoriles ignoran sencillamente el calendario del pastor. El verdadero pastor, de hecho, es muy diferente del pastor ideal, pero no hay razón para olvidar la realidad que se encuentra en la raíz de lo ideal. Se necesita una verdad para crear una tradición. Se necesita una tradición para crear una convención. La poesía pastoril puede llegar a ser a veces una convención, especialmente en periodos de decadencia social. En un periodo de este tipo fue cuando los pastores y pastoras de Watteau retozaban por los Jardines de Versalles. También fue en un periodo de decadencia social cuando los pastores y pastoras continuaron tocando y bailando las más pobres imitaciones de Virgilio. Pero no es ésta razón para rechazar el mortecino paganismo sin ni siquiera entender su vida. No es razón para olvidar que la palabra «pagano» es la misma que la palabra «campesino». Podemos decir que este arte es sólo artificialidad, pero no es amor por lo artificial. Por el contrario, en su misma naturaleza está el fracaso del culto a la naturaleza o el amor por lo natural.

Los pastores se extinguían porque sus dioses se estaban apagando. El paganismo vivía de la poesía, esa poesía considerada ya bajo el nombre de mitología. Pero por todas partes, y especialmente en Italia, había sido una mitología y una poesía enraizada en el campo, y esa religión rústica había sido en gran parte responsable de la felicidad rústica. Sólo a medida que la sociedad creció en edad y experiencia, comenzó a aparecer esa debilidad de la mitología que vimos anteriormente. Esta religión no era en absoluto una religión o, dicho de otra forma, no era en absoluto una realidad. Era el enfrentamiento de un joven mundo con las imágenes y las ideas, como la rebeldía de un joven provocada por el vino o la pasión amorosa. No era tanto algo inmoral como irresponsable, sin más preocupación que lo presente. Y en cuanto que era totalmente creativo, resultaba fácil de creer. Era algo que pertenecía al lado artístico del hombre, pero que desde hacía tiempo se había convertido en algo complejo y enmarañado. Los árboles de familia engendrados de la semilla de Júpiter eran una selva más que un bosque. Las demandas de los dioses y semidioses parecían cosas más propias de un abogado o de un heraldo que de un poeta. Pero huelga decir que sólo en el arte reinaba una mayor anarquía. De una forma cada vez más flagrante, se había puesto de moda esa flor del mal implícita en la misma semilla del culto a la Naturaleza, por muy natural que pueda parecer. No creo, como ya he dicho antes, que el culto a la Naturaleza tenga que comenzar necesariamente con esta pasión particular. No soy de la escuela de folclore científico de De Rougemont, ni creo que la mitología deba comenzar con el erotismo, pero estoy persuadido de que fácilmente puede desembocar en ello. De hecho, estoy seguro de que la mitología terminó en erotismo. Por otra parte, la poesía no sólo se hizo más inmoral, sino que la inmoralidad se hizo más indefendible. Los vicios griegos y orientales, sombras de los viejos horrores de los demonios semíticos, comenzaron a llenar la fantasía de la Roma decadente, como moscas que revolotean sobre un montón de estiércol. La psicología del hecho es fácil de entender si se hace el experimento de ver la historia desde dentro. Llega un momento de la tarde en que el niño se cansa de «fingir» su papel de ladrón o de indio y decide entonces perseguir al gato. De la misma forma, llega un momento en la rutina de una civilización ordenada en que el hombre se cansa de jugar a la mitología y de fingir que un árbol es una doncella o que la luna se enamora de un hombre. Y el efecto de este deterioro es igual en todas partes. Lo vemos en la búsqueda de las drogas o del alcohol y en las distintas manifestaciones tendentes a incrementar la dosis. Los hombres buscan pecados más complejos u obscenidades más llamativas como estimulantes a su hastiado sentido y, por ello, se acercan a las locas religiones orientales. Intentan apuñalar sus nervios vitales, como tratando de emular los cuchillos de los sacerdotes de Baal. Caminan en su propio sueño e intentan despertarse a sí mismos con pesadillas.

Incluso en esa etapa de paganismo, por tanto, las canciones y danzas campesinas suenan cada vez más débilmente en el bosque. Y existía una razón por la que se estaba desvaneciendo la civilización campesina o prácticamente se había desvanecido ya del campo. El Imperio, en su recta final, se hallaba cada vez más organizado en ese sistema servil que normalmente sirve para alentar el orgullo. De hecho, era un sistema prácticamente tan servil como los modernos esquemas de organización de la industria. Lo que una vez había sido campesinado se convirtió en mero populacho de la ciudad, dependiente del pan y circo, lo que nos trae a la memoria otro tipo de populacho dependiente de subsidios y de cines. En esto, como en otros muchos aspectos, el retorno moderno al paganismo ni siquiera ha sido un retorno a la juventud pagana, sino a su decrepitud. Pero sus raíces eran espirituales en ambos casos, y el espíritu del paganismo se había marchado con sus espíritus domésticos. Su calor se había extinguido con sus dioses domésticos, que se fueron junto con los dioses del jardín, del campo y del bosque. El viejo espíritu del bosque era demasiado viejo, se estaba muriendo. En cierto sentido, es verdad cuando se dice que el dios Pan murió porque Cristo nació. Casi tan verdad, en otro sentido, como que los hombres supieron que Cristo había nacido porque el dios Pan había muerto. La desaparición de la mitología creó un vacío, que hubiera resultado asfixiante de no ser llenado por la teología. Pero, en cualquier caso, la mitología no podría haber durado como la teología. La teología es pensamiento, estemos o no de acuerdo con ella. La mitología nunca fue pensamiento y nadie podría realmente estar de acuerdo o en desacuerdo con ella. Era un mero producto de una inspiración hacia lo fantástico que, una vez ausente, no podía recuperarse. Los hombres no sólo dejaron de creer en los dioses, sino que se dieron cuenta de que nunca habían creído en ellos. Habían cantado sus alabanzas, habían bailado alrededor de sus altares, habían tocado la flauta, habían hecho el tonto.

El crepúsculo sobrevino sobre la Arcadia y las últimas notas de la flauta sonaron tristemente desde el hayedo. En los grandes poemas de Virgilio se percibe ligeramente la tristeza, pero los amores y los dioses domésticos subsistían aún en líneas encantadoras, como las que Belloc escogió para una prueba de comprensión: *incipe parve puer risu cognoscere matrem*. Pero con ellos lo mismo que con nosotros, la familia humana comenzó a quebrarse ante la organización servil y el agrupamiento de la gente en las ciudades. La multitud urbana se hizo ilustrada, es decir, perdió la energía mental que podía crear los mitos. Alrededor del círculo de las ciudades mediterráneas la gente lloró la pérdida de los dioses y fue consolada con los gladiadores. Y, mientras tanto, algo similar ocurría con esa aristocracia intelectual de la antigüedad que se había dedicado a caminar y que tanto había hablado siempre desde Sócrates y Pitágoras. Comenzaron a demostrar al mundo que caminaban en círculo y que decían lo mismo una y otra vez. La filosofía comenzó a tomarse a broma y a ser aburrida. Aquella artificial simplificación de todo en un sistema u otro, que hemos señalado como uno de los defectos característicos del filósofo, reveló enseguida su finalidad y su futilidad. Toda era virtud, felicidad o destino; todo era bueno o malo. En definitiva, todo era todo, y no había nada más que decir, como ellos sostenían. Por todos lados, los sabios degeneraron en sofistas, es decir, en retóricos a sueldo o expertos en enigmas. Y prueba de ello es que el sabio no se convierte en sofista sino también en mago. El toque de ocultismo oriental comienza a ser muy apreciado en las mejores casas. Y dado que el filósofo se ha convertido en animador social, nada impide que ejerza también el conjuro.

Muchos modernos han insistido en la pequeñez de ese mundo Mediterráneo y en los amplios horizontes que se le podrían haber abierto ante el descubrimiento de los demás continentes. Pero esto no deja de ser una ilusión, una de las muchas ilusiones del materialismo. Los límites que el paganismo había alcanzado en Europa eran los límites de la existencia humana. En el mejor de los casos, los límites en cualquier otro lugar habían sido los mismos. Los estoicos romanos no necesitaron de ningún chino que les enseñara el estoicismo. Los pitagóricos no necesitaron de ningún hindú que los instruyera acerca de la recurrencia, la vida sencilla o la belleza de ser vegetariano. No eran elementos del Este lo que necesitaban, precisamente, pues estaban ya bien surtidos. Los sincretistas estaban tan convencidos como los teosofitas de que todas las religiones son realmente lo mismo. ¿De qué otra forma si no podían haber conseguido extender la filosofía a la par que extendían sus dominios? Cuesta aceptar que pudieran aprender una religión más pura de los Aztecas o sentados a los pies de los Incas del Perú. El resto del mundo era una confusión de barbarie. Es importante recordar que el Imperio Romano era reconocido como el logro más alto de la raza humana y también como el más amplio. Un secreto terrible parecía estar escrito como tras oscuros jeroglíficos en aquellos poderosos trabajos de mármol y piedra, aquellos colosales anfiteatros y acueductos. El hombre no podía hacer más.

No era el mensaje que resplandecía sobre los muros de Babilonia diciendo que encontraron a un rey mendigando o que su reino fue entregado a un extranjero. No era una buena noticia como podían serlo las noticias de la invasión o de la conquista. No había quedado nada que pudiera conquistar Roma, pero tampoco había quedado nada que pudiera mejorarla. Lo más fuerte se estaba haciendo débil. Lo mejor se estaba volviendo peor. Es necesario insistir una y otra vez que muchas civilizaciones se habían fundido en una única civilización mediterránea que era ya universal, pero con una universalidad caduca y estéril. Diversos pueblos habían juntado sus recursos y, sin embargo, todavía no tenían suficiente. Los imperios se habían agrupado en sociedad y, sin embargo, seguían arruinados. Todo lo que cabía pensar a cualquier filósofo auténtico era que, en aquel mar principal, la ola del mundo se había elevado hasta lo más alto, hasta casi tocar las estrellas. Pero su ascenso había tocado a su fin, porque no dejaba de ser la ola del mundo.

La mitología y la filosofía del paganismo habían sido drenadas, literalmente, hasta las heces. Si con la multiplicación de la magia la actividad de los demonios era cada vez más viva, no fue nunca sino una actividad destructiva. Y nos queda sólo un último elemento, un elemento postergado que, sin embargo, viene a ser el primero y principal. Me refiero a esa impresión primaria, sobrecogedora y sutil de que el universo tiene un único origen y un único objetivo, y puesto que tiene un objetivo, debe tener un autor. Lo que pasó con esta gran verdad en la mente de los hombres, en aquel momento, quizás sea más difícil de determinar. Los estoicos lo verían, sin duda, más claro a medida que se abría el cielo encapotado de la mitología y sus nubes se empequeñecían en la distancia. Y algunos de ellos trataron de poner hasta el último momento los cimientos del concepto de la unidad moral del mundo. Los judíos continuaban custodiando celosamente su secreta verdad tras unas elevadas cercas de exclusividad, lo que no impedía que, movidos por un impulso característico de la sociedad y de aquella situación, algunos personajes de moda, especialmente mujeres, abrazaran el judaísmo. Pero en el caso de muchos otros, imagino que se introdujo allí, en este punto, una nueva negación. El ateísmo se hizo posible en ese tiempo anormal, pues el ateísmo es la anormalidad. No es la mera negación de un dogma. Es el opuesto de una verdad grabada en el subconsciente del alma: la conciencia de que existe un significado y una dirección en el mundo que contemplamos. Lucrecio, el primer evolucionista que trató de sustituir la idea de Dios por la de Evolución, había puesto ya ante los ojos de los hombres su danza de brillantes átomos, por los que concebía el cosmos como una creación del caos. Pero no fue su fuerte poesía o su triste filosofía, como imagino, lo que atrajo a los hombre a su punto de vista, sino la impotencia y desesperación con que los hombres sacudían sus puños vanamente hacia las estrellas, mientras veían todo el gran trabajo de la humanidad hundirse lentamente y sin rastro de esperanza en un pantano. Fácilmente podrían llegar a creer que la creación misma no había sido una creación sino una caída perpetua, al ver el espectáculo de las creaciones humanas más grandes y valiosas cayendo por su propio peso. Y podrían llegar a imaginar que todas las estrellas eran estrellas caídas, y que los mismos pilares de sus pórticos solemnes se arqueaban bajo una especie de Diluvio imperceptible. Y ante esta disposición de ánimo, resultaba en cierta manera razonable el ateísmo. La mitología podía desvanecerse y la filosofía endurecerse, pero si detrás de ellas hubiera habido una realidad, esa realidad seguramente podría haber sostenido todo aquello que se hundía. No había Dios; si hubiera habido un Dios, seguramente en este preciso momento se habría movido y habría salvado el mundo.

La vida de la gran civilización continuó con aburrida laboriosidad e incluso con aburrido carácter festivo. Era el fin del mundo, y lo peor de todo era que no necesitaba acabar nunca. Se había realizado un compromiso de conveniencia entre los multitudinarios mitos y religiones del Imperio: que cada grupo adorara libremente con tal de cumplir con un requisito formal de agradecimiento a la tolerancia del Emperador, arrojando un poco de incienso sobre su título oficial de Divo. Naturalmente, no había ninguna dificultad en aquello, o más bien pasaría mucho tiempo antes de que el mundo se diera cuenta de que sí había existido un pequeño obstáculo en todas partes. Algunos miembros de una secta oriental, una sociedad secreta o algo parecido, andaban provocando cierto escándalo en algunos lugares sin que nadie acertara a comprender muy bien el por qué. El incidente volvió a repetirse y comenzó a causar una irritación desproporcionada ante un hecho tan insignificante. No era cuestión de lo que decía aquella gente de aldea, aunque sus palabras sonaran bastante raro. Decían que Dios había muerto y que ellos mismos lo habían visto morir. Aquello bien podía tratarse de una de las muchas manías producidas por la desesperación de la época, aunque aquellos hombres no parecían especialmente desesperados. Mostraban una alegría poco natural ante aquella circunstancia, y lo justificaban diciendo que la muerte de Dios les había permitido comer su cuerpo y beber su sangre. Según otros relatos, Dios no habría muerto exactamente después de todo, sino que, ante la desorientada imaginación de aquellos hombres, una serie de acontecimientos fantásticos habrían rodeado su entierro —el sol cubriéndose de negro— y finalmente, la omnipotencia muerta, saliendo de la tumba, se habría alzado de nuevo como el sol. Pero no era lo curioso de la historia lo que atraía la atención de la gente. La gente de aquel mundo había visto suficientes religiones extrañas como para llenar un manicomio. Había algo chocante en el tono y en la formación de aquellos chiflados. Formaban un grupo heterogéneo de bárbaros, esclavos, pobres y gente poco importante, pero su formación era militar. Se movían juntos, con una total seguridad acerca de las personas o elementos que formaban parte de su pequeño sistema y con una actitud férrea y al mismo tiempo abierta con respecto a sus palabras. Acostumbrados como estaban los hombres de aquella época a tantas mitologías y a tantas morales, no eran capaces de sacar nada en claro de aquel misterio, salvo que aquellos hombres querían decir lo que decían. Todos los intentos de hacerlos entrar en razón en lo que se refería a un asunto tan sencillo como el de la estatua del Emperador, parecían palabras dirigidas al viento. Era como si un nuevo meteoro de metal hubiera caído sobre la tierra. Había en él una sustancia diferente al tacto, pero los que la tocaban creían estar palpando una roca.

Con extraordinaria rapidez, como ocurre en los sueños, las proporciones de las cosas parecían cambiar en su presencia. Antes de que la mayoría de los hombres supieran qué había sucedido, aquel reducido grupo de hombres se hallaba visiblemente presente. Eran lo suficientemente importantes como para empezar a ignorarlos. La gente, de repente, dejó de hablar de ellos y comenzó a sentirse incómoda al caminar a su lado. Al descorrer las cortinas del escenario del mundo, podemos contemplar una nueva escena, en la que estos hombres y mujeres aparecen en el centro de un gran espacio como leprosos. Pero la escena cambia de nuevo y el gran espacio donde se encuentran muestra a cada lado una nube de testigos, una interminable serie de terrazas cubiertas de rostros y la mirada fija en sus personas, pues cosas extrañas les están sucediendo. Se han inventado nuevas torturas para aquellos chiflados portadores de buenas noticias. Aquella triste y cansada sociedad parece encontrar nueva energía al poner en marcha su primera persecución religiosa. Nadie tiene claro por qué aquel mundo equilibrado se lanza de ese modo a perder su equilibrio sobre una gente que vive entre ellos, mientras que éstos permanecen en una actitud increíblemente serena ante la arena y todo ese mundo que gira a su alrededor. Y, en aquella oscura hora, brilló sobre ellos una luz que nunca se ha obscurecido, un fuego blanco que se aferra a ese grupo como una fosforescencia extraterrenal, haciendo brillar su rastro por los distintos crepúsculos de la historia y confundiendo todo esfuerzo por confundirlo con las nieblas de la mitología y de la teoría; ese rayo de luz y ese relámpago por el que el mundo mismo le ha golpeado, aislado y coronado; por el que sus propios enemigos le han hecho más ilustre y sus propios críticos le han hecho más inexplicable: el halo del odio alrededor de la Iglesia de Dios.

SEGUNDA PARTE

EL HOMBRE LLAMADO CRISTO

I

EL DIOS DE LA CUEVA

El presente esbozo de la historia humana comenzó en una cueva, esa cueva que la ciencia popular asocia al hombre de las cavernas y en la que el descubrimiento práctico encontró arcaicas pinturas de animales. La segunda mitad de la historia humana, que fue como una nueva creación del mundo, comienza también en una cueva. Y como una sombra de tal suposición los animales vuelven a estar presentes. Esta cueva era utilizada como establo por los montañeros de las altiplanicies de Belén que todavía conducen sus ganados por tales agujeros y cavernas en la oscuridad de la noche. Aquí fue, bajo la roca, donde una pareja sin hogar buscó cobijo junto al ganado, cuando les fueron cerradas las puertas del abarrotado caravanserai, y aquí, bajo las mismas sendas de los transeúntes, en una oscura morada del suelo del mundo, nació Jesucristo. Esta segunda creación se hallaba simbólicamente enraizada en la primitiva roca o en el esbozo de aquellos cuernos de la manada prehistórica. Dios era también un Hombre de las Cavernas y, como aquél, había esbozado también la forma de unas criaturas extrañas, curiosamente coloreadas sobre la roca del mundo. Pero en este caso, las pinturas habían cobrado vida.

Un fondo de leyenda y literatura, que continuamente crece y que nunca terminará, ha repetido y ha hecho resonar los cambios en esa singular paradoja: que las manos que habían hecho el sol y las estrellas eran demasiado pequeñas para alcanzar a tocar las enormes cabezas de los animales. Sobre esta paradoja, casi podríamos decir sobre esta broma, se funda toda la literatura de nuestra fe. La podemos considerar una broma al menos en esto: que es algo que el crítico científico no puede ver. Éste explica laboriosamente la dificultad que, de modo desafiante y casi burlón, hemos exagerado siempre, y levemente condena como improbable algo que hemos exaltado casi hasta la locura como increíble, como algo que sería demasiado bueno para ser verdad, pero que era verdad. Cuando ese contraste entre la creación del universo y el nacimiento local y minúsculo ha sido repetido, reiterado, subrayado, acentuado, celebrado, cantado, gritado, rugido —por no decir vociferado— en cien mil himnos, villancicos, versos, rituales, cuadros, poemas y sermones populares, se podría decir que prácticamente no necesitamos un crítico de mayor rango para atraer nuestra atención sobre un elemento un tanto extraño en torno a ello, especialmente uno de esos críticos que parecen tardar mucho tiempo en entender una broma, aun la suya propia. Pero sobre este contraste y combinación de ideas, debemos hacer referencia aquí a un elemento relevante para la tesis de este libro. El tipo de crítico moderno del que hablo, generalmente concede gran importancia a la educación y a la psicología. Nunca se cansa de decir que las primeras impresiones determinan el carácter por la ley de la causalidad, y se pondrá muy nervioso si a los ojos de un niño se presenta un muñeco de trapo negro que podría contaminar su sentido visual de los colores, o ante él se produce un estridente sonido cacofónico que podría turbar prematuramente su sistema nervioso. Con todo, pensará que somos un poco estrechos de mente si decimos que esto es, exactamente, por lo que hay una diferencia entre ser educado como cristiano y ser educado como judío, musulmán o ateo. La diferencia está en que los niños católicos han aprendido de los cuadros, mientras que los niños protestantes han aprendido de los relatos, y una de las primeras impresiones en su mente ha sido esta increíble combinación de ideas puestas en contraste. No se trata de una diferencia puramente teológica. Es una diferencia psicológica que puede durar más tiempo que cualquier teología. Realmente es, como les encanta decir a estos científicos sobre cualquier tema, algo incurable. Cualquier agnóstico o ateo que en su niñez haya conocido la auténtica Navidad tendrá siempre, le guste o no, una asociación en su mente entre dos ideas que la mayoría de la humanidad debe considerar muy lejanas la una de la otra: la idea de un recién nacido y la idea de una fuerza desconocida que sostiene las estrellas. Sus instintos e imaginación pueden todavía relacionarlos, aun cuando su razón no vea la necesidad de la relación. Para esta persona, la sencilla imagen de una madre y un niño, tendrá siempre un cierto sabor religioso; y a la sola mención del terrible nombre de Dios asociará enseguida los rasgos de la misericordia y la ternura. Pero las dos ideas no están natural o necesariamente combinadas. No estarían necesariamente combinadas para un griego antiguo o un oriental, como el mismo Aristóteles o Confucio. No es más inevitable relacionar a Dios con un niño que relacionar la fuerza de gravedad con un gato. Ha sido creado en nuestras mentes por la Navidad porque somos cristianos, porque somos psicológicamente cristianos aun cuando no lo seamos en un plano teológico. En otras palabras, esta combinación de ideas, en frase muy discutida, ha alterado la naturaleza humana. Realmente hay una diferencia entre el hombre que la conoce y el que no. Puede que no sea una diferencia de valor moral, pues el musulmán o el judío pudieron ser más dignos según sus luces, pero es un hecho patente acerca del cruce de dos luces particulares: la conjunción de dos estrellas en nuestro horóscopo particular. La omnipotencia y la indefensión, la divinidad y la infancia, forman definitivamente una especie de epigrama que un millón de repeticiones no podrán convertir en un tópico. No es descabellado llamarlo único. Belén es, definitivamente, un lugar donde los extremos se tocan.

Aquí empieza, no haría falta decirlo, otra influencia poderosa en la humanización del cristianismo. Si el mundo buscara lo que podemos llamar un aspecto no controvertido del cristianismo, probablemente escogería la Navidad. Con todo, está obviamente ligado a lo se considera —nunca he sido capaz de imaginar el porqué— un aspecto polémico: el respeto debido a la Santísima Virgen. Cuando era un muchacho, una generación más puritana se opuso a la colocación de una estatua de la Virgen y el Niño en la iglesia de mi parroquia. Después de mucha controversia, se comprometieron a quitar el Niño. Cualquiera pensaría que esto conduciría a una forma más directa de culto a María, a menos que consideraran a la madre menos peligrosa por el hecho de verse privada de una especie de medio de defensa. Pero la dificultad práctica es también una parábola. No se puede arrancar de brazos de una madre a su hijo recién nacido. No se puede suspender en el aire al niño recién nacido. De hecho, no es posible obtener una estatua de un niño recién nacido. De la misma forma no se puede suspender la idea de un niño recién nacido en el vacío o pensar en él sin pensar en su madre. No se puede visitar al niño sin visitar a la madre, y en la vida ordinaria no es posible acercarse al niño salvo a través de la madre. Si pensamos en Cristo desde aquel punto de vista, se sigue esa otra idea que ha estado presente a lo largo de la historia: se debe desligar a Cristo de la Navidad, o la Navidad de Cristo, o debemos admitir, aunque sólo sea como lo admitimos en un viejo cuadro, que aquellas santas cabezas están tan cerca unas de otras que sus halos se cruzan y se estorban.

Podríamos decir con una imagen algo violenta, que nada había sucedido en aquel pliegue o grieta de las grandes colinas grises, salvo que se había invertido todo el universo. Los ojos de la maravilla y de la adoración que hasta ahora se habían puesto en lo externo en busca de lo más grande, se habían vuelto ahora hacia el interior, hacia lo más pequeño. Y una multitud de ojos converge en los colores de la imaginería católica como la cola de un pavo real. El Dios, que hasta ahora para muchos no había pasado de ser más que una circunferencia, era visto como un centro, y un centro es infinitamente pequeño. La espiral espiritual se desarrolla en adelante hacia adentro en vez de hacia fuera, y en ese sentido es centrípeta y no centrífuga. La fe se convierte, en más de una manera, en una religión de cosas pequeñas. Pero sus tradiciones en el arte, la literatura y la fábula popular han testimoniado suficientemente, como se ha dicho, esta particular paradoja de la divinidad en la cuna. Quizás no se ha enfatizado con tanta claridad la importancia de la presencia de la divinidad en la cueva. De hecho, curiosamente, la tradición no ha puesto un gran énfasis en la cueva. Es un hecho familiar que la escena de Belén se ha representado en todos los escenarios posibles de tiempo y lugar, de paisaje y arquitectura, y es un hecho absolutamente fantástico y admirable que los hombres lo han imaginado de formas absolutamente diferentes según sus diversas tradiciones y gustos personales. Pero, mientras que todos se han dado cuenta de que aquello era un establo, muchos no se han dado cuenta de que era una cueva. Algunos críticos incluso han sido tan tontos de suponer que había una cierta contradicción entre el establo y la cueva, en cuyo caso no deben saber mucho sobre las cuevas o establos de Palestina. Como ven diferencias que no están allí, no hace falta añadir que no ven las diferencias que sí están. Cuando un crítico bien conocido dice, por ejemplo, que Cristo naciendo en una cueva de la roca es como Mitras saliendo de una roca, suena como una parodia sobre la religión comparada. Se compara un hecho real con una historia que resulta ser inventada. Y la idea del héroe que surge, como Pallas, del cerebro de Zeus, ya adulta y sin madre, choca obviamente con la idea de un Dios que nace como cualquier niño y en total dependencia de su madre. Cualquiera que sea el ideal que prefiramos, enseguida nos daremos cuenta de que se trata de ideales contrarios. Sería tan estúpido relacionarlos por el hecho de que en ambos casos intervenga una sustancia llamada piedra como identificar el castigo del diluvio con el bautismo en el Jordán, por el hecho de que en ambos casos intervenga una sustancia llamada agua. Ya sea como un mito o como un misterio, Cristo fue concebido como nacido en un agujero en las rocas, principalmente porque señaló la posición de un hombre sin hogar y sin ley. Sin embargo, es verdad, como ya he dicho, que la cueva no se ha utilizado con tanta frecuencia como símbolo, como las otras realidades que rodearon la primera Navidad.

La razón no es otra que la misma naturaleza de ese nuevo mundo. Un mundo que entrañaba la dificultad de una nueva dimensión. Cristo nació no solamente sobre la superficie del mundo, sino por debajo del mundo. El primer acto del drama divino fue decretado, no en un escenario colocado a la vista de todos, sino en un lugar oscuro y oculto, difícilmente reconocible a simple vista, y esto no es algo fácil de expresar en los diferentes modos de expresión artística. Es la idea de un acontecer simultáneo en diversos niveles de la vida. Ya en el arte medieval más arcaico y decorativo se habría intentado representar algo así. Pero, cuanto mayor era el conocimiento de los artistas acerca del realismo y de la perspectiva, más incapaces se veían de representar al mismo tiempo los ángeles en los cielos, los pastores en la montaña y la gloria en la oscuridad que estaba debajo de la montaña. Quizás se podría haber utilizado el característico recurso de algunos de los gremios medievales, cuando presentaba por las calles un teatro con tres escenarios, unos sobre otros, con un cielo sobre la tierra y un infierno bajo la misma. Pero en el misterio de Belén era el cielo el que estaba debajo de la tierra.

En todo esto hay un cierto aire de revolución, como si el mundo se hubiera invertido. Sería inútil tratar de decir algo adecuado, o algo nuevo, sobre el cambio que el concepto de una divinidad nacida como un hombre sin ley o un proscrito, implicaba sobre todo el concepto de la ley y sus deberes con respecto a los pobres y a los sin ley. A partir de aquel momento, se podía decir con verdad que la esclavitud había sido abolida. Sería posible encontrar gente portando ese título legal hasta que la iglesia tuviera la suficiente fuerza para erradicarlo, pero se habría acabado ya la cómoda actitud de los paganos beneficiándose de que el estado mantuviera una sociedad servil. La persona, al dejar de ser instrumentalizada, adquirirá nueva importancia. El hombre no podrá ya ser un medio para un fin y, mucho menos, para el fin de otro hombre. Todo este elemento popular y fraternal de la historia, se halla particularmente vinculado por la tradición al episodio de los pastores, que se encontraron cara a cara hablando con los príncipes del cielo. Pero hay otro aspecto de este elemento popular en el episodio de los pastores, que no hemos tocado en profundidad y que tiene cierta relevancia.

Los hombres del pueblo, como los pastores, son los hombres de la tradición popular y habían sido en todas partes los creadores de las mitologías. Ellos fueron los que habían sentido más directamente, con menos dificultad o frialdad que la filosofía o que los cultos corruptos de la civilización, esa necesidad que ya hemos considerado: la de unas imágenes que constituían aventuras de la imaginación, la de una mitología que era una especie de búsqueda, la de unos tentadores y atormentadores indicios de algo medio humano en la naturaleza, y la muda significación de las estaciones y de los lugares. Habían comprendido mejor que aquéllos, que el alma de un paisaje es una historia y el alma de una historia es una personalidad. Pero el racionalismo ya había comenzado a pudrir estos tesoros irracionales pero imaginativos del campesino, al que con un procedimiento sistemático de esclavitud se le arrancaba de su casa y de su hogar. En el momento en que encontraron lo que buscaban, sobre aquellos hombres del campo pesaba la sombra de la oscuridad y el crepúsculo de la decepción. En los demás lugares, la Arcadia se desvanecía del bosque. El dios Pan había muerto y los pastores estaban dispersos como las ovejas. Y aunque ningún hombre lo sabía, se acercaba la hora en que habían de finalizar y cumplirse todas las cosas; y aunque ningún hombre lo escuchó, se produjo un grito remoto en una lengua desconocida sobre la palpitante desolación de las montañas. Los pastores habían encontrado a su Pastor.

Y lo que encontraron era algo parecido a lo que buscaban. El populacho se había equivocado en muchas cosas, pero no se había equivocado al creer que las cosas santas podían tener una morada, y que la divinidad no necesitaba desdeñar los límites de tiempo y espacio. Y el bárbaro que había concebido la fantástica idea del sol que era robado y ocultado en una caja, o el mito aún más salvaje del dios que era rescatado y su enemigo engañado con una piedra, estaba más cerca del secreto de la cueva y sabía más sobre la crisis del mundo que todos aquéllos que vivían en ese círculo de ciudades alrededor del Mediterráneo, felices con sus abstracciones frías o con sus generalizaciones cosmopolitas, o aquéllos que hilaban cada vez más finos hilos de pensamiento con la rueca del trascendentalismo de Platón o el orientalismo de Pitágoras. El lugar que encontraron los pastores no era una academia o una república abstracta, no era un lugar donde se inventaban, disecaban o explicaban mitos. Era un lugar de sueños convertidos en realidad. Desde aquella hora no se ha vuelto a hacer mitología en el mundo. La mitología es una búsqueda.

Todos sabemos que la presentación popular de esta historia popular en tantas obras de teatro y villancicos ha dado a los pastores los trajes, la lengua y el paisaje de diferentes zonas europeas. Todos sabemos que un pastor hablará en un dialecto de Somerset y otro hablará de llevar sus ovejas desde Conway hasta Clyde. La mayoría de nosotros sabe a estas alturas qué verdadero es este error; qué sabio, artístico e intensamente cristiano y católico es este anacronismo. Pero algunos de los que han visto esto en las rústicas escenas medievales quizás no lo han visto en otra clase de poesía, que a veces está de moda considerar artificial más que artística. Temo que muchos críticos modernos vean solamente un clasicismo desvaído en el hecho de que personas como Crashaw[1] y He-

---

[1] Richard Crashaw (1612-1649), poeta metafísico. Convertido del Puritanismo al Catolicismo, se hizo famoso por sus poemas religiosos.

rrick[2] concibieran los pastores de Belén bajo la forma de los pastores de Virgilio. Con todo, eran perfectamente correctos, y al convertir su obra sobre Belén en una Égloga latina realizaron uno de los enlaces más importantes de la historia humana. Virgilio, como hemos visto ya, representa ese lado más sano del paganismo, el que había derrocado al paganismo insano del sacrificio humano. Pero, teniendo en cuenta que las virtudes de Virgilio y el paganismo sano se encontraban en situación de incurable decadencia, la revelación a los pastores venía a resolver el problema. Si el mundo en algún momento se hubiera cansado de ser demoníaco podría haberse curado simplemente volviéndose sensato. Pero, si se hubiera cansado incluso de ser sensato, ¿qué otra cosa podía suceder, sino lo que sucedió? Y no es absurdo imaginarse al pastor arcadio de las Églogas alegrándose ante lo que sucedió. Una de las Églogas se ha llegado a proponer como una profecía de lo que sucedió. Pero es sobre todo en el tono y la dicción del gran poeta donde sentimos la potencial comprensión del gran acontecimiento y, aun en las propias frases, las voces de los pastores de Virgilio pudieron haberse quebrado más de una vez ante algo más que la ternura de Italia: *Incipe, parve puer, risu cognoscere matrem*. Podrían haber encontrado en aquel extraño lugar todo lo que era mejor en las pasadas tradiciones de los latinos, y algo más que un ídolo de madera erguido para siempre como pilar de la familia humana: un dios doméstico. Pero ellos y todos los demás mitologistas tendrían motivos para alegrarse de que el acontecimiento hubiera satisfecho no simplemente el misticismo, sino también el materialismo de la mitología. La mitología tenía muchos pecados, pero no se había equivocado al ser tan carnal como la Encarnación. Con parecida voz a la que se supone se hizo sonar por los sepulcros, podría gritar otra vez: «Lo hemos visto y

---

[2] Robert Herrick (1591-1674), el más grande de los «Cavalier poets», grupo de poetas leales a Carlos I. Así denominados por su estilo caballeroso y galante.

Él nos ha visto a nosotros, un dios visible». Así pues, los pastores antiguos podían haber bailado y recorrido alegremente las montañas, gozosos por encima de los filósofos. Pero los filósofos también habían escuchado.

Sigue siendo una historia extraña, aunque antigua, ver cómo salieron de las tierras de Oriente, coronados con la majestad de los reyes y ese cierto halo de misterio que envuelve a los magos. Un misterio que se trasluce incluso en sus melodiosos nombres: Melchor, Gaspar y Baltasar. Pero con ellos llegó todo ese mundo de sabiduría que había observado las estrellas en Caldea y el sol en Persia, y no nos equivocaremos si vemos en ellos la misma curiosidad que mueve a todos los sabios. Representarían el mismo ideal humano si sus nombres realmente hubieran sido Confucio, Pitágoras o Platón. Eran los que no buscaban cuentos sino la verdad de las cosas, y en cuanto que su sed de verdad era sed de Dios, también habían tenido su recompensa. Para entender lo que significaba esa recompensa es preciso entender que tanto para la filosofía como para la mitología, esa recompensa era la consumación de algo incompleto.

Aquellos sabios habrían venido sin duda alguna, como lo hicieron éstos, para encontrar confirmación de lo que era verdadero en su propia tradición y justo en su propio razonamiento. Confucio habría encontrado una nueva fundación para la familia en la misma inversión de la Sagrada Familia; Buda hubiera considerado un nuevo tipo de renuncia: de las estrellas más que de las joyas y de la divinidad más que de los derechos. Estos sabios tendrían todavía derecho a decir, o más bien un nuevo derecho a decir, que su vieja enseñanza encerraba una verdad. Pero después de todo, estos sabios habrían venido a aprender. Habrían venido a culminar sus conceptos con algo que ellos no habían llegado siquiera a concebir, e incluso a equilibrar su imperfecto universo con algo que podían haber contradicho ya una vez. Buda habría venido de su paraíso impersonal para adorar a una persona. Confucio habría venido desde sus templos de adoración a los antepasados, para adorar a un niño.

El nuevo universo presentaba una característica que es preciso entender desde el primer momento: era más grande que el antiguo. El cristianismo, en este sentido, es superior a la creación, puesto que la creación se realizó antes de Cristo, y en Él se hallaban implícitas realidades que no habían estado presentes en la misma junto a las que sí lo habían estado. Un buen ejemplo a este respecto es el de la piedad china, aunque es algo que se podría predicar igualmente de otras virtudes o creencias paganas. Nadie duda que el razonable respeto debido a los padres, es parte de un evangelio en el que Dios mismo estuvo sujeto durante su infancia a unos padres terrenos. Pero el sentido en el que los padres estuvieron sujetos a él, introduce una idea distinta de la creencia confuciana. El Niño Cristo no es como el niño Confucio; nuestro misticismo lo concibe en una infancia inmortal. No sé lo que Confucio habría hecho con el Bambino si se lo hubiera encontrado entre sus brazos como se lo encontró san Francisco. Pero esto es verdad con respecto a las demás religiones y filosofías: es el desafío de la Iglesia. La Iglesia contiene lo que no contiene el mundo. La misma vida no atiende tan bien como Ella a todas las necesidades del vivir. No se trata de un alarde retórico. Es un hecho real y un verdadero dilema el que cualquier otro sistema es estrecho e insuficiente comparado con éste. ¿Dónde está el Santo Niño en medio de los estoicos y los partidarios del culto a los antepasados? ¿Dónde está Nuestra Señora de los musulmanes, una mujer no creada para ningún hombre y ensalzada sobre todos los ángeles? ¿Dónde está el san Miguel de los monjes de Buda, caballero y maestro de trompetas, custodiando en cada soldado el honor de la espada? ¿Qué podría hacer santo Tomás de Aquino con la mitología del brahmanismo, él, que disponía de toda la ciencia, la racionalidad e incluso el racionalismo del cristianismo? Sin embargo, aunque comparemos a santo Tomás con Aristóteles, en el otro extremo de la razón, encontraremos el mismo sentido de algo añadido. Santo Tomás podía entender las partes más lógicas de Aristóteles, pero es dudoso que Aristóteles hubiera podido entender las partes más místicas de santo Tomás. Aun en lo que apenas podemos tildar al cristiano de más grande, nos vemos obligados a reconocer que es más extenso. Pero esto es así para cualquier filosofía, herejía o movimiento moderno al que podamos volver la cabeza. ¿Cómo le habría ido a Francisco el Trovador entre los calvinistas o entre los utilitaristas de la escuela de Manchester? Y, sin embargo, hombres como Bossuet y Pascal podían ser tan severos y tan lógicos como cualquier calvinista o utilitarista. ¿Cómo le habría ido a santa Juana de Arco, mujer que llevaba a los hombres a la guerra con la espada, entre los cuáqueros, los doukhabors[3] o la secta tolstoyana de pacifistas? Y, sin embargo, innumerables santos católicos se han pasado la vida predicando la paz y evitando las guerras. Lo mismo ocurre con todas las tentativas modernas hacia el sincretismo. Nunca son capaces de hacer algo más grande que el Credo sin suprimir algo. No me refiero a suprimir algo divino sino algo humano: la bandera, la posada, el cuento del muchacho acerca de la batalla o la barrera al final del campo. Los teosofitas construyeron un panteón, pero no es más que un panteón para panteístas. Llaman Parlamento de Religiones a la reunión de toda la gente, que no es más que una reunión de todos los pedantes. Con todo, dicho panteón ya había sido construido dos mil años antes a orillas del Mediterráneo y se invitó a los cristianos a colocar la imagen de Jesús justo al lado de la imagen de Júpiter, Mitras, Osiris, Atis, o Amón. El rechazo de los cristianos fue el elemento que dio un vuelco a la historia. Si los cristianos hubieran aceptado, ellos y el mundo entero —utilizando una metáfora grotesca pero exacta— habrían caído

---

[3] Secta rusa surgida en el siglo XVIII que acentuaba la suprema autoridad de la experiencia interior, rechazando toda autoridad civil y eclesiástica.

ciertamente en la caldera. Todos hubieran sido hervidos hasta formar un tibio líquido en ese gran caldero de corrupción cosmopolita, en el que ya se derretían el resto de mitos y de misterios. Era una huída tremenda y espantosa. No es capaz de entender la naturaleza de la Iglesia, o la nota sonora del credo descendiendo de la antigüedad, quien no se de cuenta de que el mundo entero estuvo prácticamente muerto en una ocasión a consecuencia de la abierta mentalidad y de la fraternidad de todas las religiones.

Nos interesa ahora señalar que los Magos, que representan el misticismo y la filosofía, se nos presentan buscando algo nuevo y encontrando algo inesperado. Ese sentido tenso de crisis que todavía resuena en la historia de Navidad y en toda celebración de Navidad, acentúa la idea de la búsqueda y el descubrimiento. El descubrimiento es, en este caso, un verdadero descubrimiento científico. Para las otras figuras místicas en el acontecer milagroso: para el ángel y la madre, los pastores y los soldados de Herodes, pueden ser aspectos más sencillos y más sobrenaturales, más elementales o más sentimentales. Pero los Sabios están buscando la sabiduría y necesitan también una luz para su intelecto. Y ésta es la luz: que el Credo católico es católico y ninguna otra cosa lo es. La filosofía de la Iglesia es universal. La filosofía de los filósofos no era universal. Si Platón, Pitágoras y Aristóteles se hubieran parado por un instante ante la luz que salía de aquella pequeña cueva, habrían sabido que su propia luz no era universal. Está lejos de ser cierto, de hecho, que no lo supieran ya. También la filosofía, como la mitología, tenía bastante aire de búsqueda. Es la comprensión de esta verdad lo que da esa majestad y ese misterio tradicionales a las figuras de los tres Reyes: el descubrimiento de que la religión es más amplia que la filosofía, y de que esta religión es la más amplia de todas, contenida dentro de ese estrecho espacio. Los Magos estaban contemplando el extraño pentágono con el triángulo humano invertido y nunca han llegado al final de sus cálculos sobre él. Pues ésta es la paradoja de aquel grupo que había en la cueva: que mientras nuestros sentimientos hacia él son de una simplicidad infantil, nuestros pensamientos se pueden ramificar en una complejidad interminable. Y podemos no alcanzar nunca el final, ni siquiera de nuestras propias ideas sobre el niño que era padre y la madre que era niña.

Contentémonos con decir que la mitología vino con los pastores y la filosofía con los filósofos, y que nos les quedaba otro remedio que unirse en el reconocimiento de la religión. Pero había un tercer elemento que no debe ser ignorado y que esa religión siempre tiene presente. En las primeras escenas del drama está presente el Enemigo, pudriendo las leyendas con hechos licenciosos y congelando las teorías en el ateísmo, y contestando aún más directamente al desafío avivando el culto consciente a los demonios. Al describir este culto a los demonios, me he referido a la devoradora detestación de la inocencia mostrada en los hechos de brujería y a lo más inhumano de su sacrificio humano. Sin embargo, no he hablado tanto de su indirecta y escondida influencia en el paganismo más sano; de cómo empapó la imaginación mitológica con el sexo o como encumbró el orgullo imperial hasta convertirlo en locura. Pero, tanto su influencia directa como indirecta se hacen sentir en el drama de Belén. Cierto gobernador sujeto a la soberanía romana, probablemente ataviado según la norma romana a pesar de ser de sangre oriental, parece sentir en aquel momento una inquietud interior de extrañas características. Todos sabemos la historia de cómo Herodes, alarmado ante los rumores de la presencia de un misterioso rival, recordando el gesto salvaje de los caprichosos déspotas asiáticos, ordenó realizar una masacre de posibles sospechosos entre la nueva generación del pueblo. Todo el mundo conoce la historia, pero quizá no todos se han dado cuenta del lugar que ocupa en la historia de las extrañas religiones de los hombres. No todos han visto la significación de su contraste con las columnas de Corinto y el pavimento romano de aquel mundo conquistado y superficialmente civilizado. Sólo cuando aquel propósito comenzó a vislumbrarse en el oscuro espíritu del Idumeo y a brillar en sus ojos, algún adivino podría quizás haber percibido la sombra de un gran fantasma gris que miraba por encima de su hombro, que, a su espalda, llenaba la bóveda de la noche y asomaba por última vez en la historia; ese vasto y temible rostro que no era otro que el Moloc de los cartagineses, aguardando su último tributo de un gobernador de las razas de Sem. Los demonios también, en esa primera fiesta de Navidad, lo celebraron a su manera.

A menos que entendamos la presencia de ese enemigo, no sólo perderemos el elemento clave del cristianismo, sino también de la Navidad. La Navidad en el cristianismo se ha convertido en algo que, en cierto sentido, es muy simple. Pero como todas las verdades de esa tradición es, en otro sentido, algo muy complejo. No se trata de una única nota sino del sonido simultáneo de muchas notas: la humildad, la alegría, la gratitud, el temor sobrenatural y, al mismo tiempo, la vigilancia y el drama. No es un acontecimiento cuya conmemoración sirva a intereses pacifistas o festivos. No se trata sólo de una conferencia hindú en torno a la paz o de una celebración invernal escandinava. Hay algo en ella desafiante, algo que hace que las bruscas campanas de la medianoche suenen como los cañones de una batalla que acaba de ganarse. Todo ese elemento indescriptible que llamamos atmósfera de la Navidad se encuentra suspendido en el aire como una especie de fragancia persistente, o como el humo de la explosión exultante de aquella hora singular en las montañas de Judea hace casi dos mil años. Pero el sabor sigue siendo inequívoco y es algo demasiado sutil o demasiado único para ocultarlo con nuestro uso de la palabra paz. Por la misma naturaleza de la historia, los gozos de la cueva eran gozos en el interior de una fortaleza o una guarida de proscritos. Entendiéndolo correctamente, no es indebidamente irrespetuoso decir que los gozos tenían lugar en un refugio subterráneo. No sólo es verdad que dicha cámara subterránea era un refugio frente a los enemigos y que los enemigos estaban ya batiendo el llano pedregoso que se situaba por encima de ellos como el mismo cielo. No se trata sólo, en ese sentido, de que las hordas de Herodes podían haber pasado como el trueno sobre el lugar donde reposaba la cabeza de Cristo. Se trata también de que esa imagen da idea de un puesto avanzado, de una perforación en la roca y de una entrada en territorio enemigo. En esta divinidad enterrada se esconde la idea de *minar* el mundo, de sacudir las torres y los palacios desde sus cimientos, igual que Herodes el Grande sintió aquel terremoto bajo sus pies y se tambaleó con su vacilante palacio.

Éste es, quizás, el más poderoso de los misterios de la cueva. Es evidente que aunque se dice que los hombres han buscado el infierno bajo la tierra, en este caso es más bien el cielo el que está bajo la tierra. Y de ello se sigue en esta extraña historia la idea de un levantamiento del cielo. Ésa es la paradoja de todo el asunto: que de ahora en adelante lo más alto sólo puede alcanzarse desde abajo. Los derechos sólo pueden volver a ser propios por una especie de rebelión. De hecho, la Iglesia, desde sus comienzos, y quizás especialmente en sus comienzos, no fue tanto un principado como una revolución contra el príncipe de este mundo. Este sentido de que el mundo había sido conquistado por el gran usurpador y estaba en su posesión, ha sido muy deplorado o atacado por esos optimistas que identifican las luces de la razón con la comodidad. Pero ese hecho era lo que provocaba la sensación de desafío y de un peligro grato que hacía que las buenas noticias parecieran ser realmente buenas y nuevas. Ciertamente, la presencia inconsciente de un temible usurpador provocó la rebelión, y una rebelión originalmente oscura. El Olimpo todavía ocupaba el cielo como una nube inmóvil adoptando formas majestuosas y la filosofía se sentaba todavía en lugares distinguidos y aun en los tronos de los reyes, cuando Cristo nació en la cueva y el cristianismo en las catacumbas.

En ambos casos podemos observar la misma paradoja: el sentido de algo despreciado y de algo temido. La cueva, en cierto modo, es solamente un agujero o un lugar en el que se arrincona a la gente proscrita como si fuera basura y, sin embargo, resulta a la vez un escondrijo para ocultar algo valioso que los tiranos andan buscando como un tesoro. Están allí porque el mesonero ni siquiera los recordaría y, a la vez, porque el rey no podía olvidarse de ellos. Ya hemos visto cómo esta paradoja se dió también en la forma de tratar a la primitiva Iglesia. Era importante mientras todavía era algo insignificante y, ciertamente, mientras todavía era inerme. Era importante únicamente porque era intolerable y, en ese sentido, se puede decir que era intolerable porque era intolerante. Sentaba mal porque, de una forma pacífica y casi desapercibida, había declarado la guerra. Se había levantado de la tierra para arruinar el cielo y la tierra del paganismo. No intentaba destruir toda esa creación de oro y de mármol, pero admitía la posibilidad de un mundo sin ello. Se atrevía a mirarlo directamente, como si el oro y el mármol hubieran sido de cristal. Los que acusaban a los cristianos de incendiar Roma con antorchas eran calumniadores, pero al menos estaban más cerca de la naturaleza del cristianismo que esos modernos que dicen que los cristianos fueron una especie de sociedad ética, sometida a un lánguido martirio por decir que los hombres tenían una obligación con respecto a sus prójimos, y que resultaban ligeramente molestos porque eran mansos y humildes.

Herodes tenía, por tanto, su lugar en el acontecer milagroso de Belén puesto que era la amenaza de la Iglesia militante y nos la muestra desde el principio perseguida y obligada a luchar por la vida. Algunos pueden pensar que esto es una disonancia, pero es una disonancia que suena simultáneamente a las campanas de Navidad. Quizá algunos piensen que la idea de la Cruzada es algo que distorsiona la idea de la Cruz pero no es así, son ellos los que tienen una idea distorsionada de la Cruz, pues la idea de la Cruz se distorsiona casi literalmente en la cuna. No tiene mucho sentido ponernos ahora a discutir con ellos sobre la moral abstracta de la lucha. Lo que pretendemos aquí es, simplemente, resumir la combinación de ideas que forman la idea cristiana y católica, y darnos cuenta de que todas ellas se encuentran ya cristalizadas en la primera historia de Navidad. Son tres realidades distintas y puestas habitualmente en contraste que, sin embargo, son una misma cosa. Pero esto es lo único que puede hacerles constituir una única realidad. La primera es el instinto humano de que el cielo ha de ser algo tan localizado y tan literal como un hogar. Es la idea perseguida por todos los poetas y paganos creadores de mitos, de que un lugar particular debe ser el santuario del dios o la morada del bienaventurado; que el país de las hadas es un lugar concreto o que el retorno del espíritu debe ser la resurrección del cuerpo. No pretendo criticar el rechazo del racionalismo a satisfacer esta necesidad. Lo único que digo es que si los racionalistas rechazan satisfacerlo, los paganos no quedarán satisfechos. Es un hecho que está presente en la historia de Belén y de Jerusalén, como está presente en la historia de Delos y de Delfos, de la misma forma que *no* está presente en el universo de Lucrecio o de Herbert Spencer. El segundo elemento es una filosofía *más amplia* que otras filosofías, más que la de Lucrecio e infinitamente mayor que la de Herbert Spencer. Mira el mundo a través de cientos de ventanas donde el antiguo estoico o el moderno agnóstico sólo mira a través de una. Ve la vida con miles de ojos que pertenecen a miles de personas de diverso tipo, allí donde los estoicos y los agnósticos sólo tienen un individual punto de vista. Tiene algo para todos los estados de ánimo del hombre; encuentra trabajo para todo tipo de personas; entiende los secretos de la psicología; es consciente de las profundidades del mal; es capaz de distinguir entre las maravillas ideales e irreales y las excepciones milagrosas; resuelve con tacto los casos más difíciles. Todo, con una multiplicidad, una sutileza y una imaginación sobre las distintas facetas de la vida que está muy lejos de los tópicos estériles o superficiales de la más antigua o la más moderna filosofía moral. En una palabra, hay más contenido en ella; encuentra más elementos en la existencia sobre los que pensar; extrae más cosas de la misma vida. Desde santo Tomás, la aportación acerca de los diferentes aspectos de nuestra vida ha ido en aumento. Pero santo Tomás solo, se habría encontrado limitado en el mundo de Confucio o de Comte. Y el tercer punto es éste, que mientras que es lo bastante local para la poesía y más amplia que cualquier otra filosofía, es también un desafío y una lucha. Mientras que se ensancha deliberadamente para abarcar todos los aspectos de la verdad, se encuentra rígidamente fortificada contra cualquier forma de error. Consigue que todo género de personas luchen por ella; consigue todo tipo de armas para luchar; amplía el conocimiento de las cosas por las que lucha y contra las que lucha con todo género de artes, de curiosidad o de comprensión, pero nunca olvida que está luchando. Proclama paz en la tierra y nunca olvida por qué hubo guerra en el cielo.

Ésta es la trinidad de verdades simbolizada aquí por los tres arquetipos de la vieja historia de Navidad: los pastores, los reyes, y ese otro rey que acabó con los niños. Sencillamente, no es verdad que otras religiones y filosofías sean en este aspecto rivales del cristianismo. No es verdad que una sola de ellas combine esos caracteres o pretenda combinarlos. El budismo puede jactarse de poseer el mismo grado de misticismo, pero no se jactará de poseer el mismo grado de espíritu militar. El Islam puede decir que posee el mismo espíritu militar, pero no admitirá poseer el mismo grado metafísico y de sutileza. El confucionismo puede jactarse de satisfacer la necesidad de orden y de razón de los filósofos, pero no podrá jactarse de satisfacer la necesidad que tienen los místicos de los milagros, de los sacramentos y de lo sagrado. Hay muchos hechos evidentes que nos hablan de la presencia de un espíritu que es al mismo tiempo universal y único. Uno de ellos, que es símbolo del tema de este capítulo, nos puede servir aquí: que ninguna otra historia, ninguna leyenda pagana, anécdota filosófica o hecho histórico, nos afecta con la fuerza peculiar y conmovedora que se produce en nosotros ante la palabra Belén. Ningún otro nacimiento de un dios o infancia de un sabio es para nosotros Navidad o algo parecido a la Navidad; es demasiado frío o demasiado frívolo, o demasiado formal y clásico, o demasiado simple y salvaje, o demasiado oculto y complicado. Ninguno de nosotros, cualquiera que sean sus opiniones, se situaría ante esa escena como quien tiene la sensación de estar ante algo familiar y propio. Podría admirarlo por tratarse de algo poético, filosófico o de cualquier otro tipo, pero no por lo que era en sí mismo. La verdad es que hay un carácter bastante peculiar y propio en la dependencia de esta historia sobre la naturaleza humana. No es algo que se refiera a su sustancia psicológica, como ocurre en la leyenda o en la vida de un gran hombre. No es algo que haga volver nuestras mentes hacia la grandeza, hacia esas vulgarizaciones y exageraciones de la humanidad que son transformadas en dioses y héroes, aun en el caso más saludable de culto al héroe. No es algo que nos haga volver la cabeza hacia lo externo, hacia esas maravillas que podrían encontrarse en los confines de la tierra. Es más bien algo que nos sorprende desde atrás, de la parte oculta e íntima de nuestro ser, como lo que algunas veces hace inclinar nuestro sentimiento hacia las cosas pequeñas o hacia los pobres. Es algo así como si un hombre hubiera encontrado una habitación interior en el mismo corazón de su propia casa, un lugar que nunca había sospechado, y hubiera visto salir luz de su interior. Es como si encontrara algo en el fondo de su propio corazón que traicioneramente lo atrajera hacia el bien. Algo que no está hecho de lo que el mundo llamaría un material fuerte; más bien está hecho de materiales cuya fuerza reside en la levedad alada con la que nos pasan rozando. Es todo lo que hay en nosotros salvo una breve ternura que allí se hace eterna. Todo eso no significa más que un momentáneo debilitamiento que, de una forma extraña, se convierte en fortalecimiento y en descanso. Es el discurso quebrado y la palabra perdida que se hacen positivas y se mantienen íntegras mientras los reyes extranjeros desaparecen en la lejanía y las montañas dejan de resonar con las pisadas de los pastores. Y sólo la noche y la cueva yacen pliegue sobre pliegue sobre algo más humano que la Humanidad.

II

LOS ENIGMAS DEL EVANGELIO

Para entender la naturaleza de este capítulo es necesario volver los ojos a la naturaleza de este libro. El argumento que constituye la médula espinal del libro es de los conocidos como «reducción al absurdo». Según esta argumentación, los resultados de asumir la tesis racionalista son más irracionales que los nuestros, pero para probarlo debemos asumir esa tesis. Así pues, en la primera sección he tratado al hombre simplemente como animal, para demostrar que el efecto era más imposible que si se le tratara como un ángel. En el mismo sentido en que consideraba necesario tratar al hombre simplemente como animal, es necesario tratar a Cristo simplemente como hombre. Tengo que poner en suspenso mis propias creencias, que son mucho más positivas, y asumir esta limitación incluso para quitarlas. Debo intentar imaginarme qué sucedería a un hombre que realmente leyera la historia de Cristo como la historia de un hombre, incluso de un hombre de quien nunca antes hubiera oído hablar. Y me gustaría señalar que una lectura de ese tipo, realmente imparcial, conduciría, si no inmediatamente a la creencia, al menos a una perplejidad para la que no habría otra solución que creer. Por esta razón, en este capítulo no traeré a colación nada del espíritu de mi propio credo. Excluiré el mismo estilo de dicción, e incluso de escritura, que estimaría adecuado al hablar en mi propia persona. Expondré las cosas como un hombre pagano imaginario, con honestidad, deteniendo cuidadosamente la mirada en la historia del Evangelio por primera vez.

Ahora bien, no es nada fácil ver el Nuevo Testamento como un Nuevo Testamento. No es nada fácil reconocer la Buena Nueva como nueva. Tanto para el bien como para el mal, la familiaridad nos llena de presupuestos y asociaciones, y ningún hombre de nuestra civilización, piense lo que piense acerca de nuestra religión, puede leer este libro como si nunca hubiera oído hablar de él. Desde luego, sería completamente contrario a la historia considerar el Nuevo Testamento como un libro cuidadosamente encuadernado que hubiera caído del cielo. Se trata sencillamente de una selección de escritos de la primitiva literatura cristiana realizada por la autoridad de la Iglesia. Pero aparte de esto, existe una dificultad psicológica a la hora de sentir el Nuevo Testamento como nuevo; la dificultad psicológica que entraña ver aquellas palabras conocidas simplemente como se nos muestran, sin ir más allá de lo que intrínsecamente representan. Y, de hecho, debe ser una dificultad muy grande, pues lo que resulta de ella es muy curioso. Y es que la mayoría de la crítica moderna y aun popular, hacen un comentario que es todo lo opuesto a la verdad. Tan es así, que uno podría casi sospechar que nunca se habían leído el Nuevo Testamento.

Todos hemos oído decir a la gente cientos de veces, pues nunca parecen cansarse de decirlo, que el Jesús del Nuevo Testamento es, de hecho, el ser humano más lleno de amor y de misericordia de la humanidad, pero que la Iglesia ha ocultado este carácter humano con dogmas repugnantes y lo ha endurecido con tales terrores eclesiásticos que se ha convertido en un carácter inhumano. Esto es —me atrevo a repetir— prácticamente el reverso de la verdad. La verdad es que las imágenes de Cristo que vemos en las iglesias son imágenes llenas de mansedumbre y de misericordia. Y que la imagen de Cristo en los evangelios manifiesta muchas otras cosas buenas. La figura que aparece en los evangelios habla, con palabras de una belleza casi desgarradora, de su compasión por nuestros corazones quebrantados; pero están muy lejos de ser la única clase de palabras que pronuncie. Sin embargo, la imaginería popular de la Iglesia lo ha representado casi siempre en actitud de pronunciar esas palabras. Unas imágenes populares, por otro lado, inspiradas por un instinto popular perfectamente sano: ante una masa de pobres que se ven desvalidos y una masa de gente que se considera pobre, la gran mayoría de la humanidad busca mantener la convicción de la increíble misericordia de Dios. Y nadie con los ojos abiertos puede dudar de que sea esta idea de la misericordia la que la maquinaria popular de la Iglesia busca mantener. Las imágenes populares llevan en gran medida al exceso el sentimiento del «Dulce Jesús, manso y humilde». Es lo primero que un extraño percibe y critica en una Piedad o un santuario del Sagrado Corazón. Como digo, mientras que el arte puede ser insuficiente, no creo que el instinto sea falso. En cualquier caso, hay algo de aterrador, algo que hace enfriar la sangre, en la idea de una estatua de Cristo encolerizado. Hay algo insoportable para la imaginación en la idea de dar la vuelta a la esquina de una calle o de dirigirse a un mercado y encontrarse con la petrificación de *esa* figura dirigiéndose a una generación de víboras, o de *ese* rostro mientras miraba a la cara a un hipócrita. Es, por tanto, razonablemente justo si la Iglesia presenta su rostro más compasivo hacia los hombres y, ciertamente, es el lado más compasivo el que nos presenta. Y nos interesa aquí destacar un aspecto: que esa faceta que se nos presenta tiene un carácter mucho más especial y marcadamente compasivo que la impresión que un hombre podría formarse leyendo el Nuevo Testamento por primera vez. Una persona que tomara las palabras de la historia tal como aparecen, se formaría otra impresión totalmente distinta, una impresión llena de misterio y, probablemente, de incoherencias, pero no una simple impresión de humildad. Se trataría de algo extremadamente interesante, pero parte de su interés consistiría en dejar muchas cosas por conjeturar o sin explicar. El Evangelio está cargado de gestos repentinos claramente significativos, pero que difícilmente acertamos a explicar; de silencios enigmáticos, de contestaciones irónicas. Los arrebatos de ira, como tormentas sobre nuestra atmósfera, no parecen estallar exactamente donde esperaríamos, sino que parecen seguir un mapa del tiempo superior y propio. El Pedro que nos presenta la enseñanza popular de la Iglesia es, sin duda, el Pedro al que Cristo dijo, perdonándole: «Apacienta mis corderos». No es el Pedro sobre el que Cristo se volvió como si fuera el diablo, gritándole con oscura cólera: «Apártate de mí, Satanás». Cristo no se lamentó con otra cosa que con amor y compasión sobre la Jerusalén que iba a asesinarle. No sabemos qué extraña atmósfera o discernimiento espiritual le condujo a colocar Betsaida en un nivel inferior a Sodoma. Dejando de momento a un lado todas las cuestiones relativas a inferencias o exposiciones doctrinales o de cualquier otro tipo, trato ahora simplemente de imaginar el efecto sobre la mente de un hombre si realmente hiciera lo que los críticos tratan de hacer siempre, a saber, leer el Nuevo Testamento sin referencia a la ortodoxia o incluso a la doctrina. Este hombre se encontraría con muchos elementos que sin duda encajarían mucho peor en los postulados modernos no ortodoxos que en los de la ortodoxia actual. Se encontraría, por ejemplo, que si hay descripciones que merecerían llamarse realistas, son precisamente las descripciones de lo sobrenatural. Si hay algún aspecto del Nuevo Testamento en el que se pueda decir que Jesús se presenta como una persona eminentemente práctica, es precisamente como exorcista. No hay nada manso y humilde, no hay nada ni siquiera místico —en el sentido que ordinariamente utilizamos este término— en el tono de voz que dice: «Queda en paz y sal de él». Es mucho más parecido al tono de un domador de leones o un resuelto doctor tratando con un maniaco homicida. Pero ésta es una cuestión marginal traída al caso como mera ilustración. No pretendo suscitar estas controversias, sino considerar el caso de un hombre imaginario de otro planeta, para el que el Nuevo Testamento es algo nuevo.

Ahora bien, lo primero que se observa es que si lo consideramos simplemente como una historia humana es, en algunos aspectos, una historia muy extraña. No me refiero a su trágica y tremenda culminación o a las implicaciones que conducen al triunfo final en esa tragedia. No me refiero a lo que comúnmente se llama el elemento milagroso, pues en ese punto las filosofías varían y las filosofías modernas dudan con mucha frecuencia. Se puede decir que el inglés educado de hoy día ha pasado de una vieja moda por la que no creería en ningún milagro a menos que fuera antiguo, a una nueva moda por la que no cree en ningún milagro a menos que sea moderno. Antes solía afirmar que las curaciones milagrosas habían desaparecido con los primeros cristianos, y ahora se inclina a creer que aquellas curaciones comenzaron con los primeros Cientistas Cristianos. Pero quiero fijarme más especialmente en los hechos no milagrosos e incluso en las partes inadvertidas e intrascendentes de la historia. Hay muchas cosas grandes en la historia que a nadie se le habría ocurrido inventar, pues son cosas a las que nadie ha hecho nunca un caso muy particular y, que si en algún momento fueron comentadas, han permanecido más bien como un rompecabezas. Ahí está, por ejemplo, ese largo trecho de silencio en la vida de Cristo hasta los treinta años. De todos los silencios, es el más grande y el más impresionante que cabe imaginar. Pero no es ese tipo de cosas que alguien se sienta particularmente inclinado a inventar para probar algo y, que yo sepa, nadie ha intentado probar nunca nada partiendo de esos hechos. Es algo impresionante, pero sólo en cuanto hecho; no hay nada particularmente popular u obvio sobre él si lo considerásemos una fábula. La corriente habitual de culto al héroe y de creación de mitos es muy probable que diga exactamente lo contrario. Es más probable que diga —como creo que dicen algunos de los evangelios rechazados por la Iglesia— que Jesús mostró una cierta precocidad divina, y que comenzó su misión a una edad milagrosamente temprana. Ciertamente, resulta un poco extraño al pensamiento, que Aquél que necesitaba menos preparación de toda la humanidad, pareció necesitar más preparación que ninguno. No me interesa especular si se trataba de alguna manifestación de la humildad divina, o de una verdad en la que vemos una sombra de la exaltación de la tutela doméstica encarnada en las criaturas más excelsas de la tierra. Lo menciono, simplemente, como ejemplo de ese tipo de detalles que en cualquier caso dan pie a unas especulaciones que suelen estar bastante alejadas de las especulaciones religiosas reconocidas. Ahora bien, la historia entera está llena de esos detalles. Pero no es una historia en la que sea fácil llegar al fondo, a pesar de la sencillez con que se presenta a nuestros ojos. Es todo menos lo que esta gente denomina un Evangelio sencillo. En términos relativos se podría decir que el Evangelio tiene el misticismo y la Iglesia el racionalismo. Y siguiendo mi exposición, el Evangelio sería el enigma y la Iglesia la respuesta. Pero, cualquiera que sea la respuesta, el Evangelio que se nos presenta es prácticamente un libro de enigmas.

En primer lugar, un hombre que leyera el Evangelio no encontraría tópicos. Si hubiera leído, aun con el espíritu más respetuoso, a la mayoría de los filósofos antiguos y moralistas modernos, apreciaría la importancia que tiene decir que en el Evangelio no hay tópicos. Es más de lo que se puede decir incluso de Platón. Es mucho más de lo puede decirse de Epicteto, Séneca, Marco Aurelio o Apolonio de Tiana. Y es inmensamente más de lo que se puede decir de la mayoría de los moralistas agnósticos y de los predicadores de las sociedades éticas, con sus cánticos de servicio y su religión de la fraternidad. La moralidad de la mayoría de los moralistas antiguos y modernos, no ha sido más que una sólida y pulida catarata de tópicos fluyendo sin cesar. Pero no será ésta, seguramente, la impresión del lector imaginario ajeno al Nuevo Testamento. No encontrará en él tópicos en constante reflujo, sino voces que reclaman para sí extrañas atribuciones, como las del que reclamara para sí ser hermano del sol o de la luna; o encontrará un gran número de consejos sorprendentes, serias advertencias, o historias a la vez extrañas y hermosas. Contemplará auténticos gigantes del discurso hablando de la imposibilidad de pasar un camello por el ojo de una aguja o la posibilidad de arrojar una montaña sobre el mar. Encontrará una serie de atrevidas simplificaciones acerca de las dificultades de la vida, como la de brillar indiferentemente sobre todos como lo hace el sol, o la de no preocuparse del futuro más que los pájaros. Por otra parte, encontrará algunos pasajes de una oscuridad casi impenetrable, como la moral de la parábola del administrador injusto. Algunas de estas cosas podrían antojársele como fábulas y otras como verdades, pero en ningún caso como frases sin sustancia. No encontrará, por ejemplo, los habituales tópicos en favor de la paz, sino varias paradojas en favor de la misma. Encontrará varios ideales de no resistencia que, tomados al pie de la letra, resultarían demasiado pacíficos para cualquier pacifista. En un pasaje se le dirá que ha de tratar a un ladrón *no* con resistencia pasiva, sino más bien con ánimo positivo y entusiasta y, si hubieran de tomarse las palabras literalmente, acumulando regalos para el hombre que roba las mercancías. Pero no encontrará una sola palabra de esa retórica contra la guerra que ha llenado innumerables libros, odas y oraciones; ni una palabra sobre la maldad de la guerra, el despilfarro de la guerra, la espantosa escala de crímenes en la guerra y todo el resto de desmanes que nos son familiares. Realmente, no se menciona ni una sola palabra sobre la guerra. No hay nada que arroje una luz particular sobre la actitud de Cristo hacia la guerra organizada, salvo que parece haber tenido cierta amistad con los soldados romanos. De hecho, es otro motivo de perplejidad —hablando desde el mismo punto de vista humano y externo— que parece haberse llevado mucho mejor con los romanos que con los judíos. Pero, de lo que se trata aquí es de apreciar un cierto tono ante la lectura de un determinado texto, y podríamos ofrecer un buen número de ejemplos.

La afirmación de que los mansos heredarán la tierra está muy lejos de ser una afirmación de mansedumbre. La palabra «manso» no se emplea aquí en el sentido habitual de algo pasivo, moderado o inofensivo. Para justificarlo, sería necesario adentrarse profundamente en la historia y anticipar cosas que no se soñaban entonces y que muchos no son capaces de percibir aún hoy. Es el caso, por ejemplo, de la forma en que los monjes reclamaban las tierras abandonadas que los reyes habían perdido. Si esto fue una verdad, fue porque se trataba de una profecía. Pero, ciertamente, no era una verdad como la de los tópicos. La bendición sobre los mansos era una afirmación muy violenta, en cuanto que se oponía violentamente a la razón y a la probabilidad. Y con esto llegamos a otra etapa importante en la especulación. Como profecía realmente se cumplió, pero no sin haber transcurrido un largo periodo de tiempo. Los monasterios fueron los terrenos más prácticos y más prósperos de la reconstrucción después de la invasión bárbara: los mansos realmente heredaron la tierra. Pero nadie podía haber imaginado nada semejante por entonces, a menos que hubiera uno que lo supiera. Algo parecido se puede decir acerca del incidente de Marta y María, que ha sido interpretado retrospectivamente y desde dentro por los místicos de la vida contemplativa cristiana. Pero este punto de vista no era obvio en absoluto y la mayoría de los moralistas, antiguos y modernos, se habrían confiado y precipitado sobre lo obvio. ¡Qué torrentes de fácil elocuencia habrían fluido de sus palabras para resaltar la más leve superioridad por parte de Marta!; qué espléndidos sermones sobre la «Alegría en el Servicio» y el «Evangelio del Trabajo» y el «Dejar el Mundo Mejor que lo Encontramos», y otros diez mil tópicos que en favor del «tomarse molestias» podría pronunciar tanta gente que no necesita tomarse la molestia de pronunciarlas. Si en María Cristo guardaba la semilla de algo más sutil, ¿quién iba a ser capaz de entenderlo en aquel momento? Nadie más que Él podía haber visto a Clara, a Catalina y a Teresa brillando sobre la pequeña techumbre de Betania. Lo mismo ocurre, de otra manera, con esa gran amenaza de traer sobre el mundo una espada para separar y dividir. Nadie pudo haber adivinado entonces cómo podría cumplirse o cómo podría justificarse. Algunos librepensadores son aún tan simples como para caer en la trampa y sorprenderse ante una frase tan deliberadamente desafiante y llegan a quejarse, de hecho, de que la paradoja no sea un tópico.

Pero de lo que se trata aquí es de que si *pudiéramos* leer los relatos del Evangelio con la misma actitud con la que habitualmente leemos las noticias de un periódico, nos resultarían desconcertantes y quizás nos aterrarían mucho más que el desarrollo de esas mismas cosas en la posterior historia del cristianismo. Por ejemplo, Cristo después de una clara alusión a los eunucos de la corte oriental, dijo que habría eunucos por el reino de los cielos. Si con ello no ha querido significarse el entusiasmo voluntario por la virginidad, no podría significar más que algo mucho más antinatural y zafio. Es la religión histórica la que humaniza este punto para nosotros, a la vista de la experiencia de los franciscanos o las hermanas de la Merced. La mera afirmación aislada podría sugerir una atmósfera algo deshumanizada, el silencio siniestro e inhumano del harem y el diván asiáticos. Éste no es sino un caso entre muchos, pero su enseñanza es que el Cristo del Evangelio podría parecer realmente más extraño y terrible que el Cristo de la Iglesia.

Me estoy deteniendo en las partes oscuras, deslumbrantes, desafiantes o misteriosas de las palabras del Evangelio, no porque no tengan obviamente un lado más conocido y popular, sino porque son la respuesta a una crítica habitual sobre un punto esencial. Con frecuencia oímos decir a los librepensadores que Jesús de Nazaret fue un hombre de su tiempo, aun cuando fuera por delante de su tiempo, y que no podemos aceptar su ética como fin para la humanidad. Y, entonces, continuará su crítica diciendo con suficiente convencimiento que los hombres no pueden presentar la otra mejilla; que deben preocuparse del mañana; que la abnegación es demasiado ascética o que la monogamia es demasiado severa. Pero los celotes y los legionarios no presentaban la otra mejilla más de lo que lo hacemos nosotros, si llegaban a tanto. Los comerciantes judíos y los recaudadores de impuestos romanos se preocupaban del mañana tanto como nosotros, si no más. No podemos pretender estar abandonando la moralidad del pasado por una más adecuada al presente. No es ciertamente la moralidad de otra época, pero podría ser la de otro mundo.

En resumen, podemos decir que estos ideales son imposibles en sí mismos, pero lo que no podemos decir es que sean imposibles para nosotros. Son ideales que se distinguen por un misticismo que, si fuera una especie de locura, habría vuelto locos a toda esa gente. Tomemos, por ejemplo, el caso del matrimonio y de las relaciones entre los sexos. Podría ser verdad que un profesor de Galilea explicara realidades que resultaban naturales para un auditorio de galileos, pero no es así. Cabría esperar racionalmente que un hombre en tiempos de Tiberio se anticipase a una forma de ver las cosas que estaba condicionada por la época de Tiberio, pero no fue así. Lo que aquel hombre anticipó fue algo muy diferente, algo muy difícil de entender, pero no más difícil ahora de lo que fue entonces. Cuando Mahoma, por ejemplo, hizo su compromiso polígamo, podemos decir razonablemente que estaba condicionado por una sociedad polígama. Cuando permitía al hombre tener cuatro esposas, realmente hacía algo que se acomodaba a las circunstancias y que podría haber sido menos adecuado en otras. Nadie pretenderá afirmar que las cuatro esposas eran como los cuatro vientos, algo en apariencia enraizado en el mismo orden de la naturaleza. A nadie se le ocurrirá decir que el número cuatro estaba eternamente escrito en las estrellas del cielo. Pero tampoco habrá nadie que diga que el número cuatro es una cifra inconcebible, que es algo superior a la mente humana contar hasta cuatro, o contar el número de sus esposas y ver si asciende a cuatro. Es un compromiso práctico que lleva en sí el carácter de una sociedad particular. Si Mahoma hubiera nacido en Acton[4] en el siglo XIX, podemos tener nuestras dudas de si habría llenado inmediatamente ese suburbio con harenes de cuatro esposas cada uno. Puesto que nació en Arabia en el siglo VI, su concepción de la unión conyugal se ajusta a las condiciones de Arabia en este siglo. Pero Cristo, en su concepción del matrimonio, no se ajusta lo más mínimo a las condiciones de Palestina en el siglo I. Su concepción del matrimonio se centra en el aspecto sacramental, tal y como lo ha desarrollado más tarde la Iglesia Católica. Era algo tan difícil de entender para la gente de entonces como lo es ahora. Era mucho más desconcertante para la gente de entonces, que ahora. Los judíos, romanos y griegos no creían —y ni siquiera entendían lo suficiente para dejar de creer— la idea mística de que el hombre y la mujer se habían convertido en una sustancia sacramental. Podemos considerarlo un ideal increíble o imposible, pero no más de lo que aquéllos lo habrían considerado entonces. En otras palabras, independientemente de todo lo que sea verdad, no es cierto que la controversia se haya visto alterada con el tiempo, ni tampoco que las ideas de Jesús de Nazaret fueran adecuadas para aquella época y no lo sean para la época actual. Cuán perfectamente adecuadas fueron estas ideas para aquella época es algo que quizás se sugiera al final de su historia.

Podríamos expresar la misma verdad de otra manera, diciendo que si se considera la historia como algo simplemente humano o histórico, llama la atención las pocas palabras de Cristo que lo ligan a su tiempo. No me refiero a los detalles de una época concreta, que cualquier hombre sabe que son pasajeros. Me refiero a hechos fundamentales de los que cualquier hombre sabio percibe, al menos vagamente, su trascendencia eterna. Aristóteles, por ejemplo, fue, probable-

---

[4] Distrito urbano de Inglaterra en el Condado de Middlessex, verdadero arrabal de Londres.

mente, el hombre más sabio y de mayor capacidad intelectual que haya existido. Basó su vida entera en unos principios fundamentales, que han demostrado ser unos principios racionales sólidos a lo largo de todos los cambios sociales e históricos. Sin embargo, vivió en un mundo en que se consideraba tan natural tener esclavos como tener hijos, y ello le llevó a conceder una diferencia entre esclavos y hombres libres. Cristo, lo mismo que Aristóteles, vivió en un mundo que daba la esclavitud por supuesta. No la denunció directamente. Desencadenó un movimiento que podía existir en un mundo con esclavitud, pero que, al mismo tiempo, podía existir en un mundo sin esclavitud. Nunca utilizó una frase que hiciera depender su filosofía sobre la misma existencia del orden social en el que vivió. Habló como quien es consciente de que todo es efímero, incluidas las cosas que Aristóteles consideraba eternas. Por aquel entonces, el Imperio Romano se había convertido simplemente en el *orbis terrarum*, otro nombre para el mundo. Pero Cristo nunca hizo depender su doctrina moral de la existencia del Imperio Romano o de la existencia del mundo. «El cielo y la tierra pasarán, pero mis palabras no pasarán».

En realidad, las limitaciones de lugar que los críticos atribuyen al Galileo, no son sino un caso de limitación local en los críticos. Es cierto que Aquél creía en ciertas cosas en las que una secta moderna de materialistas no creería. Pero no eran cosas especialmente propias de su tiempo. Nos acercaríamos más a la verdad si afirmáramos que la negación de estas cosas es un rasgo bastante característico de nuestro tiempo. Y aún nos acercaríamos más a la verdad si dijéramos también que un rasgo característico de nuestro tiempo —por parte de una minoría que afirma no creer en ellas— es el concederle una gran importancia social. Cristo creía, por ejemplo, en los espíritus malignos o en la curación de enfermedades corporales, pero no porque fuera un galileo nacido bajo el Imperio de Augusto. Es absurdo decir que un hombre creía en determinadas cosas porque era un galileo bajo el Imperio de Augusto, cuando podía haber creído las mismas cosas si hubiera sido un egipcio bajo el Imperio de Tutankamón o un hindú bajo el Imperio de Gengis Khan. Pero estas cuestiones acerca de la filosofía de lo diabólico o de los milagros divinos ya las tratamos en otro lugar. Basta decir ahora, que los materialistas tienen que probar la imposibilidad de los milagros contra el testimonio de toda la humanidad, no contra los prejuicios de los habitantes del norte de Palestina sujetos al Imperio de los primeros emperadores romanos. Lo que éstos tienen que probar, en lo que atañe a nuestra argumentación, es la presencia en los Evangelios de los prejuicios particulares de aquellos habitantes concretos. Y es verdaderamente asombroso lo poco que son capaces de lograr para comenzar siquiera a probarlo.

Es lo que ocurre con el sacramento del matrimonio. Podemos no creer en los sacramentos, como podemos no creer en los espíritus, pero está claro que Cristo creyó en este sacramento a su manera y no a la manera contemporánea o actual. No tomó sus argumentos contra el divorcio de la ley mosaica, de la ley romana o de los hábitos de la gente de Palestina. Estos argumentos resultarían para los críticos de entonces lo mismo que para los críticos actuales: un dogma arbitrario y trascendental que no procede de ninguna parte salvo del mismo Cristo. No me interesa lo más mínimo aquí defender este dogma. Lo que quiero señalar es que es tan fácil defenderlo ahora como lo era entonces. Es un ideal completamente atemporal, difícil en cualquier período, imposible en ninguno. En otras palabras, si alguien dijera que estas palabras son las que cabría esperar de un hombre que caminara por aquellos lugares en aquel periodo, podríamos contestarle justamente, que las palabras de Cristo se parecen mucho más a lo que podría ser el discurso misterioso de un ser superior al hombre, que caminara entre los mortales.

Me parece, por tanto, que un hombre que leyera el Nuevo Testamento con sinceridad y sin prejuicios *no* se llevaría la impresión de lo que ahora se entiende, con frecuencia, por un Cristo humano. El Cristo meramente humano es una figura inventada, una pieza de selección artificial, como la del hombre meramente evolutivo. Por otra parte, se han encontrado demasiados de estos Cristos humanos en la misma historia, igual que se han encontrado también demasiadas claves para la mitología en las mismas historias. Tres o cuatro escuelas distintas de racionalismo han trabajado en el tema, encontrando tres o cuatro explicaciones igualmente racionales de la vida de Cristo. La primera explicación racional de su vida es la de que nunca vivió. Y esto, a su vez, dio pie a otras tres o cuatro explicaciones diferentes, como la de que se trató de un mito del sol o del maíz, o cualquier otro tipo de mito de carácter monomaniaco. Después, la idea de que era un ser divino que no existió dio lugar a la idea de que fue un ser humano que existió. En mi juventud, estuvo de moda decir que fue simplemente un profesor de ética a la manera de los esenios, que al parecer no tenía más que decir que lo que Hillel u otros cientos de judíos podrían haber dicho, como que es bueno ser bueno o que ser puro ayuda a la purificación. Luego, alguien dijo que se trató de un loco portador de un mensaje mesiánico engañoso. Otros afirmaron que se trató de un profesor realmente original puesto que no se ocupó de otra cosa que del socialismo o, como otros defendieron, del pacifismo. Más tarde, apareció en escena un ceñudo personaje científico, diciendo que nunca se habría oído hablar de Jesús a no ser por sus profecías sobre el fin del mundo. Se hizo famoso como milenarista al estilo del Dr. Cumming, sembrando la alarma en ciertos ámbitos provinciales, al anunciar la fecha exacta del fin del mundo. Entre otras variaciones sobre el mismo tema estaba la teoría de que se trató sin más de un curandero espiritual, una visión presente en la llamada Ciencia Cristiana, que tiene que recurrir a un cristianismo sin crucifixión para explicar la curación de la suegra de Pedro o de la hija del centurión. Existe otra teoría que se centra totalmente en el terreno de lo diabólico y lo que en ella se denomina la superstición contemporánea de los endemoniados; como si Cristo, como un joven diácono recibiendo sus primeras órdenes, hubiera aprendido exorcismos y no hubiera pasado de ahí. Ahora bien, cada una de estas explicaciones en sí mismas me parecen absolutamente inadecuadas, pero considerándolas en conjunto nos sugieren algo del mismo misterio que omiten. Algo no sólo misterioso sino lleno de matices, debió haber seguramente en Cristo, cuando de su figura han sido capaces de tallar tantos Cristos menores. Si el seguidor de la Ciencia Cristiana está satisfecho con Él como curandero espiritual, y el partidario del socialismo cristiano está satisfecho con Él como reformador social, incluso tan satisfechos que no esperarían de Él que fuera ninguna otra cosa, parece como si su personalidad abarcara proporciones mayores de lo que ellos mismos se habían propuesto. Y parece sugerir que podría haber más de lo que se imaginan detrás de esas otras cualidades misteriosas como el arrojar los demonios o profetizar el fin del mundo.

Sobre todo, ¿no vacilaría ese nuevo lector del Nuevo Testamento ante algo que le sorprendiera mucho más que lo que nos sorprende a nosotros? Más de una vez he intentado en este libro la tarea harto imposible de invertir el tiempo y el método histórico y contemplar los hechos hacia adelante con la imaginación, en lugar de verlos hacia atrás mediante el recuerdo. De esta manera, me he imaginado el aspecto de monstruo que pudo presentar el hombre en su comienzo a los ojos del resto de la Naturaleza. Aún mayor sería nuestro asombro si nos imagináramos la naturaleza de Cristo nombrada por primera vez. ¿Qué sentiríamos al oír los primeros cuchicheos acerca de una determinada persona? Indudablemente, no deberíamos censurar a los que juzgaran ese primer cuchicheo como algo impío y cosa de locos. Por el contrario, tropezar en esa roca de escándalo es el primer paso. La incredulidad es un tributo mucho más leal a esa verdad que el metafísico modernista que la considerara simplemente una cuestión de grado. Mejor sería rasgar nuestros vestidos con un gran grito contra la blasfemia, como Caifás en el juicio, o agarrar al hombre como si se tratara de un maniaco poseído por el demonio, como deseaban los parientes y la muchedumbre, que quedarse como un estúpido discutiendo acerca de sutiles matices del panteísmo en presencia de un clamor de tal magnitud. Algo más que la sabiduría que acompaña a la sorpresa en cualquier persona sencilla llena de la sensibilidad propia de la sencillez, que esperaría que la hierba se marchitase y los pájaros cayeran muertos del cielo, se encierra en aquello que decía un aprendiz de carpintero mientras paseaba serena y despreocupadamente como quien mira por encima del hombro: «Antes de que Abrahán fuera, soy Yo».

III

LA HISTORIA MÁS EXTRAÑA DEL MUNDO

En el último capítulo he hecho hincapié deliberadamente en lo que parece ser hoy en día un aspecto descuidado de la historia del Nuevo Testamento, pero nadie supondrá, me imagino, que tenía la intención de obscurecer ese aspecto que en verdad se puede considerar humano. El hecho de que Cristo fue —y es— el más misericordioso de los jueces y el más comprensivo de los amigos, tiene mucha mayor importancia en nuestra propia vida que en cualquier especulación histórica. Pero el propósito de este libro es el de señalar que algo único se ha visto sometido a las más intrascendentes generalizaciones. Por ello, creo que es importante insistir en que lo que constituyó el hecho más universal fue al mismo tiempo el hecho más original de la historia. Pongamos como ejemplo un tema con el que simpatiza el espíritu moderno: la exaltación de la infancia. Es algo que en la actualidad todos entendemos, pero que entonces no se entendía, en modo alguno, en el mismo sentido que ahora. Si buscáramos un ejemplo de la originalidad del Evangelio, apenas podríamos encontrar uno más fuerte o más sorprendente. Casi dos mil años después encontramos en nosotros una sensibilidad capaz de sentir el encanto místico del niño. Y lo expresamos en cuentos de la infancia, como el de *Peter Pan*. Y podemos decir de las palabras de Cristo, con un anticristiano tan feroz como Swinburne:

> «Ningún signo dado jamás
> a ojos fieles o infieles,
> mostró nunca más allá de las nubes
> un paraíso tan claro.

> Los credos de la tierra pueden ser setenta veces
> siete y estar manchados de sangre,
> pero si tal es el reino de los cielos,
> verdaderamente ha de ser el cielo».

Pero ese paraíso no estaba claro hasta que el cristianismo lo fue aclarando paulatinamente. El mundo pagano, como tal, no habría entendido una afirmación tan seria como la de que un niño es más importante o más santo que un hombre. Y les habría sonado algo así como que un renacuajo es más importante o más santo que una rana. Y a la mente puramente racionalista, le sonaría como decir que un brote debe ser más hermoso que una flor o que una manzana verde debe ser mejor que una madura. En otras palabras, este sentimiento moderno es un sentimiento totalmente místico; tan místico como el culto de la virginidad; de hecho, es el culto de la virginidad. Pero la antigüedad pagana tenía mucha más idea de la santidad de la virgen que de la santidad del niño. Por diversas razones hemos llegado hoy en día a venerar a los niños, en parte quizá porque envidiamos que los niños sigan haciendo lo que los hombres solíamos hacer, como jugar a juegos sencillos y disfrutar de los cuentos. Por encima de esto hay, sin embargo, una verdadera y sutil psicología en nuestra apreciación de la infancia. Pero, si lo convertimos en un descubrimiento moderno, habremos de admitir una vez más que el Jesús de Nazaret histórico ya lo había descubierto con dos mil años de antelación. Ciertamente, no había nada en el mundo a su alrededor para ayudarle en el descubrimiento. Cristo se nos muestra verdaderamente humano, más humano de lo que era concebible en un ser humano en aquel entonces. Peter Pan no pertenece al mundo del dios Pan sino al mundo de Pedro.

Aun en el aspecto puramente literario —si nos consideramos lo suficientemente libres de prejuicios para verlo desde ese punto de vista—, hay una curiosa cualidad a la que ningún crítico parece haber hecho justicia. Tiene, entre otras cosas, la peculiaridad de amontonar torre sobre torre mediante el uso del *a fortiori*, hasta llegar a formar una verdadera pagoda con distintos grados, como los siete cielos. Ya hemos considerado esa visión imaginativa casi invertida que representaba la penitencia imposible de las Ciudades de la Llanura. No existe quizá nada tan perfecto en ninguna lengua o literatura como el uso de estos tres grados en la parábola de los lirios del campo. Primero, Cristo parece coger una pequeña flor en su mano y observar su simplicidad y su indefensión. De pronto, empieza a comparar sus flamantes colores con los palacios y pabellones renombrados por los gloriosos hechos de la nación. Y luego, en un tercer movimiento, como arrojándolos lejos, devuelve los lirios a su simplicidad: «Y si a la hierba del campo, que hoy es y mañana se echa al horno, Dios la viste así, ¿cuánto más...». Es como construir una gran torre de Babel con magia blanca en un instante y con un leve movimiento de la mano; una torre levantada repentinamente hasta el cielo, encima de la cual se puede distinguir a lo lejos, más alto de lo que nunca hubiéramos imaginado, la figura del hombre, alzado por tres infinitudes sobre todo lo demás, sobre la escalinata resplandeciente de una brillante lógica y una imaginación desbordante. En un sentido puramente literario, podríamos decir que nos encontramos ante una obra maestra mejor aún que la mayoría de obras maestras de cualquier biblioteca. Sin embargo, no parecen sino palabras pronunciadas como por casualidad, al tiempo que un hombre recogía una flor. Pero, aunque sólo sea en un sentido puramente literario, el uso de la comparación en diversos grados presupone una cualidad que me parece apuntar a cosas mucho más elevadas que la idea moderna que piensa estar ante una enseñanza de carácter ético dirigida a un público aldeano y pastoril. Nada parece indicar tanto la presencia de una mente sutil y, en sentido propio, superior, como esta capacidad de comparar una cosa inferior con otra más elevada, y comparar ésta con otra más elevada aún; una capacidad de pensamiento en tres planos al mismo tiempo. Nada hay que exija una clase más extraña de sabiduría que la capacidad para percibir, digámoslo así, que el ciudadano está por encima del esclavo y que, sin embargo, el alma está infinitamente por encima del ciudadano o de la ciudad. No es ésta una cualidad que abunde precisamente entre los habituales simplificadores del Evangelio, los mismos que insisten en lo que llaman moralidad simple y que otros denominan moralidad sentimental. Y tampoco parece ser una cualidad que se ajuste a los que se contentan con decir a todos que permanezcan en paz, como lo muestra el llamativo ejemplo de las palabras de Cristo, cuando en aparente incoherencia habla de la paz y de la espada. Es precisamente esa facultad la que percibe que mientras que una buena paz es mejor que una buena guerra, una buena guerra es aún mejor que una mala paz. Estas insondables comparaciones en ningún lugar son tan frecuentes como en los Evangelios, y a mí me sugieren algo muy profundo: que de esta forma, una realidad tan solitaria y tan sólida, con la añadida dimensión de la profundidad o de la altura, pudo destacar por encima de unas achatadas criaturas que vivían en un único plano.

Esta cualidad de algo que sólo se puede llamar sutil y superior; algo que es capaz de ver más allá o incluso de dobles significados, no la reseñamos aquí simplemente para contrarrestar las típicas exageraciones que consideran el Evangelio como algo amable, impregnado de un dulce idealismo. Hay que ponerla en relación con la tremenda verdad a la que llegamos en el último capítulo. Cristo es el último tipo de persona del que normalmente diríamos que sufre una mera megalomanía, especialmente esa asombrosa e increíble megalomanía que se podría sobreentender en dicha concepción del Evangelio. Esa cualidad, que sólo podemos calificar de distinción intelectual, no es, por supuesto, una prueba evidente de divinidad. Pero es una prueba evidente de una probable repugnancia hacia una vulgar y vanagloriosa pretensión de la divinidad. Un hombre con esa distinción intelectual, si fuera solamente un hombre, sería el último hombre en el mundo en padecer la intoxicación de una idea no materializada en ninguna parte, ilusión más propia del sensacionalista religioso. Y ni siquiera se evita negando que Cristo hiciera esa pretensión. De ningún hombre parecido, de ningún otro profeta o filósofo de la misma talla intelectual, se puede decir que reclamara para sí la divinidad. Aun cuando la Iglesia hubiera malinterpretado su significado, seguiría siendo verdad que ninguna otra tradición histórica salvo la Iglesia habría cometido alguna vez el mismo error. Los mahometanos no malinterpretaron a Mahoma, suponiendo que era Alá. Los judíos no malinterpretaron a Moisés y lo identificaron con Yahveh. ¿Por qué únicamente esta pretensión habría de parecer exagerada sino por el hecho de ser única? Aun cuando el cristianismo fuera una gran equivocación de carácter universal, seguiría siendo una equivocación tan única como la Encarnación.

El propósito de estas páginas es mostrar la falsedad de ciertas afirmaciones vagas y vulgares. Y aquí tenemos una de las más falsas. Hay una especie de idea rondando por todas partes de que todas las religiones son iguales porque todos los fundadores religiosos eran rivales, en lucha por obtener la misma corona resplandeciente. Esto es absolutamente falso. La pretensión hacia esa corona o algo parecido a ella, es tan rara como el hecho de que es un caso único. Mahoma no tuvo esta pretensión en mayor medida que Miqueas o Malaquías. Confucio tampoco la pretendió en mayor medida que Platón o Marco Aurelio. Buda nunca dijo que fuera Brahma. Zoroastro no tuvo más pretensión de ser Ormuz que de ser Ahrimán[5]. La verdad es que, en la mayoría de los casos, ocurre lo que cabría esperar de acuerdo con el sentido común y con la filosofía cristiana: sucede precisamente lo contrario. Normalmente se dice

---

[5] Ormuz y Ahrimán, genios del bien y del mal respectivamente, en la religión de Zoroastro.

que cuanto mayor es la grandeza de un hombre, es menos probable que manifieste grandes pretensiones. Aparte del caso único que estamos considerando, los únicos hombres que manifiestan ese tipo de pretensión son hombres caracterizados por su pequeñez: monomaniacos reservados o egocéntricos. Nadie se imagina a Aristóteles reclamando ser el padre de los dioses y de los hombres bajando del cielo, aunque fácilmente imaginaríamos algún loco emperador romano como Calígula reclamándolo para él, o más probablemente para sí mismo. Nadie se imagina a Shakespeare hablando como si se considerara un ser literalmente divino, aunque fácilmente podríamos imaginar algún americano chiflado descubriendo esa divinidad como un criptograma en sus obras o peor aún, en las suyas propias. En cualquier parte es posible encontrar seres humanos asumiendo tales pretensiones sobrehumanas, particularmente en los manicomios, probablemente con camisa de fuerza. Pero mucho más importante que el mero destino material de estas personas en una sociedad materialista como la nuestra, sujeta a unas leyes muy crudas y poco desarrolladas sobre la locura, el tipo de persona que conocemos tildado con este nombre, o tendente hacia él, es el de un hombre enfermo y desproporcionado, delgado y abultado, y mórbido hasta la monstruosidad. Es por una metáfora poco afortunada por lo que solemos decir del loco que está como una «regadera», pues en cierto sentido su cabeza no tiene los suficientes agujeros como para que el agua fluya con soltura. Esta imposibilidad de disimular un engaño a la luz del día a veces encubre y oculta la pretensión de divinidad. Mas no se encuentra entre profetas, sabios o fundadores de religiones, sino solamente en un deprimido círculo de lunáticos. Aquí es precisamente donde la argumentación adquiere un intenso interés, porque prueba muchas cosas. Nadie supone que Jesús de Nazaret fuera esa clase de persona. Ningún crítico moderno en sus cabales piensa que el predicador del Sermón de la Montaña fuera un pobre imbécil medio tonto que podría estar garabateando estrellas sobre las paredes de una celda. Ningún ateo o blasfemo cree que el autor de la Parábola del Hijo Pródigo fuera un monstruo con una idea fija, como un cíclope con un sólo ojo. Frente a cualquier crítica histórica posible, su posición en la escala de los seres humanos ha de situarse en un lugar mucho más elevado. Mas en vista de lo que hemos considerado, no queda más remedio que situarlo o entre los locos o en el lugar más alto de todos.

De hecho, todos los que consideren el Evangelio —como hipotéticamente yo lo he considerado— con frialdad y manteniendo una cierta distancia, encontrarán aquí un problema humano muy curioso e interesante. Si Cristo fue simplemente un personaje humano, realmente se trató de un personaje humano muy complejo y contradictorio, pues supo conjugar perfectamente los dos aspectos que se sitúan en los extremos de la humana variación. Fue exactamente lo que nunca puede ser un hombre víctima de una alucinación: un buen sabio y un buen juez. Lo que dijo fue siempre inesperado, pero al mismo tiempo inesperadamente magnánimo y muchas veces inesperadamente moderado. Fijémonos en el contenido de la parábola del trigo y la cizaña. Tiene esa cualidad que une la cordura y la sutileza. No tiene la simplicidad de un loco. Ni siquiera tiene la simplicidad de un fanático. Podría ser pronunciada por un filósofo centenario, al final de un siglo de utopías. Nada menos parecido a esta capacidad de ver más allá de todas las cosas obvias, que la condición del egomaníaco con un único punto sensible en su cerebro. Realmente, no veo cómo podrían combinarse estos dos caracteres de forma convincente, sino es de la asombrosa manera en que se combinan en el Credo. Pues mientras no alcancemos la aceptación completa del hecho como tal, aunque sea un hecho maravilloso, todas las aproximaciones nos alejarán más y más de él. La Divinidad posee la suficiente grandeza para ser divina y llamarse como tal. Pero a medida que la humanidad se hace más grande, se le hace más difícil el llamarse divina. Dios es Dios, como dicen los musulmanes, pero un gran hombre sabe que él no es Dios, y cuánto mayor es su grandeza, mayor conciencia adquiere de esa realidad. Ésta es la paradoja: todo lo que se aproxima a ese punto, se aleja al mismo tiempo de él. Sócrates, el más sabio de los hombres, sabía que no sabía nada. Un loco puede pensar que es la omnisciencia, y un tonto puede hablar como si fuera omnisciente. Pero Cristo es omnisciente en otro sentido: no sólo sabe, sino que sabe que sabe.

Aun en el aspecto puramente humano y afectivo el Jesús del Nuevo Testamento me parece poseer en más de un aspecto una nota de algo sobrehumano, es decir, de algo humano y más que humano. Pero hay otra cualidad, presente en todas sus enseñanzas, de la que no se hace la debida mención en las consideraciones modernas que se hacen de ellas en cuanto enseñanzas: la persistente sugerencia de que Aquél no vino realmente a enseñar. Si hay un suceso en el Evangelio que personalmente me impresione como algo grandioso y gloriosamente humano, es el hecho de ofrecer vino en el banquete de bodas. Es un hecho realmente humano en el sentido de que una multitud entera de presuntuosos, con aspecto de seres humanos, apenas puede considerarse humana. Es un hecho que se eleva por encima de todas las personas superiores. Es tan humano como Herrick[6] y tan democrático como Dickens. Pero hay también en esa historia algo más con esa nota de lo que no termina de explicarse completamente y que, en cierta manera, tiene aquí gran importancia. Me refiero a la primera vacilación, no tanto en lo que toca a la naturaleza del milagro, sino al hecho de poseer la capacidad de obrar milagros, al menos en aquel momento: «Aún no ha llegado mi hora». ¿Qué significa esto? Al menos parece indicar la existencia de un plan o un propósito general en la mente, al que ciertas cosas podían ajustarse o no. Y si omitiéramos ese estratégico plan so-

---

[6] Jack Herrick, actor cinematográfico norteamericano.

litario, no solamente suprimiríamos el elemento clave de la historia, sino la historia misma.

A menudo oímos hablar de Jesús de Nazaret como un maestro vagabundo, y hay una verdad esencial en ese punto de vista, en cuanto que pone de relieve una actitud hacia el lujo y los convencionalismos que mucha gente respetable consideraría todavía propias de un vagabundo. Él mismo lo expresa con magníficas palabras cuando habla de las guaridas del zorro y los nidos de las aves. Pero, como muchas de sus magníficas enseñanzas, no se perciben con toda la fuerza que poseen. No se aprecia esa gran paradoja en la que hablaba de su propia humanidad, como algo representativo de la colectividad del género humano, llamándose a sí mismo el Hijo del Hombre, lo que equivale, en efecto, a llamarse a sí mismo Hombre. Es justo que el Nuevo Hombre o el Segundo Adán repitiera con voz fuerte y gesto llamativo ese gran hecho que resultaba patente en los comienzos de la historia: que el hombre se diferencia de las bestias en todo, hasta en las deficiencias y que, en cierto sentido, es menos normal e incluso menos nativo, pudiendo afirmar que es como un extraño sobre la faz de la tierra. Conviene entender el continuo peregrinar de Cristo en este sentido y en el sentido de que compartió la vida errante de los pobres sin hogar y sin esperanza. Y no vendría mal recordar que en las circunstancias actuales, la policía le habría obligado ciertamente a marcharse y quizá le hubiera arrestado por carecer de medios visibles de subsistencia. Y es que nuestra ley tiene un toque de humor o de imaginación con el que Nerón o Herodes nunca se vieron agraciados: el de castigar a la gente sin hogar por no dormir en su casa.

Pero, en otro sentido, la palabra «errante» aplicada a su vida, se presta a confusión. De hecho, muchos sabios paganos y no pocos sofistas, podrían ser llamados maestros errantes. En algunos de ellos, sus peregrinantes jornadas no dejaban de tener cierto paralelismo con sus peregrinas observaciones.

Apolonio de Tiana, por ejemplo, que figuraba en ciertos cultos de moda como una especie de filósofo ideal, suele ser representado de camino hacia el Ganges y Etiopía hablando sin cesar. Se llegó a formar una escuela de filósofos llamados «Peripatéticos». Y muchos de los más grandes filósofos nos dan una vaga impresión de no tener otra cosa que hacer más que caminar y hablar. Las grandes conversaciones que nos dan una idea de las grandes mentes de Sócrates, Buda o Confucio, parecen formar parte, en ocasiones, de una interminable comida campestre y lo que es más importante, parecen no tener comienzo ni fin. El mismo Sócrates vio interrumpidas sus pláticas por atender a su ejecución. Pero en este caso, lo más importante y lo que supone un particular mérito por parte de Sócrates es que aquella muerte no significaba para él más que una interrupción y un mero incidente. Se nos escapa la verdadera importancia moral del gran filósofo si no atendemos a este punto: que se queda mirando a su ejecutor con una inocente expresión de sorpresa y como de cierto fastidio, al encontrar a alguien tan poco razonable que es capaz de cortar una conversación en la que se está tratando de dilucidar la verdad. Él trataba de buscar la verdad, no la muerte. La muerte no era sino una piedra en el camino que podía hacerle tropezar. Su trabajo en la vida era vagar por los senderos del mundo y hablar siempre de la verdad. Buda, por otra parte, atrajo la atención mediante un gesto, un gesto de renuncia, y por tanto, en cierto sentido, de negación. Pero por una dramática negación pasó a un mundo de negaciones que no eran dramáticas, cosa que él mismo sería el primero en reconocer. Aquí, se nos escapa de nuevo la particular importancia moral del gran místico si no vemos la distinción: que lo más importante para él era lo que en su vida había tenido que ver con el drama, con ese conjunto de deseos y luchas que suele ir acompañado de fracasos y decepciones. Se adentra en un mundo de paz y vive para enseñar a otros cómo adentrarse en ese mundo. De aquí que su vida sea la del filósofo ideal. Ciertamente, la de un filósofo más ideal que Apolonio de Tiana, pero filósofo, no obstante, en el sentido de que no es su misión hacerlo todo, sino explicarlo todo. Casi podríamos decir que en su caso se trataría de explorarlo todo con serenidad y con tiento. Porque los mensajes son básicamente distintos. Cristo dijo: «Buscad primero el Reino de Dios y su justicia, y todas estas cosas se os añadirán». Buda dijo: «Buscad primero el reino y entonces ya no necesitaréis ninguna de estas cosas».

Ahora bien, comparada con la de estos filósofos errantes, la vida de Jesús pasó con la celeridad y la precisión de un rayo. Fue, sobre todo, una vida llena de dramatismo. Consistió fundamentalmente en hacer algo que había de cumplirse. Algo que, sin duda, no se habría hecho si Jesús se hubiera dedicado a andar continuamente por el mundo sin hacer otra cosa que hablar de la verdad. Al describir ese movimiento errante no hemos de olvidar que se trataba de un viaje. Y en esto supone un mayor perfeccionamiento de los mitos que de las filosofías. Se trata de un viaje con un objeto y una meta, como Jasón en busca del Vellocino de Oro, o Hércules en busca de las manzanas de oro de las Hespérides. El oro que Él buscaba era la muerte. Lo más importante que debía hacer era morir. Iba a hacer otras cosas igualmente definidas y concretas, casi podríamos decir que igualmente externas y materiales. Pero de principio a fin el hecho más claro era el de que iba a morir. Posiblemente no existen dos cosas más diferentes que la muerte de Sócrates y la muerte de Cristo. Nos inclinamos a pensar que la muerte de Sócrates fue, al menos desde el punto de vista de sus amigos, una estúpida confusión y un error de la justicia interfiriendo en el curso de una filosofía humana y lúcida, casi diría que diáfana. Nos inclinamos a pensar que la Muerte fue la novia de Cristo, como la Pobreza fue la novia de san Francisco, y su vida fue, en ese sentido, una especie de trasunto de amor con la muerte, una novela sobre la búsqueda del sacrificio de la propia vida. Desde el momento en que la estrella sube hacia el cielo como un cohete de feria, hasta el momento en que el sol se extingue como una antorcha fúnebre, la historia entera se desplaza sobre sus alas con la velocidad y la dirección de un drama, finalizando en un acto que no se alcanza a expresar con las palabras.

La historia de Cristo es, por tanto, la historia de un viaje, casi como una marcha militar o a la manera de un héroe que emprende el camino para encontrar su objetivo o su fatal destino. Es una historia que comienza en el paraíso de Galilea, una tierra de pastores, pacífica, con cierta similitud al Edén, y que asciende poco a poco por las pendientes de la región hasta alcanzar la montaña que, encontrándose más cercana a las nubes y a las estrellas, hace el efecto de una Montaña del Purgatorio. Podemos encontrar a Cristo en lugares apartados, o interrumpiendo la marcha para discutir o disputar, pero su mirada está fija en la ciudad de la montaña. Éste es el significado de ese momento culminante cuando sube a la cumbre, se detiene a la vuelta del camino y grita repentinamente en voz alta, lamentándose por la suerte de Jerusalén. Y algo de este lamento encontraremos siempre en todo poema patriótico; si no fuera así, dicho patriotismo despediría un fuerte olor a vulgaridad. Es también el significado del sorprendente y agitado episodio a las puertas del Templo, cuando arrojó las mesas como trastos inservibles, escaleras abajo, y expulsó a los comerciantes con azotes de cuerda. Un suceso que debe ser para los pacifistas al menos tal rompecabezas como el que para un militar supondría la paradoja de la no resistencia. He comparado la vida de Jesús con el viaje de Jasón, pero no debemos olvidar que en un sentido más profundo sería comparable más bien al viaje de Ulises. Pues no sólo se trató de un viaje sino de un retorno y del fin de una usurpación. Cualquier muchacho sano que lea la historia de Ulises, no verá en la derrota de los pretendientes de Ítaca otra cosa que un final feliz. Pero hay, sin duda, algunos que mirarán la derrota de los mercaderes y cambistas judíos con esa refinada repugnancia que siempre los mueve al presenciar la violencia, especialmente contra los ricos. Lo importante aquí, sin embargo, es que todos esos incidentes tienen en sí mismos un carácter de crisis creciente. En otras palabras, no son hechos fortuitos. Cuando Apolonio, el filósofo ideal, es conducido ante el tribunal de Domiciano y desaparece por arte de magia, el milagro es totalmente fortuito. Pudo haber ocurrido en cualquier momento de la errante vida del Tianense; de hecho, resulta dudoso tanto por la fecha como por la sustancia del hecho. El filósofo ideal simplemente desapareció y volvió a su existencia ideal en alguna otra parte, por un período indefinido. Y quizá sea característico del contraste que se le atribuyera a Apolonio haber vivido hasta una edad cercana al milagro. Jesús de Nazaret fue menos prudente en sus milagros. Cuando condujeron a Jesús ante el tribunal de Poncio Pilato, no desapareció. Era el momento culminante de la crisis y de la meta; era la hora y el poder de las tinieblas; era el supremo acto sobrenatural de toda su vida milagrosa, el que no desapareciera en aquel momento.

Todo intento de amplificar esta historia la ha empequeñecido. La tarea ha sido emprendida por muchos hombres de auténtico genio y elocuencia, así como por gran número de vulgares sentimentalistas y tímidos retóricos. El cuento ha sido repetido con aire condescendiente por refinados escépticos y con fluido entusiasmo por los ruidosos escritores de best-sellers. No lo volveremos a repetir aquí. La fuerza demoledora de las sencillas palabras del Evangelio es como la de una piedra de molino, y los que sean capaces de leerlo con la suficiente inocencia, sentirán como si unas rocas les hubieran pasado por encima. La crítica no es más que palabras acerca de otras palabras. ¿Y qué utilidad tienen unas palabras acerca de palabras como éstas? ¿Qué sentido tiene colorear con palabras un oscuro huerto que repentinamente se llena de antorchas y rostros furiosos? «¿Como contra un ladrón, habéis salido con espadas y palos a prenderme? Todos los días me sentaba a enseñar en el Templo y no me prendisteis». ¿Cabe añadir algo a la imponente y recogida moderación de esa ironía, como una ola que se elevara hacia el cielo y se negara a caer? «Hijas de Jerusalén, no lloréis por mí, llorad más bien por vosotras mismas y por vuestros hijos». Igual que el sumo sacerdote preguntó qué necesidad tenían ya de más testigos, podríamos nosotros preguntar qué otra necesidad tenemos de palabras. Pedro, en un momento de pánico, lo negó: «Y al instante cantó un gallo (...) El Señor se volvió y miró a Pedro (...), y Pedro salió y lloró amargamente» ¿Alguien tiene alguna otra observación que hacer? Momentos antes de su muerte, rezó por toda la raza de asesinos de la humanidad, diciendo: «No saben lo que hacen»; ¿hay algo que decir a esto, salvo que nosotros sabemos poco más que éstos lo que decimos? No hay necesidad de repetir y alargar la historia, contando cómo se consumó la tragedia por la pendiente de la Vía Dolorosa y cómo lo arrojaron sin más con dos ladrones en una de las tandas ordinarias de ejecuciones. Y cómo, en todo aquel terrible y desolador abandono, oyó una voz en homenaje, una voz sorprendente, procedente del último lugar esperado: el madero de uno de los ladrones. Y le dijo a aquel rufián sin nombre: «Hoy estarás conmigo en el Paraíso». ¿Qué otra cosa se puede poner después de esto sino un punto final?, o ¿hay alguien preparado para contestar adecuadamente a ese gesto de despedida a todos los hombres, por el que creó para su Madre un nuevo Hijo?

Está más al alcance de mis facultades y viene mejor a mi propósito inmediato, señalar que en esa escena estaban reunidas simbólicamente todas las fuerzas humanas que han sido vagamente esbozadas en esta historia. Así como los reyes, los filósofos y el elemento popular estuvieron simbólicamente presentes en su nacimiento, también en su muerte estuvieron implicados de un modo más práctico. Y con esto nos enfrentamos con el hecho esencial. Todos los grandes grupos que vemos alrededor de la Cruz, representan de una u otra forma la gran verdad histórica de su tiempo: que el mundo no podía salvarse a sí mismo. El Hombre no podía hacer más. Roma, Jerusalén y Atenas y, con ellas, todo lo demás, se precipitaban al vacío como un mar convertido en una lenta catarata. En apariencia, el mundo antiguo se hallaba en el apogeo de su fuerza. Pero es siempre en esos momentos cuando se hace sentir la debilidad interior. Esta debilidad, como hemos repetido más de una vez, no era una debilidad natural, sino la fuerza del mundo transformada en debilidad y la sabiduría del mundo transformada en locura.

En esta historia de Viernes Santo lo mejor del mundo es lo que se halla en su peor momento. Nos encontramos ante el peor aspecto que el mundo podría presentar. Allí están presentes, por ejemplo, los sacerdotes de un verdadero monoteísmo y los soldados de una civilización internacional. La Roma legendaria, fundada sobre las ruinas de Troya y triunfante sobre Cartago, representaba un heroísmo que era lo más cercano que el paganismo pudo haber estado de la caballería medieval. Roma había defendido los dioses domésticos y la humana decencia contra los ogros de África y las monstruosidades hermafroditas de Grecia. Pero, bajo el haz luminoso de este incidente, vemos a la gran Roma, la República Imperial, abismándose bajo el sino de Lucrecia. El escepticismo había minado hasta la saludable confianza de los conquistadores del mundo. Aquél que se halla sentado en el trono para clarificar la justicia, no puede sino preguntar: «¿Qué es la verdad?». Así pues, en un drama que decidió el destino entero de la antigüedad, una de las figuras centrales se nos presenta asumiendo el reverso de su verdadero papel. Roma era prácticamente sinónimo de responsabilidad. Y, sin embargo, aquél se nos presenta como una especie de estatua vacilante de la irresponsabilidad. El Hombre no podía hacer más. Hasta lo práctico se había vuelto impracticable. De pie, ante los sitiales de su propio tribunal, un romano se había lavado las manos del mundo.

También estaban allí los sacerdotes de aquella pura y original verdad que se encontraba detrás de todas las mitologías, como el cielo detrás de las nubes. Era la verdad más importante del mundo, y aun así no pudo salvar al mundo. Quizás haya algo agobiante en el puro deismo personal, cuando vemos al sol, la luna y el cielo formando juntos una cara que mira fijamente. Quizás la verdad sea demasiado tremenda cuando no está quebrada por intermediarios divinos o humanos. Quizás sea sencillamente demasiado pura y lejana. En cualquier caso, no pudo salvar al mundo. Ni siquiera pudo convertirlo. Hubo filósofos que sostuvieron aquella verdad en su forma más alta y más noble, pero no sólo no pudieron convertir el mundo, sino que nunca lo intentaron. No era posible enfrentarse a la selva de la mitología popular con una opinión privada, de la misma manera que no es posible abrirse camino en el bosque con una navaja. Los sacerdotes judíos habían guardado la verdad celosamente, en el buen y en el mal sentido. La habían guardado como un secreto gigantesco. Así como los héroes de los salvajes podían haber guardado el sol en una caja, aquéllos guardaron al Sempiterno en el Tabernáculo. Se enorgullecían de ser los únicos que podían mirar la cegadora luz del sol de una deidad única, y no sabían que ellos mismos se habían vuelto ciegos. Desde aquel día, sus representantes han sido como hombres ciegos a plena luz del día, golpeando a derecha e izquierda con sus bastones y maldiciendo la oscuridad. Pero aquel monoteísmo monumental, al menos ha permanecido como un monumento, el último de su especie y, en cierto sentido, inmóvil en un mundo inquieto al que no puede satisfacer. Por un motivo claro no puede satisfacer al mundo. Desde aquel día ya no ha sido suficiente con decir que Dios está en su cielo y que el mundo está en orden. Aquel mismo día se corrió el rumor de que Dios había dejado los cielos para poner las cosas en su sitio.

Y, como ocurrió con estas fuerzas que eran buenas, o al menos habían sido buenas alguna vez, lo mismo ocurrió con ese elemento que quizás era el mejor, o que Cristo mismo parece haber considerado el mejor. Los pobres a quienes Él predicó la Buena Nueva, el pueblo que le escuchó complacido, el populacho que había forjado tantos héroes populares y semidioses en el viejo mundo pagano, mostraba también las mismas debilidades que estaban provocando la disolución del mundo. Sufrían los males que se podían observar entre la multitud de la capital durante el declinar de una sociedad. Lo mismo que lleva a una población rural a vivir de la tradición, lleva a una población urbana a vivir del rumor. Y así como sus mitos, en el mejor de los casos, habían sido irracionales, sus gustos y aversiones eran fácilmente moldeables ante una afirmación infundada, arbitraria y carente de autoridad. Cierto bandido fue transformado en una figura pintoresca y popular y presentado como una especie de candidato contra Cristo. En todo esto reconocemos esa población urbana que nos es familiar, con sus alarmismos y sus noticias sensacionalistas. Pero, en esta antigua población existía un mal más característico del mundo antiguo. Lo vimos anteriormente al considerar el rechazo del individuo, del que aprueba la condena y aún más del que la recibe. Aquello era el alma de la colmena, un elemento pagano. Y el grito de este espíritu se escuchó también en aquella hora: «Es necesario que un hombre muera por el pueblo». Sin embargo, este antiguo espíritu de devoción a la ciudad y al estado, se había visto alentado en su día por un espíritu noble. Tuvo sus poetas y sus mártires, hombres que serán honrados para siempre. Y ahora se derrumbaba incapaz de ver el alma separada de un hombre, el santuario de todo misticismo. Pero se derrumbaba al mismo tiempo que todo los demás. La multitud se unió a los saduceos y fariseos, a los filósofos y a los moralistas. Se unió a los magistrados imperiales y a los sacerdotes sagrados, a los escribas y a los soldados, para que el único espíritu humano universal sufriera una condenación universal; para que se produjera un coro unánime y profundo de aprobación cuando el Hombre fuera rechazado por los hombres.

Hubo momentos de desamparo que nadie padecerá jamás. Hubo secretos en lo más íntimo e invisible de ese drama, que las palabras no alcanzan a expresar ni son equiparables a algún tipo de separación de un hombre de los demás hombres. Y no es fácil que otra expresión menos sencilla y directa que la de la pura narrativa pueda siquiera sugerir el horror de exaltación que se alzaba sobre la colina. Innumerables relatos no han llegado al término de la descripción, o aún al principio. Y si hubiera algún sonido que pudiera producir el silencio, seguramente nos quedaríamos en silencio ante el final, cuando un grito fue lanzado en la oscuridad con palabras terriblemente nítidas y terriblemente incomprensibles, que el hombre nunca entenderá en toda la eternidad que esas mismas palabras han comprado para él. Y por un instante aniquilador, un abismo insondable para nuestro limitado intelecto se abrió en la unidad de lo absoluto: Dios había sido abandonado por Dios.

Bajaron el cuerpo de la cruz y uno de los pocos hombres ricos entre los primeros cristianos, obtuvo permiso para enterrarlo, en un sepulcro en la roca, dentro de su huerto. Y los romanos colocaron unos guardias por si se producía alguna revuelta e intentaban recuperar el cuerpo. Una vez más se esconde un simbolismo natural tras estos procedimientos naturales. Convenía que la tumba fuera sellada con todo el secreto de los antiguos enterramientos orientales y custodiada por la autoridad de los Césares. Pues en esa segunda caverna estaba congregado y sepultado todo el conjunto de esa grande y gloriosa humanidad que llamamos antigüedad, y que en aquel lugar estaba enterrada. Era el fin de algo muy grande llamado historia humana, la historia de todo lo que era sencillamente humano. Allí estaban enterradas las mitologías y las filosofías, los dioses, los héroes y los sabios. Como dice la gran frase romana, habían vivido. Pero igual que podían vivir, podían morir; y habían muerto.

Al tercer día, los amigos de Cristo que llegaron al lugar al amanecer, encontraron el sepulcro vacío y la piedra quitada. De diversas maneras se fueron dando cuenta de la nueva maravilla. Pero aún no se dieron mucha cuenta de que el mundo había muerto en la noche. Lo que aquéllos contemplaban era el primer día de una nueva creación, un cielo nuevo y una tierra nueva. Y con aspecto de labrador, Dios caminó otra vez por el huerto, no bajo el frío de la noche, sino del amanecer.

IV

EL TESTIMONIO DE LOS HEREJES

Cristo fundó la Iglesia con dos grandes figuras retóricas, en las palabras finales a los Apóstoles que recibieron autoridad para fundarla. La primera, fue la frase en la que señala que fundará su Iglesia sobre Pedro como sobre una roca. La segunda, fue el símbolo de las llaves. Sobre el significado de la primera no me cabe ninguna duda, pero no afecta directamente al hilo de nuestra argumentación, salvo en dos aspectos más secundarios. Por un lado, es un ejemplo de algo que sólo encontrará su explicación plena mucho más adelante. Por otro, es una paradoja del lenguaje sencillo y evidente que describe a un hombre como una roca cuando éste tenía mucha más apariencia de paja.

Pero la otra imagen de las llaves es de una exactitud que no se ha sabido apreciar del todo. Las llaves han tenido bastante importancia en el arte y la heráldica del cristianismo, pero no todo el mundo se ha percatado del particular acierto de la alegoría. Llegamos ahora a un punto en la historia donde conviene decir algo acerca de la primera aparición y de las actividades de la Iglesia en el Imperio Romano, y para esa breve descripción nada podía ser más perfecto que esa antigua metáfora. De los primitivos cristianos se podía afirmar con toda propiedad que eran portadores de una llave, o lo que ellos llamaban llave. Todo el movimiento cristiano consistió en proclamar que poseían esa llave. No se trataba simplemente de un vago movimiento hacia adelante que podríamos representar mejor con un ariete. No se trataba de algo que arrastraba consigo otros movimientos similares o diferentes, como ocurre con los movimientos sociales modernos. Como veremos enseguida, no tenía ninguna intención de hacer semejante cosa. Afirmaba, por el contrario, que había una llave y que ellos la poseían y que ninguna otra llave era semejante a aquélla. En este sentido se puede afirmar que era tan estrecha como se quiera. Lo que ocurre es que resultó ser la llave que podía abrir la prisión del mundo entero y permitir contemplar la blanca luz diurna de la libertad.

El credo era como una llave en tres aspectos que se pueden resumir muy adecuadamente bajo este símbolo. En primer lugar, la llave es, sobre todo, un objeto dotado de una determinada forma, y de conservar esta forma original depende enteramente su eficacia. El credo cristiano es, por encima de todo, la filosofía de las formas y el enemigo de lo informe. En esto se diferencia de toda esa infinidad informe, de los maniqueos o de los budistas, que forma una especie de charca de la noche en el oscuro corazón de Asia: el ideal de borrar de la creación a todas las criaturas. En ello se diferencia también de la análoga vaguedad del evolucionismo: la idea de unas criaturas que pierden constantemente su forma. Un hombre al que dijeran que la llave de su puerta se habría derretido junto a otro millón de llaves en una unidad budista, se sentiría ciertamente molesto. Pero, un hombre al que dijeran que su llave estuviera creciendo y echando brotes en su bolsillo, y ramificándose en nuevas muescas o complicaciones, no se sentiría más contento.

En segundo lugar, la forma de una llave es, en sí misma, una forma bastante fantástica. Un salvaje que no supiera lo que es una llave, tendría grandes dificultades para adivinar de qué se podría tratar. Y es fantástica porque en cierto sentido es arbitraria. Una llave no es algo abstracto y, en ese sentido, no es materia de discusión: o encaja o no encaja en la cerradura. Es inútil que los hombres se pongan a discutir sobre ella, ya sea considerándola en sí misma, o reconstruyéndola basándose en principios de mera geometría o arte decorativo. No tiene sentido que un hombre diga que le gustaría una llave más sencilla; sería mucho más sensato que probara con una palanca. Y en tercer lugar, en cuanto que la llave está necesariamente sujeta a un patrón, nuestro credo era una llave con un patrón en algunos aspectos muy elaborado. Cuando la gente se queja de que la religión se complica muy pronto con la aparición de la teología y cosas por el estilo, se olvida de que el mundo no sólo había caído en un agujero, sino en un auténtico laberinto de agujeros y de esquinas. El problema era complicado. No se trataba simplemente del pecado, sino de un mundo lleno de secretos, de errores insondables e inexplorados, de enfermedades mentales inconscientes, de peligros en todas direcciones. Si la fe hubiera hecho frente al mundo solamente con los tópicos sobre la paz y la sencillez de espíritu a la que algunos moralistas la habrían confinado, no habría tenido el más mínimo efecto en ese lujoso y laberíntico manicomio. El efecto que produjo esta llave es lo que ahora, a grandes rasgos, trataremos de describir. De momento basta decir que había muchos aspectos en torno a la llave que parecían complejos. De hecho, sólo una cosa en torno a ella era sencilla: abría la puerta.

Hay ciertas afirmaciones reconocidas y aceptadas en esta materia que, por brevedad y conveniencia, es preciso reputar como mentiras. Todos hemos escuchado decir a la gente que el cristianismo surgió en una época de barbarie. Estos mismos podrían decir también que la Ciencia Cristiana surgió en una época de barbarie. Es posible que piensen que el cristianismo fue un síntoma de la decadencia social, lo mismo que yo pienso que la Ciencia Cristiana es un síntoma de decadencia mental. Es posible que piensen que el cristianismo fue una superstición que en el fondo destruyó una civilización, lo mismo que yo considero la Ciencia Cristiana una superstición capaz —si se la toma en serio— de destruir cualquier tipo de civilizaciones. Pero decir que un cristiano del siglo IV o V era un bárbaro que llevaba una vida bárbara en una época de barbarie es como decir que la señora Eddy fue una piel roja. Y si consintiera que mi natural impaciencia con la señora Eddy me impulsara a llamarla piel roja, estaría diciendo una mentira. Nos puede gustar o no la civilización imperial de Roma en el siglo IV. Nos puede gustar o no la civilización industrial de América en el siglo XIX, pero que los dos eran lo que habitualmente entendemos por civilización es algo que ninguna persona con sentido común se atrevería a negar aunque quisiera. Esto es un hecho evidente y al mismo tiempo fundamental. Y debemos considerarlo como el fundamento de cualquier nueva descripción constructiva del cristianismo en el pasado. Para bien o para mal, fue prominentemente el producto de una época civilizada y quizás de una época extremadamente civilizada. Éste es el primer hecho, lejos de toda alabanza o culpa. Realmente no es muy afortunado y supone un elogio para la Ciencia Cristiana mencionarla en comparación con cualquier otra cosa. Pero siempre se desea saber algo del sabor de una sociedad en la que condenamos o alabamos alguna cosa. Y la ciencia que mezcla a la señora Eddy con los tomahawks, o la Mater Dolorosa con los totems puede, por razones de conveniencia general, ser eliminada. El hecho dominante, no sólo sobre la religión cristiana, sino sobre toda la civilización pagana, es el que he repetido más de una vez a lo largo de estas páginas. El Mediterráneo era un lago, una especie de fuente común de recursos, en donde se daban cita un gran número de cultos o culturas de diverso tipo. Situadas frente a frente, aquellas ciudades en torno al lago fueron adquiriendo paulatinamente el carácter de una única cultura cosmopolita. El Imperio Romano dominaba el aspecto legal y militar, pero existían muchas otras facetas. Podía considerarse una cultura supersticiosa en cuanto que contenía un gran número de supersticiones de diversa índole. Pero en ningún caso encontramos algún fundamento que nos permita calificar la cultura como bárbara.

Sobre esta cultura cosmopolita se alzó la religión cristiana y la Iglesia Católica, y todo parece indicar que la gente lo recibió como un fenómeno nuevo y extraño. Los que han tratado de explicarlo como un hecho que evolucionó desde un fenómeno más moderado o más normal, se han encontrado con que, en este caso, su método evolucionista tiene grandes dificultades de aplicación. Es posible que sugieran que los esenios, los ebionitas u otros pueblos parecidos fueran la semilla, pero la semilla es invisible; el árbol se convierte en adulto con gran rapidez y resulta algo totalmente diferente. Es como un árbol de Navidad que conserva el clima de afecto y la belleza moral de la historia de Belén. Pero era tan ritualista como el candelabro de siete brazos, y las velas que llevaba eran considerablemente más de las que probablemente estaban permitidas en el primer libro de oraciones de Eduardo VI. Nos podríamos preguntar, de hecho, por qué alguien que acepta la tradición de Belén habría de oponerse a un ornamento de oro o dorado teniendo en cuenta que los mismos Magos trajeron oro, o por qué habría de disgustarle el incienso en la Iglesia, teniendo en cuenta que también el incienso fue llevado al pesebre. Pero éstas son controversias que no interesan aquí. Sólo nos interesa el hecho histórico, cada vez más admitido por los historiadores, de que esta realidad se hizo muy pronto visible a la civilización de la antigüedad y que la Iglesia apareció ya como Iglesia, con todo lo que implica una Iglesia y lo mucho que se tiende a repudiarla. Enseguida nos detendremos a abordar hasta qué punto se parecía la Iglesia a otros misterios de carácter ritual, mágico o ascético de su época. Ciertamente, no se parecía lo más mínimo a los movimientos puramente éticos e idealistas de nuestro tiempo. Tenía una doctrina; tenía una disciplina; tenía sacramentos; tenía grados de iniciación; admitía y expulsaba a gente; afirmaba un dogma con autoridad y rechazaba otro con anatemas. Si todas estas cosas eran las señales del Anticristo, su reinado seguía muy de cerca al reinado de Cristo.

Los que sostienen que el cristianismo no fue una Iglesia sino un movimiento moral de idealistas, se han visto obligados a situar el período de su perversión o desaparición cada vez más lejos. Un obispo de Roma escribe reclamando autoridad en vida de san Juan Evangelista, y se describe el hecho como la primera agresión papal. Un amigo de los Apóstoles escribe de ellos como hombres que él conocía y dice que ellos le enseñaron la doctrina del Sacramento. Y lo único que al señor Wells se le ocurre decir es que la reacción hacia los bárbaros ritos de sangre pudo haber tenido lugar mucho antes de lo que se creía. La fecha del cuarto Evangelio, que en cierta época se fijaba en un periodo cada vez más tardío, se fija ahora en un periodo cada vez más temprano. Y los críticos se tambalean ligeramente ante la terrible posibilidad que se vislumbra de que aquello pueda ser lo que profesa ser. El último límite de una fecha temprana para la extinción del verdadero cristianismo parece haberlo encontrado un profesor alemán cuya autoridad invoca el deán Inge[7]. Este docto erudito dice que Pentecostés fue la ocasión para la primera fundación de una Iglesia eclesiástica, dogmática y despótica completamente ajena a los sencillos ideales de Jesús de Nazaret. Es lo que, tanto en sentido popular como en sentido culto, podríamos llamar el límite. ¿De qué se imaginan este tipo de profesores que están hechos los hombres? Supongamos que se tratara de una cuestión sobre un movimiento meramente humano, como el de los objetores de conciencia. Algunos dicen que los primitivos cristianos eran pacifistas. Yo no lo creo así, pero estoy dispuesto a aceptar la comparación en apoyo de la argumentación. Supongamos que Tolstoi o algún gran predicador de la paz entre los campesinos, ha sido fusilado como rebelde por oponerse al alistamiento en el ejército y, poco después, sus escasos seguidores se reúnen en una habitación superior, en memoria suya. Estos hombres nunca tuvieron otra razón para reunirse que ese recuerdo común. Son hombres de muy diverso tipo, sin nada que los ate, salvo que el acontecimiento más grande de toda su vida fue esta tragedia del maestro de la

---

[7] William Ralph Inge (1860-1954). Prelado anglicano, deán de la Catedral de San Pablo. Conocido por la originalidad de su pensamiento y por su pesimismo.

paz universal. Repiten continuamente sus palabras, dan vueltas a sus enseñanzas e intentan imitar su carácter. Los pacifistas se reúnen en su Pentecostés y se ven poseídos por un repentino éxtasis de entusiasmo y por el violento ímpetu del torbellino de la inspiración, durante el cual, proceden a establecer el reclutamiento universal, a incrementar el presupuesto de la Marina, a insistir en que todos vayan armados hasta los dientes y se dirijan a todas las fronteras con la artillería. Finalmente, concluyen con unos alegres cantos marineros. Algo parecido a esto viene a ser lo que defiende la teoría de estos críticos: que la transición de la idea de Jesús a la idea de catolicismo podría haberse formado en un pequeño cuarto superior en Pentecostés. Mas nadie con sentido común, aceptaría que unas personas que se reúnen únicamente por el entusiasmo común que sienten hacia un líder al que amaron, se precipiten inmediatamente a establecer todo lo que aquél odiaba. Verdaderamente no. Si el «sistema eclesiástico y dogmático» es tan viejo como Pentecostés, es tan viejo como la Navidad. Si buscamos los orígenes de aquellos primitivos cristianos, debemos remontarnos hasta Cristo.

Así pues, podemos comenzar con dos negaciones. Por un lado, es absurdo decir que la fe cristiana apareció en una época sencilla, entendida en el sentido de una época inculta o ingenua. Por otro, es igualmente absurdo decir que la fe cristiana fue algo simple, en el sentido de algo vago, infantil o puramente instintivo. Quizás, el único punto en el que podríamos decir que la Iglesia encajaba en el mundo pagano, es el hecho de que ambos eran realidades no sólo altamente civilizadas sino también bastante complejas. Ambas presentaban indudablemente muchas facetas, pero la antigüedad era entonces un agujero con muchas caras, como un agujero hexagonal a la espera de una tapa igualmente hexagonal. En ese sentido, sólo la Iglesia tenía las suficientes facetas para ajustarse al mundo. Las seis caras del mundo Mediterráneo se miraban unas a otras a través del mar, a la espera de algo que estaría orientado a todos los lugares al mismo tiempo. La Iglesia tuvo que ser romana, griega, judía, africana y asiática. Con las mismas palabras del Apóstol de los Gentiles, se había hecho todo para todos los hombres. El cristianismo no era algo meramente brutal y simple. Al contrario, era el mismo reverso del crecimiento de un periodo de barbarie. Pero al llegar a la acusación contraria, llegamos a una acusación mucho más plausible. Es mucho más sostenible que la Fe no fue sino la fase final de la decadencia de la civilización —un exceso de civilización—. Y esta superstición era una muestra de que Roma se estaba muriendo, y estaba muriendo por ser demasiado civilizada. Mas éste es un argumento que vale la pena considerar más despacio.

Al principio de este libro me aventuré a hacer un resumen general del mismo, estableciendo un paralelismo entre la Humanidad surgiendo de la naturaleza y el Cristianismo surgiendo de la historia. Y señalaba que en ambos casos lo que había sido antes podría implicar lo que vendría después, pero no sucedió así. Si una inteligencia aislada hubiera visto unos monos, podría haber deducido que existían otros antropoides, pero no habría deducido la existencia del hombre o de cualquier otra cosa a miles de kilómetros de distancia de lo que el hombre ha hecho. En pocas palabras, podría haber visto al Pitecántropo o al Eslabón Perdido perfilándose en el futuro, si esto fuera posible, de forma tan oscura y confusa como lo vemos perfilarse en el pasado. Pero lo mismo que podría prever su aparición, también prevería su desaparición, figurándose que dejaría tras de sí algunas débiles trazas, lo mismo que él había dejado tras de sí unas trazas semejantes, si es que éstas pueden calificarse como tales. Pero prever la existencia del Eslabón Perdido, no significa prever al Hombre, o algo parecido al Hombre. Esta explicación conviene retenerla en la cabeza, pues es un paralelismo exacto con la verdadera visión de la Iglesia, y la idea de que evoluciona naturalmente a partir del Imperio en decadencia.

La verdad es que, en cierto sentido, se podía predecir perfectamente que la decadencia del Imperio produciría algo como el cristianismo. Es decir, algo ligeramente parecido y gigantescamente diferente. Alguien podría haber dicho perfectamente: «se ha perseguido el placer de forma tan desorbitada, que se producirá una reacción de pesimismo que tal vez asuma la forma de ascetismo. Los hombres se mutilarán en vez de ahorcarse». O se podría haber dicho con mucha razón: «si nos cansamos de nuestros dioses griegos y latinos nos arrojaremos en brazos de cualquier misterio oriental; algo encontraremos entre los persas o los hindúes». Cualquier hombre de este mundo podría ser lo bastante sagaz para decir: «los poderosos están muy al día de las últimas corrientes; cualquier día los jueces adoptarán una de ellas y llegará a ser oficial». Y a otro profeta más melancólico se le podría perdonar por decir: «el mundo va cuesta abajo; las oscuras y bárbaras supersticiones volverán, no importa cuáles. Todas ellas serán realidades informes y fugaces como los sueños de la noche».

Lo realmente interesante ahora del caso es que todas estas profecías se cumplieron, pero no fue la Iglesia la que las realizó. Fue la Iglesia la que escapó de ellas, las confundió y se alzó sobre ellas triunfante. En cuanto que era probable que la misma naturaleza del hedonismo produjera una idéntica reacción de ascetismo, se produjo esta reacción. Fue el movimiento llamado Maniqueo y la Iglesia era su enemigo mortal. En cuanto que era probable que apareciera de forma natural en ese momento de la historia, apareció; y también desapareció, lo que era igualmente natural. La reacción pesimista vino con los maniqueos y se fue con los maniqueos. Pero la Iglesia no vino con ellos ni se fue con ellos, y tuvo mucho más que ver con su desaparición que con su llegada. Igualmente, en cuanto que era probable que el escepticismo creciente trajera consigo la moda de alguna religión oriental, se produjo semejante hecho. Mitra llegó de más allá de Palestina, del mismo corazón de Persia, trayendo consigo extraños misterios de la sangre de toros. Ciertamente, todo hacía esperar que una moda así había de llegar en algún momento, pero nada garantizaba que no habría de desaparecer. La novedad procedente de Oriente se ajustaba ciertamente al siglo IV o V, pero eso no explica que haya permanecido hasta el siglo XX y con tanta fuerza. En resumen, en la medida en que eran de esperar fenómenos de ese tipo en aquel entonces, se produjeron experiencias como el mitraísmo, pero eso no explica experiencias más recientes. Y si fuéramos aún mitraístas simplemente porque las mitras y otros adornos persas podían haber constituido la última moda en los días de Domiciano, nuestro aspecto resultaría para el momento actual un tanto desaliñado.

Lo mismo ocurre, como veremos enseguida, con la idea del favoritismo oficial. En cuanto que era posible que se diera este favoritismo por la novedad durante la decadencia y caída del Imperio Romano, se dio realmente y se vio condenado a declinar con él. No arroja ningún tipo de luz sobre el asunto el que se opusiera resueltamente a la decadencia y a la caída, que creciera constantemente mientras el otro declinaba y caía, y que incluso en estos momentos siga adelante con energía audaz, cuando otro eón ha completado su ciclo y otra civilización parece casi lista para caer o declinar.

Lo curioso es esto: que las mismas herejías que algunos acusan a la Iglesia de haber combatido, son testimonio de la injusticia con la que se acusa a la Iglesia. Si algo merecía censura era precisamente aquello de lo que se acusaba a la Iglesia. En cuanto que algo era pura superstición, la Iglesia condenaba esa superstición. En cuanto que algo era una mera reacción hacia la barbarie, la Iglesia se oponía a ello por ser una reacción hacia la barbarie. En cuanto que algo era una novedad del decadente Imperio, que se moría y merecía morir, fue la Iglesia, únicamente, la que acabó con ella. Se reprocha a la Iglesia por ser exactamente aquello mismo por lo que fue reprimida la herejía. Las explicaciones de los historiadores evolucionistas y más altos críticos explican realmente porqué nacieron el arrianismo, el agnosticismo y el nestorianismo, y también porqué murieron. No explican porqué nació la Iglesia o porqué se ha negado a morir. Y sobre todo, no explican porqué habría de enfrentarse con los mismos males que supuestamente había de compartir.

Tomemos algunos ejemplos prácticos de este principio; de que si hubo realmente algo que fue una superstición en el decadente Imperio, murió con él, y ciertamente no fue lo mismo que aquello que destruyó. Con este fin, cogeremos por orden dos o tres de las explicaciones más habituales acerca de los orígenes cristianos entre los críticos modernos del cristianismo. Nada es más frecuente, por ejemplo, que encontrar uno de estos críticos modernos escribiendo algo como esto: «el cristianismo era sobre todo un movimiento de ascetas, una huída precipitada al desierto, un refugio en el claustro, una renuncia de toda vida y felicidad. Y esto formaba parte de una reacción pesimista e inhumana contra la misma naturaleza, un odio del cuerpo, un horror del universo material, una especie de suicidio universal de los sentidos e incluso del propio yo. Procedía de un fanatismo oriental como el de los faquires y estaba fundado en el fondo en un pesimismo oriental, que parece considerar la propia existencia como un mal».

Lo más extraordinario de esto es que todo es absolutamente verdad. Es verdad en cada detalle salvo en el de que se atribuye totalmente a la persona equivocada. No es verdad referido a la Iglesia, pero es verdad referido a los herejes condenados por la Iglesia. Es como si uno fuera a escribir un análisis detallado de los errores y descuidos de gobierno de los ministros de Jorge III, con el pequeño e inexacto detalle de atribuir toda la historia a la persona de George Washington. O como si alguien hiciera una lista de los crímenes de los bolcheviques sin otra inexactitud que la de atribuírselos al Zar. La Iglesia primitiva fue verdaderamente muy ascética con respecto a una filosofía totalmente diferente. Pero la filosofía de una lucha contra la vida y la naturaleza, existía como tal realmente en el mundo, si los críticos supieran dónde buscarla.

Lo que realmente sucedió fue lo siguiente. Cuando la Fe surgió por primera vez en el mundo, se vio envuelta en una especie de enjambre de sectas místicas y metafísicas, principalmente orientales, como una solitaria abeja dorada dentro de un avispero. Para el observador habitual no había mucha diferencia o no advertía más que un zumbido. Y, en cierto sentido, no había mucha diferencia por lo que se refiere al hecho de picar o ser picado. La diferencia era que sólo una mota dorada en todo aquel zumbido de polvo dorado, poseía la capacidad necesaria para hacer colmenas para toda la humanidad y ofrecer miel y cera al mundo o —como se dijo muy finamente en un contexto fácilmente olvidado—: «las dos cosas más nobles, que son la dulzura y la luz». Todas las avispas murieron aquel invierno, y el problema es que casi nadie sabe nada de ellas y la mayoría de la gente no sabe que existieron, por lo que toda la historia de esa primera fase de nuestra religión se perdió. O, por cambiar la metáfora, cuando éste o algún otro movimiento atravesaron el dique entre el este y el oeste y trajeron ideas de carácter más místico a Europa, se trajeron consigo una oleada entera de ideas místicas diferentes junto a las suyas propias, muchas de ellas ascéticas y casi todas pesimistas. Estas ideas prácticamente inundaron y anegaron el elemento puramente cristiano. Procedían, fundamentalmente, de esa región que era una especie de oscura frontera entre las filosofías y las mitologías orientales, y que compartía con los filósofos más impetuosos ese curioso anhelo por hacer fantásticos patrones del cosmos en forma de mapas y árboles genealógicos. Los que se supone derivan del misterioso Manes, se llaman maniqueos. Otros cultos similares se conocen como gnósticos. Esencialmente, son de una complejidad laberíntica, pero lo más destacado de ellos es el pesimismo, el hecho de que casi todos, de una forma u otra, consideraban la creación del mundo como la obra de un espíritu maligno. Algunos de ellos tenían ese aire asiático que rodea al budismo, la idea de que la vida es una corrupción de la pureza del ser. Otros sugirieron un orden puramente espiritual que se había visto envuelto en el burdo y simple engaño de hacer juguetes del sol, la luna o las estrellas. En cualquier caso, toda esta marea oscura, procedente del mar metafísico de Asia, se vertió a través de los diques al mismo tiempo que el Credo de Cristo. Pero el punto clave de la historia es el hecho de que los dos no eran iguales, no se confundían como el agua y el aceite. Aquel credo permanecía como un milagro, un río fluyendo en medio del mar. Y la prueba del milagro era práctica una vez más: mientras que todo aquel mar era salado y amargo con el sabor de la muerte, de esa corriente que fluía en su medio podía beber el hombre.

Esta pureza fue preservada por definiciones dogmáticas y exclusiones, seguramente, la única manera de preservarla. Si la Iglesia no hubiera rechazado a los maniqueos hubiera corrido el riesgo de convertirse en maniquea. Si no hubiera rechazado a los gnósticos podría haberse convertido al gnosticismo. Pero, por el mismo hecho de rechazarlos, prueba que no era gnóstica o maniquea. En todo caso, probó que algo no era gnóstico o maniqueo y, ¿qué podía ser lo que les condenaba, sino la original Buena Nueva de los pastores de Belén y la trompeta de la Resurrección? La primitiva Iglesia era ascética, pero demostró que no era pesimista, simplemente, condenando a los pesimistas. El credo afirmaba que el hombre era pecador, pero no que la vida fuese mala en sí misma, cosa que demostró condenando a los que lo decían. La condenación de los primitivos herejes es condenada a su vez como un hecho despiadado y estrecho. Pero en realidad, era la misma prueba de que la Iglesia quería ser fraternal y abierta. Aquello era la prueba de que los primitivos católicos tenían especiales deseos de explicar que *no* consideraban al hombre un ser totalmente corrompido, que *no* consideraban la vida incurablemente desgraciada, que *no* consideraban el matrimonio un pecado o la procreación una tragedia. Eran ascetas porque el ascetismo era la única purgación posible de los pecados del mundo, pero en el mismo trueno de sus anatemas afirmaban para siempre que su ascetismo no era antihumano o antinatural, que deseaban purgar el mundo y no destruirlo. Y ninguna otra cosa, salvo esos anatemas, habría podido dejarlo seguramente más claro, en medio de una confusión que todavía los confunde con sus enemigos mortales. Nada, salvo el dogma, habría podido resistir el motín de invención imaginativa con el que los pesimistas emprendían su guerra contra la naturaleza, con sus Eones y su Demiurgo, sus extraños Logos y su siniestra Sofía. Si la Iglesia no hubiera insistido en la teología, se habría disuelto en una loca mitología de místicos, aún más alejada de la razón o del racionalismo y, sobre todo, aún más alejada de la vida y del amor por la vida. Se habría convertido en una mitología invertida, contradiciendo todo lo que es natural en el paganismo; una mitología en la que Plutón sería superior a Júpiter y el Hades se situaría por encima del Olimpo; en la que Brahma y todo lo que tiene aliento de vida sería inferior a Siva, que brilla con el ojo de la muerte.

El arrebatador entusiasmo de la primitiva Iglesia por la renuncia y la virginidad, hace que esta distinción sea más llamativa y no al contrario. Realza más el lugar donde el dogma trazó la línea. Cualquier hombre podía arrastrarse sobre cuatro patas como una bestia por el hecho de ser asceta, o permanecer noche y día sobre un pilar y ser adorado como asceta. Pero no podía decir que el mundo era un error o el estado matrimonial un pecado sin ser un hereje. ¿Qué era aquello que se desligaba de forma deliberada del ascetismo oriental con una definición tajante y una feroz renuncia, sino algo con una individualidad propia y muy diferente? Si se confunde a los católicos con los gnósticos, sólo podemos decir que no es culpa suya. Y es duro que los católicos sean acusados por unos mismos críticos de perseguir a los herejes y de simpatizar, al mismo tiempo, con la herejía.

La Iglesia no fue un movimiento maniqueo aunque sólo sea porque no fue un movimiento en absoluto. Ni siquiera fue un movimiento ascético, porque no fue un movimiento en absoluto. Nos acercaríamos más a la verdad si la consideráramos domadora del ascetismo más que su líder o su liberadora. La Iglesia tenía su propia teoría del ascetismo, su propio tipo de ascetismo, pero lo más importante en aquel momento era su papel moderador frente a otras teorías y otros tipos. Éste es el único sentido que tiene, por ejemplo, la historia de san Agustín. Mientras no fue más que un hombre de mundo, un hombre que se dejaba llevar por su tiempo, fue, efectivamente, maniqueo. Ser maniqueo estaba entonces de moda y era algo muy moderno. Pero cuando se hizo católico, los primeros contra los que arremetió y a quienes rasgó en pedazos fueron los maniqueos. El pensamiento católico lo expresaría diciendo que dejó de ser pesimista para convertirse en asceta. Pero tal como los pesimistas interpretaban el ascetismo, sería mejor decir que dejó de ser asceta para convertirse en santo. La oposición a la vida y la negación de la Naturaleza, eran las ideas que éste había encontrado en el mundo pagano fuera de la Iglesia y a las que tuvo que renunciar cuando entró en ella. El hecho mismo de que san Agustín se nos presente como una figura más severa o triste que san Francisco o santa Teresa, no hace más que acentuar el dilema. Y enfrentándonos con el más grave o el más severo de los católicos, podemos aún preguntar «¿Por qué el catolicismo combatió a los maniqueos, si él mismo era maniqueo?».

Tomemos otra explicación racionalista del auge del cristianismo. Es bastante frecuente encontrar algunos críticos que afirman: «El cristianismo, realmente, no surgió de ninguna parte; no se alzó desde abajo sino que fue impuesto desde arriba. Es una muestra de la fuerza del poder ejecutivo, especialmente en los estados despóticos. El Imperio era realmente un Imperio, es decir, estaba realmente gobernado por el Emperador. Y ocurrió que uno de los Emperadores se hizo cristiano, lo mismo que podría haberse hecho mitraísta, judío o adorador del Fuego. Era algo habitual en el declinar del Imperio que la gente eminente y educada adoptara estos excéntricos cultos orientales. Pero, al adoptar el cristianismo, éste se convirtió en la religión oficial del Imperio Romano, y al convertirse en la religión oficial del Imperio, se hizo tan fuerte, tan universal y tan invencible como el mismo Imperio. Y su perdurar en el mundo no es sino una reliquia de ese Imperio o, como muchos han expresado, el espíritu del César revoloteando aún sobre Roma». Esta argumentación es la misma que siguen los críticos de la ortodoxia, afirmando que dicha «oficialidad» de la religión es lo que la hizo mantener siempre la ortodoxia. Y una vez más, el recurso a los herejes nos ayudará a refutar estas afirmaciones.

Toda la gran historia de la herejía arriana podría haberse inventado para explotar esta idea. Es una historia muy interesante que se repite con frecuencia al hablar de ese tema y lo que resultó de ella fue lo siguiente: que tratándose de una religión oficial se extinguió como tal, destruida precisamente por la religión verdadera. Arrio propuso una versión del cristianismo que se movió, de un modo más o menos vago, en la dirección de lo que podríamos llamar Unitarismo[8], aunque no era lo mismo que aquél, puesto que colocaba a Cristo en una curiosa posición intermedia entre lo divino y lo humano. El hecho es que esto a mucha gente le parecía más razonable y menos fanático y, entre éstos, se encontraba mucha gente de clase educada, como en una especie de reacción ante el primer impulso de la conversión. Los arrianos eran una especie de moderados y modernistas. Y la sensación general era la de que después de las primeras disputas ésta venía a ser la forma final de religión racional sobre la que podría asentarse la civilización. Fue aceptada por el mismo César y se convirtió en

---

[8] Doctrina religiosa que, admitiendo en parte la revelación, no reconoce en Dios más que una sola persona.

la ortodoxia oficial. Los generales y príncipes militares surgidos de las nuevas fuerzas bárbaras del norte la apoyaron con firmeza. Pero lo que resultó es aún más importante. Así como un hombre moderno podría pasar del Unitarismo al más completo agnosticismo, el más grande de los emperadores arrianos acabó por despojarse de la última y más leve apariencia de cristianismo: abandonó para siempre a Arrio y se volvió hacia Apolo. Era un César de Césares, un soldado, un erudito, un hombre de ambiciones e ideales grandes, otro de los reyes filósofos. Se figuraba que a una señal suya el sol volvería a salir. Los oráculos comenzaron a hablar como los pájaros cuando empiezan a cantar al amanecer. El paganismo volvía por sus fueros. Los dioses retornaban. Parecía el final del extraño intervalo de una superstición extranjera. Y verdaderamente lo fue. Se produjo un simple intervalo de una mera superstición. Fue su final en cuanto que fue el capricho de un emperador o la moda de una generación. Si realmente hubo algo que comenzó con Constantino, ese algo acabó con Juliano.

Pero hubo algo que no terminó. Desafiante sobre el tumulto democrático de los Concilios de la Iglesia, había surgido en aquel momento histórico Atanasio, dispuesto a enfrentarse al mundo. En este punto nos detendremos brevemente, ya que es importante para el conjunto de esta historia religiosa y el mundo moderno parece no darse cuenta. Podríamos expresarlo así: si hay un tema del que los ilustrados y liberales tienen la costumbre de burlarse y ponen como ejemplo terrible de la esterilidad del dogma y de la insensata lucha sectaria, es el tema de Atanasio acerca de la co-eternidad del Hijo Divino. Por otra parte, si hay una cosa que los mismos liberales nos ofrecen siempre como una muestra de cristianismo puro y simple, no turbado por conflictos doctrinales, es la sola frase: «Dios es Amor». Con todo, las dos expresiones son casi idénticas o, al menos, una no tiene prácticamente sentido sin la otra. La pretendida esterilidad del dogma es la única manera lógica de indicar ese hermoso sentimiento. Pues, si hubiera un «ser» sin principio, que existiera antes de todas las cosas, ¿acaso podría amar cuando no había nada que amar? Si en medio de esa insondable eternidad está solo, ¿qué sentido tiene decir que es Amor? La única justificación de dicho misterio es el concepto místico de que en Su propia naturaleza había algo análogo a la expresión de sí mismo; algo que engendra y advierte lo que ha engendrado. Sin una idea así, realmente es ilógico complicar la esencia última de la divinidad con una idea como el amor. Si los modernos realmente desean una simple religión del amor, deben buscarla en el Credo de Atanasio. Verdaderamente, la trompeta del auténtico cristianismo, el desafío de la sencillez y derroche de afectos de Belén o del Día de Navidad, nunca sonó con tanta energía y con tanta claridad como en el desafío de Atanasio al frío acomodo de los arrianos. Era él, precisamente, el que luchaba por un Dios de Amor frente a un Dios controlador del cosmos, deslucido y remoto; el Dios de los estoicos y de los agnósticos. Era él, precisamente, el que luchaba por el Santo Niño frente a la gris divinidad de los fariseos y los saduceos. Luchaba para lograr ese mismo equilibrio de hermosa interdependencia e intimidad —presente en la Trinidad de la Naturaleza Divina—, que atrae nuestros corazones a la Trinidad de la Sagrada Familia. Su dogma —si la frase no se malinterpreta—, convierte al mismo Dios en una Sagrada Familia.

Que este dogma puramente cristiano se rebelara por segunda vez contra el Imperio, y por segunda vez fundara la Iglesia, a pesar del Imperio, es en sí mismo una prueba de que había algo positivo y personal desarrollándose en las entrañas del mundo, con absoluta independencia de la religión oficial del Imperio. Esta fuerza destruyó completamente la fe oficial adoptada por el Imperio y siguió su propio camino, como aún hoy lo sigue. Hay multitud de ejemplos en los que se repite el mismo proceso que el de los maniqueos y los arrianos. Algunos siglos después, por ejemplo, la Iglesia tuvo que mantener la misma Trinidad —que es, simplemente, la única posibilidad lógica del amor— frente a la aparición de otra divinidad aislada y simplificada en la religión del Islam. Con todo, hay todavía algunos que no acaban de ver porqué luchaban los cruzados, y algunos otros que incluso hablan del cristianismo como si nunca hubiera sido más que una forma de lo que ellos llaman el hebraísmo procedente de la decadencia del helenismo. Esa gente debe sentirse muy desconcertada ante la guerra entre la Media Luna y la Cruz. Si el cristianismo no hubiera sido otra cosa que una moral más sencilla que acabó con el politeísmo, no hay razón por la que el cristianismo no hubiera sido absorbido por el Islam. La verdad es que el Islam no fue sino una bárbara reacción contra esa humana complejidad que se esconde tras el carácter cristiano: esa idea de equilibrio en la divinidad —el mismo equilibrio que se da en la familia— que convierte ese credo en una especie de claridad, y la claridad en el alma de la civilización. Y por esto es por lo que la Iglesia es, desde el primer momento, una realidad firme en su postura y su punto de vista, alejada de los hechos accidentales y anárquicos de su tiempo. Es por esto, por lo que asesta golpes imparcialmente a diestro y siniestro contra el pesimismo de los maniqueos o el optimismo de los pelagianos. No fue un movimiento maniqueo porque no fue ningún movimiento. No fue una moda oficial porque no fue ninguna moda. Fue algo que pudo coincidir con movimientos y modas, pero supo controlarlos y sobrevivir a ellos.

Por lo tanto, bien podrían los grandes herejes alzarse de sus sepulcros para confundir a sus compañeros actuales. No hay nada que los críticos afirmen hoy día que no podamos invitar a negar a estos grandes testigos. El crítico moderno dirá, con bastante ligereza, que el cristianismo no fue sino una reacción que conducía a un ascetismo y a una espiritualidad antinatural, una danza de faquires furiosos contra el amor y contra la vida. Pero Manes, el gran místico, les contestará desde su trono secreto y gritará: «Estos cristianos no tienen ningún derecho a ser llamados espirituales, ni poseen ningún título que les permita llamarse ascetas. Son gente comprometida con la maldición de la vida y la inmundicia de la familia. Por su culpa la tierra sigue siendo inmunda, llena de frutos y cosechas, y contaminada por la población. El suyo no fue un movimiento contra la naturaleza, o mis hijos lo habrían hecho triunfar. Pero estos estúpidos renovaron el mundo cuando yo lo habría aniquilado con un gesto». Otros críticos dirán que la Iglesia no fue sino la sombra del Imperio, el capricho de un emperador casual, y que permanece en Europa sólo como un espectro del poder de Roma. Y Arrio, el diácono, desde la oscuridad del olvido les contestará: «No es cierto; de lo contrario el mundo habría seguido mi religión, que era más razonable. Pues mi religión se vino abajo antes de los demagogos y los que desafiaban al César; y rodeaba a mi defensor un manto de púrpura; y mía era la gloria de las águilas. No fue por falta de estas cosas por lo que fracasé». Y aún habrá otros críticos modernos que sostengan que el credo se difundió por una especie de pánico al fuego del infierno, lo que llevaría a una multitud de hombres de todas partes, a intentar cosas imposibles para escapar de la terrible venganza, de la pesadilla de un imaginario remordimiento. Y semejante explicación dejará satisfechos a muchos que ven algo terrible en la doctrina de la ortodoxia. Y se alzará entonces, contra ello, la terrible voz de Tertuliano, diciendo: «Y, ¿porqué entonces fui yo expulsado?, ¿por qué unos pobres corazones e inteligencias decidieron contra mí cuando proclamé la condenación de todos los pecadores?, y ¿qué fue esa fuerza que frustró mis planes cuando amenacé a todos los apóstatas con el infierno? Porque ninguno llegó nunca tan arriba en esa dura pendiente como yo, y el mío era el *Credo Quia Impossibile*». Encontraríamos aún una cuarta idea, señalando que había algo de sociedad secreta semítica en todo el asunto; que el cristianismo no fue sino una nueva invasión del espíritu nómada que suscitaría un paganismo más bondadoso y más cómodo, con sus ciudades y sus dioses domésticos, y en donde las razas monoteístas celosas podían finalmente establecer su celoso Dios. Y Mahoma les contestará desde el torbellino —el rojo torbellino— del desierto: «¿Quién sirvió alguna vez el celo de Dios como yo lo hice, o lo consideró más único en el cielo? ¿Quién tributó alguna vez más honor a Moisés y a Abrahán, o ganó más victorias sobre los ídolos y las imágenes del paganismo? Y ¿qué fue lo que me empujó con la energía de una realidad viva, cuyo fanatismo podía echarme de Sicilia y arrancar mis profundas raíces de la roca de España? ¿Qué fe era la suya capaz de reunir miles de personas de toda clase y gritar que mi ruina era la voluntad del Dios?, y ¿qué fue lo que llevó al gran Godofredo[9] a arrojarse como de una catapulta sobre los muros de Jerusalén?, o ¿qué fue lo que atrajo al gran Sobieski[10] como un rayo a las puertas de Viena? Sin duda, había algo más de lo que uno se imagina en una religión que hasta tal punto ha emparejado con la mía».

Los que consideran que la fe fue un fanatismo están condenados a la perplejidad eterna. En sus escritos es obligado aparecer como fanático por nada y contra todo. El cristianismo es ascético y en guerra con los ascetas, romano y rebelde contra Roma, monoteísta y en furiosa lucha contra el monoteísmo, severo en su condena de la severidad; un enigma, en definitiva, que no se puede explicar ni siquiera como un absurdo. ¿Y qué clase de absurdo es aquello que parece razonable a millones de europeos cultos por encima de todas las revoluciones acaecidas a lo largo de mil seiscientos años? La gente no se contenta con un rompecabezas, una paradoja o un simple desorden en la mente para explicar todo ese espa-

---

[9] Godofredo de Bouillon, famoso duque de Lorena. La leyenda convirtió su figura en el caudillo máximo de las cruzadas, rey de Jerusalén y legislador.
[10] Jacobo Sobieski (1579-1647), capitán y diplomático polaco, más tarde rey de Polonia con el nombre de Juan III. Distinguido en numerosas guerras, desempeñó varias misiones diplomáticas en Austria, Italia y Francia y fue uno de los negociadores de la Paz de Westfalia (1648) que no pudo ver firmada.

cio de tiempo. No sé de ninguna explicación, salvo la de que aquello no sea algo absurdo sino razonable, que, si es fanático, es fanático de la razón y fanático frente a todo lo que atente contra la misma. Ésta es la única explicación que puedo encontrar de un fenómeno tan definido y tan seguro de sí desde un principio; que condenaba realidades tan parecidas a sí mismo; que rechazaba la ayuda de poderes que parecían tan esenciales para su existencia; que participaba en lo humano de todas las pasiones de la época, pero siempre, en el momento decisivo, se alzaba súbitamente sobre ellas; que nunca decía exactamente lo que se esperaba que dijera, y que nunca necesitó desdecirse de lo que había dicho. No puedo encontrar ninguna explicación salvo que, como Palas del cerebro de Júpiter, el cristianismo había salido de la mente de Dios, maduro y poderoso, y armado para el juicio y para la guerra.

V

LA HUIDA DEL PAGANISMO

El misionero moderno, con su sombrero de palma y su sombrilla, se ha convertido en una figura cómica. La gente bromea a su costa por la facilidad con que podría ser devorado por los caníbales, y por una estrecha actitud que le hace considerar la cultura del caníbal por debajo de la suya propia. Quizás lo mejor de la broma sea que esta misma gente no se da cuenta de que la broma se vuelve contra ellos. Resulta bastante ridículo preguntar a un hombre que está a punto de ser hervido en un caldero para ser devorado a continuación en el transcurso de una celebración religiosa, porqué no considera todas las religiones igualmente amistosas y fraternales. Pero existe una crítica más sutil contra otro tipo de misionero más pasado de moda, acusándolo de generalizar demasiado al referirse al paganismo mientras presta muy poca atención a la diferencia entre Mahoma y Mumbo-Jumbo. La queja probablemente tenía su razón de ser, sobre todo en el pasado, pero actualmente la exageración se da precisamente en el lado opuesto. Es la tentación de los profesores que, con frecuencia, tratan las mitologías como si fueran teologías, es decir, como verdades seriamente fundamentadas y profundamente meditadas. Es la tentación de los intelectuales que toman demasiado en serio los finos matices de las diversas escuelas nacidas en la irreflexiva metafísica oriental. Sobre todo, es la tentación de olvidarse de la verdad implícita en santo Tomás *Contra Gentiles* o en Atanasio *Contra Mundum*.

Si el misionero considera excepcional el hecho de ser cristiano, y que el resto de razas y religiones pueden englobarse todas en un colectivo pagano, tiene toda la razón. Podría decirlo con malicia, en cuyo caso erraría en la intención. Pero, a la fría luz de la filosofía y de la historia, en el plano intelectual, tiene razón. Puede no ser honrado, pero tiene razón. Es posible que ni siquiera tenga derecho a tener razón, pero de hecho la tiene. El mundo exterior al que atrae su credo está realmente sujeto a ciertas generalizaciones que abarcan todas las variedades, y no es simplemente una variedad de credos similares. Quizás sea una tentación demasiado grande para el orgullo o la hipocresía llamar a todo eso paganismo. Quizás sería mejor llamarlo sencillamente humanidad. Pero hay ciertas características importantes en lo que llamamos humanidad mientras permanece en lo que llamamos paganismo. No son necesariamente características malas. Algunas merecen respeto por parte del cristianismo; otras han sido absorbidas y transfiguradas en la sustancia del cristianismo. Pero existieron antes del cristianismo y todavía existen fuera de él, con tanta seguridad como que el mar existió antes que el barco y todo lo que le rodea, y tienen un sabor tan fuerte, tan universal y tan inconfundible como el mar.

Los verdaderos intelectuales que han estudiado la cultura griega y romana convienen en una cosa: que en el mundo antiguo, la religión era una cosa y la filosofía otra francamente distinta. Se ponía muy poco esfuerzo en racionalizar y al mismo tiempo materializar una verdadera creencia. La creencia de los filósofos tenía muy pocos visos de ser auténtica. Pero ni la filosofía ni la religión parecían tener el ardor o la fuerza suficiente para perseguir a la otra, salvo algunos casos particulares y peculiares. Y ni el filósofo en su escuela ni el sacerdote en su templo parecen haber contemplado alguna vez seriamente que su propio concepto abarcara toda la realidad del mundo. Un sacerdote sacrificando a Artemisa en Calidonia no parecía pensar que algún día, al otro lado del mar, otros pueblos sacrificarían también a Artemisa en vez de a Isis. Un sabio, siguiendo la norma vegetariana de los neopitagóricos, no parecía pensar que aquello prevalecería universalmente y excluiría los métodos de Epicteto o Epicuro. Podemos llamar a esto liberalidad, si queremos. Mas no trato de esgrimir un argumento sino de describir una atmósfera. Todo esto, como digo, es admitido por los intelectuales. Pero de lo que probablemente ni el culto ni el profano se han percatado del todo, es de que esta descripción es realmente una descripción exacta de toda la civilización actual no cristiana y, especialmente, de las grandes civilizaciones orientales. El paganismo oriental —al igual que el paganismo antiguo—, es mucho más de una pieza que lo que admiten los críticos modernos. Es una alfombra persa de muchos colores, igual que la otra formaba un variado pavimento de mosaico romano. Un pavimento cuya única grieta auténtica fue la producida por el terremoto de la Crucifixión.

El europeo moderno que busca su religión en Asia, busca algo que no existe. La religión allí es algo diferente. Es al mismo tiempo más y menos. Es como un hombre que al trazar un mapa dibujara el mar como si fuera tierra y las olas como montañas, no entendiendo la naturaleza de su peculiar estado permanente. Es perfectamente cierto que Asia tiene su propia dignidad, poesía y alto grado de civilización. Pero no es verdad que tenga sus propios dominios definidos de gobierno moral, donde toda lealtad se concibe en términos de moralidad, como cuando decimos que Irlanda es católica o que Nueva Inglaterra era puritana. El mapa no está delimitado en religiones, en el sentido en que hablamos de diferentes Iglesias. Se trata de una mente más sutil, más relativa, más reservada, más variada y cambiante, como los colores de la serpiente. El musulmán es el que se encuentra más cercano al cristiano militante, precisamente por ser lo más cercano a un heraldo de la civilización occidental. En el corazón de Asia el musulmán representa prácticamente el alma de Europa. Y lo mismo que se sitúa entre Asia y Europa en cuanto al espacio, se encuentra situado entre los asiáticos y el cristianismo en cuanto al tiempo. En este sentido, los musulmanes en Asia son como los nestorianos. El Islam, históricamente hablando, es la más grande de las herejías orientales. Algo le debe a esa individualidad relativamente aislada y única de Israel, pero le debe aún más a Bizancio y al entusiasmo teológico del cristianismo. Y algo debe agradecer también a las Cruzadas. Pero no tiene esa deuda de gratitud con Asia. El Islam nada debe a la antigua y tradicional atmósfera asiática, con su invariable etiqueta y sus insondables y desconcertantes filosofías. Toda esa Asia, antigua y actual, sintió la entrada del Islam como algo extranjero, occidental y predispuesto a la guerra, que la atravesaba como una lanza.

Incluso allí donde podríamos trazar con líneas de puntos los dominios de las religiones asiáticas, probablemente estaríamos leyendo en ellas algo dogmático y ético perteneciente a nuestra propia religión. Es como si un europeo ignorante del ambiente norteamericano supusiera que cada uno de sus Estados fuera un Estado soberano separado, tan patriótico como Francia o Polonia. O que, cuando un yanqui habla apasionadamente de su «tierra natal», refiriéndose a su Estado, quisiera decir que no pertenece a otra nación más extensa, como podría ocurrir al ciudadano de la antigua Atenas o de Roma. Y, así como esta persona estaría considerando un aspecto particular de la lealtad inexistente en América, de la misma forma nosotros consideramos una particular clase de lealtad que no existe en Asia. Podemos encontrar en ella lealtades de otro tipo, pero no lo que los hombres occidentales entienden por ser creyente, por intentar vivir como cristiano, por ser un buen protestante o un católico practicante. En el plano intelectual, Asia significa algo mucho más vago y variado, lleno de dudas y especulaciones. En el plano moral significa algo mucho más relajado y cambiante. Un profesor de lengua persa de una de nuestras grandes universidades, tan apasionado de Oriente como para profesar desprecio por Occidente, le dijo una vez a un amigo mío: «Nunca entenderás las religiones orientales, porque siempre entiendes la religión como algo ligado a la moral, y este tipo de religión nada tiene que ver con ella». Muchos de nosotros, sin duda, hemos conocido algún que otro maestro de Sabiduría Superior, algún Peregrino sobre el Camino hacia la Fuerza, o a más de un santo o vidente esotérico oriental que, realmente, nada tenían que ver con la moral. Hay un algo diferente, independiente e irreflexivo que tiñe la atmósfera moral de Asia y que atraviesa incluso la frontera del Islam. La atmósfera que rodea la obra *Hassan*[11] —horrible atmósfera por cierto— refleja con gran viveza este aspecto. Pero la impresión es aún más viva si nos fijamos en los antiguos y genuinos cultos asiáticos. Más allá de las profundidades de la metafísica, hundido en los abismos de las meditaciones místicas, bajo todo ese solemne universo de cosas espirituales, se esconde el secreto de una intangible y terrible superficialidad. Realmente, no importa gran cosa lo que uno haga. Quizá sea porque no creen en el demonio, o porque creen en el destino, o porque consideran que la experiencia en esta vida lo es todo y la vida eterna es algo totalmente diferente. Pero, una u otra razón los hace totalmente diferentes a nosotros. Recuerdo haber leído en alguna parte que hubo tres grandes amigos en la Persia medieval, famosos por su unidad de pensamiento. Uno llegó a ser el responsable y respetado Visir del Gran Rey; el segundo fue el poeta Omar, pesimista y epicúreo, que bebía vino burlándose de Mahoma; el tercero era el Viejo Hombre de la Montaña, que enloqueció a su gente con hachís y los persuadió para que asesinaran a sus semejantes con sus puñales. Realmente, no importa mucho lo que uno haga.

El sultán de *Hassan* habría comprendido a estos tres hombres. De hecho, él era aquellos tres hombres. Pero esta especie de universalismo no puede albergar en sí lo que llamamos carácter, sino que es más bien lo que llamamos un caos. El asiático no puede elegir, no puede luchar, no puede arrepentirse, no puede esperar. Y, en el mismo sentido, no es capaz

---

[11] Obra de teatro persa de los chiítas.

de crear, puesto que la creación implica rechazo. No puede, como expresamos en nuestro sentir religioso, forjar su alma. Nuestra doctrina de salvación se podría asimilar al trabajo de un hombre que intenta hacer una estatua hermosa, una victoria con alas. Ello implica una elección final, pues no es posible realizar una estatua sin rechazar la piedra. Y ahí está la razón última de la amoralidad escondida tras la metafísica oriental. A lo largo de las increíbles épocas por las que atravesó, nada hubo que atrajera la mente humana al punto clave, recordándole que había llegado el momento de elegir. Su mente ha vivido demasiado tiempo en la eternidad. Su alma ha permanecido demasiado tiempo inmortal, sumida en la ignorancia de la idea del pecado mortal. Se ha empapado demasiado de eternidad y no se ha parado a pensar lo suficiente en la hora de la muerte y el día del juicio. Y le falta aún un aspecto crucial, en sentido literal, pues no se ha visto lo suficientemente marcada por la cruz. Esto es lo que queremos decir al afirmar que Asia es muy vieja. Estrictamente hablando, Europa es casi tan vieja como Asia y, en cierto sentido, cualquier lugar es tan viejo como cualquier otro. Pero Europa no ha seguido envejeciendo: ha nacido de nuevo.

Asia es toda la humanidad en cuanto forjadora de su propio destino. Asia, en su vasto territorio, en su variada población, en las cumbres de sus logros pasados y las profundidades de su oscura especulación, es un mundo en sí mismo, y representa algo de lo que queremos decir cuando hablamos del mundo. Es un universo más que un continente. Es el mundo como el hombre lo ha hecho, y contiene muchas de las cosas más maravillosas que el hombre ha hecho. Por ello, Asia se presenta como el único representante del paganismo y el único rival del cristianismo. Allí donde percibimos algún atisbo de ese destino mortal, encontramos etapas de la misma historia. En las huellas de Asia que descubrimos en los archipiélagos meridionales, en el corazón de África, donde habita una oscuridad repleta de formas indecibles, o allí donde los últimos supervivientes de razas perdidas subsisten en el frío volcán de la América prehistórica, vemos siempre repetirse la misma historia o, en algún caso, capítulos más avanzados de la misma. La historia del hombre enredado en el bosque de su propia mitología. La historia del hombre ahogado en el mar de su propia metafísica. Los politeístas cansados de sus salvajes ficciones. Los monoteístas cansados de la más maravillosa de las verdades. Los seguidores del diablo manifiestan en todas partes tal odio al cielo y a la tierra, que buscan refugiarse en el infierno. Es la Caída del Hombre. Y es precisamente esa caída la sensación percibida por nuestros propios padres en el primer momento del declinar de Roma. También nosotros nos precipitábamos por aquel camino, por aquella cómoda pendiente, tras esa magnífica procesión de las grandes civilizaciones del mundo.

Si la Iglesia no hubiera irrumpido entonces en el mundo, es probable que Europa fuera ahora algo muy parecido a lo que es Asia actualmente. Hay que reconocer una verdadera diferencia de raza y de ambiente, visible tanto en el mundo antiguo como en el moderno. Pero, después de todo, hablamos del Oriente inmutable en gran parte porque no ha sufrido la gran mutación. El paganismo en su última fase dio muestras considerables de hacerse igualmente inmutable, lo que no quiere decir que no surgieran nuevas escuelas o sectas de filosofía, como surgieron nuevas escuelas en la antigüedad y surgen en Asia. No quiere decir que no hubiera auténticos místicos o visionarios, como hubo místicos en la antigüedad y hay místicos en Asia. No quiere decir que no hubiera códigos sociales, como hubo códigos en la antigüedad y hay códigos en Asia. No quiere decir que no pudiera haber hombres buenos o vidas felices, pues Dios ha dado a todos los hombres una conciencia, y la conciencia puede dar a todos los hombres una especie de paz. Pero sí quiere decir que el tono y la proporción de todas estas cosas, y especialmente la proporción de cosas buenas y malas, serían en el inmutable Occidente, lo que son en el inmutable Oriente. Y nadie que mire hacia ese inmutable Oriente con ojos limpios y verdadera simpatía, admitirá que algo allí se asemeja, siquiera remotamente, al desafío y la revolución de la Fe.

En resumen, si el paganismo clásico hubiera perdurado hasta el momento presente, habrían perdurado con él muchas cosas que se asemejarían bastante a lo que llamamos religiones orientales. Aún habría pitagóricos enseñando la reencarnación, como aún existen hindúes enseñando la reencarnación. Aún habría estoicos haciendo de la razón y de la virtud una religión, como aún hay seguidores de Confucio que hacen de la razón y de la virtud una religión. Aún habría neoplatónicos estudiando verdades trascendentales cuyo significado era misterioso para los demás y controvertido para sí mismos, como aún hay budistas que estudian un transcendentalismo misterioso para los demás y controvertido para ellos mismos. Habría aún inteligentes seguidores de Apolo adorando al dios-sol, pero explicando que lo que adoraban era el principio divino, igual que aún hay inteligentes parsis que aparentemente adoran al sol pero explicando que lo que adoran es la deidad. Aún habría impetuosos seguidores de Dioniso bailando en la montaña, como aún existen impetuosos derviches que bailan en el desierto. Habría aún multitud de gente asistiendo a los banquetes populares de los dioses en una pagana Europa, como también los hay en el Asia pagana. Habría aún multitud de dioses a los que adorar. Y habría aún mucha más gente que los adorara que gente que creyera en ellos. Finalmente, habría aún un número muy grande de gente que adoraría a los dioses y creería en ellos, y gente que creería en los dioses y los adoraría simplemente porque eran demonios. Aún habría levantinos que sacrificarían secretamente a Moloc, lo mismo que aún hay gente perversa que sacrifica secretamente a Kali. Aún habría mucha magia, y en su mayor parte se trataría de magia negra. Habría aún una gran admiración por Séneca y una considerable imitación de Nerón, lo mismo que los elevados epigramas de Confucio podían darse en China al mismo tiempo que las torturas. Y, sobre todo este bosque enmarañado de tradiciones cada vez más poderoso o más marchito, se abriría el amplio silencio de una disposición de ánimo singular y sin nombre, pues el nombre que más se le acercaría sería el de la nada. Todos estos elementos, buenos y malos, presentarían el aire indescriptible de algo demasiado viejo para morir.

Ninguna de estas cosas, dominando en Europa en ausencia del cristianismo, se asemejaría lo más mínimo al cristianismo. Puesto que la metempsicosis pitagórica estaría aún allí, podríamos llamarla la religión pitagórica, lo mismo que hablamos de la religión budista. Como las nobles máximas de Sócrates aún estarían presentes, podríamos denominarlas religión socrática, lo mismo que hablamos de la religión de Confucio. Como el día de fiesta popular estaría todavía marcado por un himno mitológico a Adonis, podríamos llamarlo la religión de Adonis, lo mismo que hablamos de la religión de Juggernaut[12]. Como la literatura estaría todavía basada en la mitología griega, podríamos llamar a aquella mitología una religión, como llamamos religión a la mitología hindú. Podríamos decir que hubo tantos miles o millones de personas que pertenecían a esa religión, por el hecho de frecuentar sus templos o de vivir sencillamente en un territorio donde abundaban dichos templos. Pero, si a la pasada tradición de Pitágoras o a la persistente leyenda de Adonis diéramos el nombre de religión, entonces deberíamos buscar otro nombre para la Iglesia de Cristo.

---

[12] Creencia o institución que logra una devoción ciega y destructiva y en la que sus adeptos son implacablemente sacrificados. El apelativo procede de uno de los nombres, Juggernaut, por los que se conoce a Visnú/Krishna en la religión hindú. Sus adoradores se lanzan bajo las ruedas de un enorme carro de dieciséis ruedas sobre el cual el ídolo de Krishna es transportado durante la procesión anual de Puri, una ciudad centrooriental de la India, en la creencia de que así alcanzaran la felicidad eterna.

Si alguien dijera que las máximas filosóficas acuñadas a lo largo de los siglos, o que los templos mitológicos tan prolíficamente frecuentados, son cosas de la misma clase y categoría que la Iglesia, habría que responderle sencillamente que se equivoca. Nadie considera que lo sean cuando habla de las viejas civilizaciones griega y romana. Y aunque esa civilización hubiera durado dos mil años más, permaneciendo hasta el día de hoy, a nadie se le ocurriría pensar que eran lo mismo. Nadie admitiría razonablemente que son lo mismo en la paralela civilización pagana oriental, como de hecho ocurre. Ninguna de estas filosofías o mitologías tiene algún parecido con la Iglesia y mucho menos con una Iglesia militante. Y, como ya he señalado, aunque no se hubiera probado la existencia de esta regla, la excepción la confirmaría. La regla es que la historia pre-cristiana o pagana no produce una Iglesia militante. Y la excepción, o lo que algunos llamarían excepción, es que el Islam, si es que no se trata de una Iglesia, cuando menos es militante. Y esto es así, precisamente porque el Islam es el único rival religioso que no es pre-cristiano y, por tanto, en ese sentido, no es pagano. El Islam fue producto del cristianismo, aunque se tratara de un producto de menor calidad, o de un producto maligno. Fue una herejía o una parodia que trataba de emular, y por tanto de imitar, a la Iglesia. Por ello, no es más sorprendente encontrar en el mahometismo algo de su espíritu de lucha que encontrar en los cuáqueros algo de su espíritu pacífico. Después del cristianismo se han dado un buen número de emulaciones o ramificaciones semejantes; antes de él, ninguna.

La Iglesia militante es, pues, única, puesto que constituye un auténtico ejército en marcha dispuesto a obtener la liberación universal. La esclavitud de la que debe liberar al mundo se encuentra muy bien simbolizada en el estado de Asia y de la Europa pagana. No me refiero únicamente a su estado moral o inmoral. El misionero tiene mucho más que decir a este respecto que lo que algunas personas cultas imaginan, aun cuando dice que los paganos son idólatras e inmorales. Algunas pinceladas de la experiencia que tenemos de la religión oriental o musulmana, nos revelan una insensibilidad sorprendente en ciertos aspectos de moral, como la indiferencia práctica ante la línea que separa la pasión de la perversión. No son los prejuicios sino la experiencia práctica la que nos dice que Asia está tan llena de demonios como de dioses. Pero el mal al que me refiero se encuentra en la mente; en cualquier mente que haya trabajado en solitario largo tiempo. Es lo que sucede cuando el soñar y el pensamiento se precipitan hacia un vacío que es al mismo tiempo negación y necesidad. Suena a anarquía, pero es al mismo tiempo esclavitud. Es lo que llamábamos la rueda de Asia: argumentos recurrentes sobre la causa y el efecto o sobre cosas que empiezan y terminan en la mente, que incapacitan al alma para emprender el camino, dirigirse a algún lugar o hacer cualquier cosa. Pero lo que importa es que no es un rasgo necesariamente peculiar de los asiáticos. Podría haber sido una realidad en Europa, si otro acontecimiento no hubiera sucedido. Si la Iglesia militante no hubiera sido una formación en marcha, todos los hombres se habrían parado. Si la Iglesia militante no hubiera estado sujeta a una disciplina, todos los hombres se habrían visto sujetos a la esclavitud.

Lo que esa Fe universal y combativa trajo al mundo fue la esperanza. La mitología y la filosofía tenían, quizá, una única cosa en común: la tristeza. Carecían de esperanza, aunque pudieran encontrarse en ellas algunas pinceladas de fe o de caridad. Podemos llamar fe al budismo, aunque nos parezca más una duda. Podemos llamar Señor de la Caridad al Señor de la Misericordia, aunque nos resulte una forma muy pesimista de piedad. Pero los que más insisten en la antigüedad y extensión de estos cultos tendrán que reconocer que, a lo largo de toda su existencia, no han logrado llenar todos los aspectos de su doctrina con esa esperanza de carácter práctico y combativo. En el cristianismo la esperanza nunca ha estado ausente; ha sido algo errante, extravagante, excesivamente fija sobre el destino fugitivo. Su perpetua revolución y reconstrucción ha sido al menos una prueba evidente de la existencia de personas con espíritu alegre. Europa verdaderamente renovó su juventud como las águilas, de la misma forma que las águilas de Roma se alzaron de nuevo en las legiones de Napoleón, o como no hace mucho vimos revolotear el águila blanca de Polonia. Pero en el caso de Polonia, la revolución fue siempre unida a la religión. El mismo Napoleón buscó una reconciliación con la religión. La religión ya no podría desligarse ni de la más hostil de las esperanzas, sencillamente porque era su misma fuente. Y la causa no era otra que la misma religión. Los que discuten sobre este tema casi nunca lo tienen en cuenta. No tenemos aquí tiempo ni espacio suficientes para extendernos en tales consideraciones. No obstante, algo se puede decir para explicar una reconciliación que se repite siempre y que parece requerir una explicación.

No se terminará jamás el tedioso debate sobre la liberalización de la teología, hasta que la gente se enfrente al hecho de que la única parte liberal de la misma es la parte dogmática. Si el dogma es increíble, es porque es increíblemente liberal. Si es irracional, lo es solamente por el hecho de darnos más seguridad de libertad de la que es razonable. El ejemplo más obvio es esa forma esencial de libertad que llamamos libre albedrío. Es absurdo decir que un hombre demuestra su talante liberal negando su libertad. Pero es razonable que tenga que afirmar una doctrina trascendental para afirmar su libertad. En cierto sentido, podríamos decir razonablemente que si el hombre tiene una facultad primaria de elección, tiene por ese hecho una facultad sobrenatural de creación, como si pudiera resucitar a los muertos o dar a luz lo no engendrado. En ese caso, probablemente el hombre sea un milagro y, ciertamente, en ese caso tiene que ser un milagro para poder ser hombre, y aún más para ser un hombre libre. Pero es absurdo prohibirle ser un hombre libre y hacerlo en nombre de una religión más libre.

Esto es verdad en muchos otros sentidos. Todo el que crea de verdad en Dios debe creer en la absoluta supremacía de Dios. Pero en cuanto que esa supremacía admite lo que podríamos llamar grados de liberalidad o no liberalidad, es evidente que la facultad de no liberalidad es la deidad de los racionalistas y la facultad liberal es la deidad de los dogmáticos. De la misma manera que el monoteísmo se convierte en monismo, se puede convertir en despotismo. El Dios desconocido de los hombres de ciencia, con su designio impenetrable y sus leyes inevitables e inalterables, nos recuerda a un autócrata prusiano trazando rígidos planes en una lejana tienda y poniendo en movimiento a la humanidad como una maquinaria. El Dios de los milagros y de las súplicas atendidas nos recuerda a un príncipe liberal y popular recibiendo peticiones, escuchando deliberaciones y considerando los casos de todo un pueblo. No entro ahora a debatir la racionalidad de este concepto en otros aspectos. No es irracional, como algunos suponen, pues nada hay irracional en el rey más sabio y mejor informado, que actúa de forma diferente según el caso de aquéllos a quienes desea salvar. Lo único que quiero es resaltar la naturaleza general de la liberalidad o de la atmósfera libre o agrandada de los actos. Y a este respecto es cierto que el rey solamente puede ser magnánimo si es lo que algunos llaman caprichoso. El católico, que tiene la sensación de que sus oraciones son diferentes, cuando se ofrecen por los vivos y por los difuntos, tiene también la sensación de vivir como un ciudadano libre, en algo parecido a un estado constitucional. El monista, que vive bajo una única ley férrea, es quien debe tener la sensación de vivir como un esclavo bajo el dominio de un sultán. De hecho, creo que el sentido original de la palabra sufragio, que ahora utilizamos en política para referirnos al voto, era el utilizado en teología para referirse a las oraciones. Se decía que los muertos del purgatorio podían obtener los sufragios de los vivos. Y, entendido así, como una especie de derecho de petición al Legislador Supremo, podríamos concluir que la Comunión de los Santos, así como la Iglesia militante, se fundan en el sufragio universal.

Pero sobre todo, es verdad en lo que se refiere a la cuestión más tremenda, a esa tragedia que ha creado la divina comedia de nuestro credo. Nada, salvo la excepcional, fuerte y sorprendente doctrina de la divinidad de Cristo podrá tener ese particular efecto capaz de remover el sentido popular como una trompeta: la idea del rey sirviendo en las filas como un simple soldado. Humanizando esa figura hacemos esa historia mucho menos humana. Omitimos un elemento de la historia que realmente atraviesa la humanidad, pues constituye una verdadera punta de lanza. El universo no se humaniza por el hecho de decir que los hombres buenos y sabios son capaces de morir por sus opiniones. Lo mismo que no resultaría muy agradable a un ejército si le dijeran que los buenos soldados eran blanco fácil para el enemigo. No es más noticia que el rey Leonidas haya muerto que el que lo haya hecho la reina Ana. Y los hombres no esperaron al cristianismo para ser hombres, en el sentido pleno de ser héroes. Pero si lo que tratamos de describir es la atmósfera de lo generoso, lo popular o incluso lo pintoresco, el conocimiento de la naturaleza humana nos dice que ningún sufrimiento de los hijos de los hombres, o de los siervos de Dios, es más emotivo que la idea del Maestro que sufre en lugar de sus siervos. Esta idea proviene de la divinidad teológica y, definitivamente, no de la deidad científica. Ningún misterioso monarca, oculto en su palacio estrellado con ocasión de una campaña universal, tiene el más mínimo parecido con esa caballería celestial del Capitán que cabalga con sus cinco heridas en el frente de batalla.

Lo que los detractores del dogma quieren decir no es que el dogma sea malo, sino que es demasiado bueno para ser verdad. Es decir, que el dogma es demasiado liberal para ser verosímil. El dogma da al hombre demasiada libertad cuando permite que caiga. Y a Dios demasiada libertad cuando permite que muera. Esto es lo que parecen mantener los escépticos inteligentes, y no niego que su afirmación tenga cierto valor. Quieren decir que el universo es en sí mismo una prisión universal; que la existencia misma es una limitación y un control, y por algo llaman cadena a la causalidad. En definitiva, lo que dicen es que no pueden creer en estas cosas, no que no sean dignas de ser creídas. Nosotros decimos, no a la ligera sino muy literalmente, que la verdad nos ha hecho libres. Ellos dicen que nos hace tan libres que no puede ser la verdad. Para ellos, creer en la libertad que nosotros gozamos, es como creer en el país de las hadas. Es como creer en hombres con alas para entretener la imaginación de hombres con voluntad. Es como aceptar la fábula de una ardilla conversando con una montaña, para creer en un hombre que es libre de pedir, o un Dios que es libre de contestar. Es una negación firme y racional por la que, al menos, mostraré siempre respeto. Pero no estoy dispuesto a mostrar ningún respeto por aquéllos que primero cortan las alas y encierran la ardilla, fijan las cadenas y rechazan la libertad, cierran todas las puertas de la prisión universal sobre nosotros con un sonido metálico de hierro eterno, nos dicen que nuestra emancipación es un sueño y nuestro calabozo una necesidad y, luego, se dan tranquilamente la vuelta y nos dicen que su pensamiento es más libre y su teología más liberal.

La moraleja de todo esto es vieja: que la religión es revelación. En otras palabras, es una visión, y una visión recibida por la fe, pero una visión de la realidad. La fe consiste en el convencimiento de su realidad. Es la diferencia entre una visión y un sueño. Y es la diferencia entre religión y mitología: la diferencia entre la fe y todo ese producto de la imaginación, absolutamente humano y más o menos sano, que analizamos bajo el nombre de mitología. Hay algo en el uso razonable de la palabra visión que implica dos cosas. La primera, que se da muy raramente; probablemente, una sola vez. La segunda, que probablemente se produce una sola vez y para siempre. El sueño puede darse todos los días y ser cada día diferente. Hay una diferencia mayor que la que existe entre contar historias de fantasmas y encontrarse con uno.

Pero si no es una mitología, tampoco es una filosofía. No es una filosofía porque, al ser una visión, no es un modelo sino un cuadro. No es una de esas simplificaciones que resuelven todo con una explicación abstracta, como la de que todo es recurrente, relativo, inevitable o ilusorio. No es un proceso sino una historia. Tiene proporciones, como las que se pueden ver en un cuadro. No presenta las repeticiones que suele presentar un modelo o un proceso, sino que las sustituye con la convicción que proporciona un cuadro o una historia convincente. Es, como suele decirse, como la vida misma; pues, efectivamente, es vida. Podemos encontrar un ejemplo de lo que quiero decir en la forma de tratar el problema del mal. Es fácil hacer un proyecto de vida con el fondo negro, como hacen los pesimistas, y luego admitir algunos puntos de luz más o menos accidentales, o cuando menos insignificantes. Y es fácil también hacer otro proyecto sobre papel blanco, como hacen los seguidores de la Ciencia Cristiana[13], y explicar o justificar los puntos o manchas difíciles de negar. Por último, quizás lo más fácil de todo sea decir, como los dualistas, que la vida es como un tablero de ajedrez, en el que los dos bandos son iguales, y donde el tablero consiste en casillas blancas sobre un fondo negro o casillas negras sobre un fondo blanco. Pero nadie siente, realmente, que estos proyectos de papel sean como la vida o que alguno de esos mundos sea adecuado para vivir. Algo les dice que la idea que se encierra tras el mundo no es mala, ni siquiera neutral. Mirando fijamente el cielo, la hierba, las verdades de las matemáticas o incluso un huevo fresco, el hombre experimenta una vaga sensación, que es como la sombra de aquellas palabras del gran filósofo cristiano, santo Tomás de Aquino: «Todo lo que existe, en cuanto

---

[13] Iglesia fundada por Mary Baker (1821-1910) en los Estados Unidos. Se trata de una mezcla de hinduismo, hipnotismo y teosofismo, con algo de cristianismo.

tal, es bueno». Por otra parte, algo les dice que es poco humano, degradante o incluso enfermizo, reducir el mal a una mota o incluso a una mancha. Se dan cuenta de que el optimismo es mórbido y, en mayor grado —si fuera posible—, que el pesimismo. Si siguieran hasta el final estos sentimientos vagos, pero saludables, llegarían a la conclusión de que el mal es, en cierta manera, una excepción, aunque una excepción de extraordinarias dimensiones. Y, en el fondo, ese mal es una invasión o, aún más, una rebelión. El hombre no piensa que todo está bien o que todo está mal, o que todo está igualmente bien o mal. Pero piensa que lo que es correcto tiene derecho a ser correcto y, por tanto, a existir, mientras que el mal es equivocado y por tanto no tiene derecho a existir. El mal es el príncipe del mundo, pero es al, mismo tiempo, un usurpador. Y, de esta manera, el hombre captará vagamente lo que la visión le ofrecerá de un modo vivo: la extraña historia de la traición en el cielo y la gran deserción por la que el mal dañó e intentó destruir un cosmos que no pudo crear. Se trata de una historia muy extraña, y sus proporciones, líneas y colores son tan arbitrarios y absolutos como la composición artística de un cuadro. Una visión que de hecho simbolizamos en cuadros con rasgos titánicos y tintes alados. La visión abismal de estrellas cayendo y el fantástico despliegue de colores de un pavo real en la noche. Pero esta curiosa historia tiene una pequeña ventaja sobre los dibujos: es como la vida.

Otro ejemplo lo podemos encontrar, no en el problema del mal, sino en lo que se conoce como el problema del progreso. Uno de los agnósticos más inteligentes de la época me preguntó en una ocasión si pensaba que la humanidad mejoraba, empeoraba o permanecía invariable, confiando en que con aquellas opciones abarcaba todas las posibilidades. No se daba cuenta de que ese planteamiento sólo era aplicable a un modelo teórico o a un proceso histórico, pero no a un cuadro o a una historia determinadas. Le pregunté si pensaba que un hombre mejoraba, empeoraba o seguía igual entre los treinta y los cuarenta años. Pareció entonces darse cuenta de que dependía de la persona y del camino que escogiera seguir. Nunca se le había ocurrido que el curso de la humanidad podía depender del camino que escogiera seguir, y que no era una línea recta o una curva ascendente o descendente, sino una senda como la que que un hombre escoge a través de un valle, para ir donde le place y parar donde le apetece; para entrar en una Iglesia o caer borracho en un foso. La vida del hombre es una historia, una historia de aventuras y, desde nuestro punto de vista, lo mismo se puede decir de la historia de Dios.

La fe católica es reconciliación porque es la realización tanto de la mitología como de la filosofía. Es una historia y, en cuanto tal, una de tantas historias, pero con la peculiaridad de que se trata de una historia verdadera. Es una filosofía y, en cuanto tal una de tantas filosofías, pero con la particularidad de ser una filosofía como la vida. Pero es reconciliación, sobre todo, porque es algo que sólo puede ser llamado la filosofía de las historias. Ese instinto narrativo que produjo todos los cuentos de hadas es descuidado por todas las filosofías, excepto una. La fe es la justificación de ese instinto popular, el descubrimiento de una filosofía para él o el análisis de la filosofía en él. Lo mismo que un hombre en una novela de aventuras tiene que pasar varias pruebas para salvar su vida, así el hombre, en esta filosofía, tiene que pasar varias pruebas y salvar su alma. En ambos casos, se encierra la idea de una voluntad libre ejercida bajo las condiciones de un designio particular; es decir, hay un objetivo y es tarea del hombre luchar por conseguirlo. Por tanto, estaremos pendientes de si lo consigue realmente. Ahora bien, este instinto profundo, democrático y dramático es caricaturizado y rechazado por el resto de las filosofías. Pues el fin de éstas es irremisiblemente el mismo que su comienzo y, por definición, una historia ha de terminar de forma diferente, comenzando en un lugar y terminando en otro. Desde Buda y su rueda hasta Akenatón y su disco, desde Pitágoras con su abstracción del número a Confucio con su religión de la rutina, no hay uno sólo que no peque, en algún sentido, contra el alma de la historia. Ninguno de ellos es capaz de captar esta noción humana del cuento, de la aventura, de la prueba: de la durísima prueba del hombre libre. Ahogan el instinto de contar historias, por así decirlo. Ensucian, en cierto modo, el concepto de la vida humana considerada como una novela de aventuras. Unas veces arrastrados por la visión fatalista —pesimista u optimista— de un destino que es la muerte de la aventura. Otras, manifestando una indiferencia y un despego que es la muerte del drama. Otras veces, acusando un serio escepticismo que disuelve a los actores en átomos, o una limitación materialista que provoca ceguera frente a las consecuencias morales. O recurriendo a la repetición mecánica que produce monotonía respecto a las pruebas morales, o imbuyéndolo todo de una relatividad insondable que convierte toda prueba en algo inseguro. Existe una historia humana y existe también una historia divina que es, al mismo tiempo, una historia humana. Pero no existe una historia hegeliana, monista, relativista o determinista; pues toda historia, aunque se trate de la novela más barata y pésima, contiene elementos que pertenecen a nuestro universo y no al de estas filosofías. Todo relato comienza verdaderamente con la creación y termina con un juicio final.

Y *ésta* es la razón por la que los mitos y los filósofos estaban enfrentados hasta que llegó Cristo. Es el motivo por el que la democracia ateniense mató a Sócrates, amparada en el respeto debido a los dioses y a que todos los sofistas se daban aires de Sócrates siempre que tenían ocasión de hablar de los dioses en un tono superior. Por esta misma razón, el Faraón herético destruyó sus ídolos y enormes templos en nombre de una abstracción y, por lo mismo, los sacerdotes pudieron volver triunfantes y pisotear su dinastía. Por ello mismo, el budismo tuvo que desligarse del brahmanismo, y por ello también, en todas las épocas y países, fuera de los límites de la cristiandad, ha existido siempre enemistad entre el filósofo y el sacerdote. Es muy fácil decir que el filósofo es normalmente el más racional. Y más fácil aún, olvidarse de que el sacerdote es siempre el más popular. Porque el sacerdote contaba historias a la gente, mientras que el filósofo no comprendía la filosofía de las historias. Esta filosofía llegaría al mundo con la historia de Cristo.

Y es por esto por lo que tuvo que darse una revelación o una visión de lo alto. Lo veremos fácilmente si pensamos en la forma de contruir historias o un cuadro de la vida real. La verdadera historia del mundo ha de ser contada por alguien a alguien. Por la misma naturaleza de una historia no se puede dejar que le suceda a cualquiera. Una historia tiene proporciones, variaciones, sorpresas, un sucederse particular de los acontecimientos, que no se puede resolver por una regla abstracta, como una suma. De la teoría pitagórica del número o la repetición, difícilmente podríamos deducir si Aquiles devolvería el cuerpo de Héctor. Y el relato de que todas las cosas giran una y otra vez sobre la rueda de Buda, poco nos ayudaría a resolver la forma en que Cristo volvió a la vida. Un hombre podría resolver una proposición de Euclides sin haber oído hablar de Euclides, pero no resolvería la leyenda de Eurídice sin haber oído hablar de Eurídice. En cualquier caso, no estaría seguro de cómo acabaría la historia y de si Orfeo fue derrotado en última instancia. Menos aún, podría adivinar el final de nuestra historia, o la leyenda de nuestro Orfeo que se levanta, sin conocer la derrota, de entre los muertos.

En resumen, la cordura del mundo fue restaurada y el alma del hombre encontró la salvación por medio de algo que satisfizo esas dos tendencias enfrentadas del pasado, nunca del todo satisfechas y, probablemente, nunca satisfechas en conjunto. Por un lado, entronca con la búsqueda mitológica de aventuras por el hecho de ser una historia. Por otro, enlaza con la búsqueda filosófica de la verdad por el hecho de ser una historia verdadera. Por eso, la figura ideal tenía que ser un personaje histórico, pues nadie había considerado nunca a Adonis o al dios Pan como personajes históricos. Y es también por lo que el personaje histórico tenía que ser la figura ideal y cumplir con muchas de las atribuciones de esas otras figuras ideales. Es por lo que fue, al mismo tiempo, sacrificio y banquete, y por lo que pudo ser mostrado bajo los emblemas de la vid o del sol naciente. Cuanto más profundicemos en la materia, más pronto llegaremos a la conclusión de que si ciertamente hubiera un Dios, su creación sólo podría culminar con la concesión de una verdadera novela de aventuras para el mundo. De otra forma, los dos lados de la mente humana nunca habrían podido tocarse, y el cerebro del hombre habría permanecido dividido y doble, uno de sus lóbulos soñando sueños imposibles y el otro repitiendo cálculos invariables. Los pintores habrían seguido pintando eternamente el retrato de nadie. Los sabios habrían permanecido eternamente añadiendo números que no servían para nada. Este abismo sólo podía llenarlo una encarnación, una personificación divina de nuestros sueños. Y sobre esa grieta se alza aquél cuyo nombre es superior al del sacerdote y más antiguo que el cristianismo: el Pontifex Maximus, el más poderoso creador de puentes.

Pero, con esto, volvemos a un símbolo más propiamente cristiano dentro de la misma tradición: el modelo perfecto de las llaves. Como este esbozo es histórico y no teológico, no entraré a defender detalladamente esa teología, sino que me limitaré a señalar que no podía ser justificada en su trazado sin ser justificada en sus detalles, como una llave. Más allá de lo que he sugerido ampliamente en este capítulo, no trato de hacer ninguna apología de porqué habría de aceptarse dicho credo. Pero, ante el interrogante histórico de porqué fue y es aceptado, contestaré con lo que es una respuesta para muchos otros miles de interrogantes: porque se ajusta a la cerradura, porque es como la vida. Es una entre muchas historias, con la particularidad de ser una historia verdadera. Es una entre muchas filosofías, con la particularidad de ser la verdad. Lo aceptamos, y encontramos que la tierra es sólida bajo nuestros pies y el camino expedito ante nuestros ojos.

No nos aprisiona en el sueño del destino o la conciencia de un engaño universal. Nos abre a la vista no sólo cielos increíbles, sino lo que a algunos les parece una tierra igualmente increíble, haciéndola creíble. Es esa clase de verdad que resulta difícil de explicar por tratarse de un hecho; un hecho para los que podemos llamar testigos. Somos cristianos y católicos no porque adoremos una llave, sino porque hemos atravesado una puerta y hemos sentido el viento, el soplo de la trompeta de la libertad sobre la tierra de los vivos.

VI

LAS CINCO MUERTES DE LA FE

No es el propósito de este libro trazar la historia que sigue al cristianismo, especialmente su historia más reciente. Esto implica controversias de las que espero escribir con más detalle en otro lugar. El objeto de este libro es, únicamente, el de sugerir que el cristianismo, apareciendo en medio de la humanidad pagana, tenía todo el carácter de algo único e incluso sobrenatural. No se parecía a las demás realidades y, cuanto más lo estudiamos, menos parecido le encontramos. Pero presenta un rasgo característico que marcó su existencia hasta el mismo momento actual, que será con el que concluyamos este libro.

Como ya indiqué, Asia y el mundo antiguo parecían demasiado viejos para morir. El cristianismo ha tenido un destino diametralmente opuesto. Ha pasado por una serie de revoluciones y en cada una de ellas ha muerto. Ha muerto muchas veces y otras tantas se ha alzado de nuevo, pues contaba con un Dios que sabía cómo salir del sepulcro. Pero el primer hecho extraordinario que marca esta historia es éste: que Europa se ha derrumbado una y otra vez, y que al final de cada una de estas revoluciones, la misma religión a vuelto otra vez a la cima. La Fe está continuamente transformando las épocas, y no como una religión antigua sino como una religión nueva. Es una verdad que muchos ocultan bajo un convencionalismo apenas perceptible y curiosamente caracterizado, porque aquéllos que la ignoran son los mismos que reclaman para sí haberla detectado y proclamado abiertamente. Continuamente los encontraremos diciendo que los sacerdotes y las ceremonias no son religión y que las organizaciones religiosas pueden ser un vacío engaño, sin que se den cuenta de lo cerca que están de la verdad. Pues es una verdad notoria que, al menos tres o cuatro veces en su historia, el cristianismo pareció haber perdido todo su espíritu, y casi todos esperaban su fin. Un hecho que únicamente se ve oscurecido en la época medieval y en otras épocas, por esa misma religión oficial que los críticos se enorgullecen de comprender plenamente. El cristianismo siguió siendo la religión oficial de un príncipe renacentista o la religión oficial de un obispo del siglo XVIII, lo mismo que una mitología antigua siguió siendo la religión oficial de Julio César o el credo arriano siguió siendo largo tiempo la religión oficial de Juliano el Apóstata. Pero había una diferencia entre los casos de Julio y de Juliano, porque la Iglesia había empezado su extraña carrera. No había ninguna razón por la que hombres como Julio no adoraran continuamente a dioses como Júpiter en público, mientras se burlaban de ellos en privado. Pero cuando Juliano consideraba muerto el cristianismo, se encontró con que había vuelto a la vida. Y se encontró también, dicho sea de paso, con que no había el menor indicio de que Júpiter hubiera vuelto a la vida. El caso de Juliano y el arrianismo no es sino el primero de una serie de ejemplos que no podemos analizar aquí más que a grandes rasgos. El arrianismo, como ya señalamos, tenía toda la apariencia de ser el modo natural de desembocar de la particular superstición de Constantino. Todas las etapas ordinarias habían sido superadas; el credo se había convertido en algo respetable, ritual, y más tarde se convertiría en algo racional. Y allí estaban los racionalistas dispuestos a disipar sus restos, lo mismo que hacen hoy. Cuando el cristianismo se alzó de nuevo súbitamente y los expulsó, fue algo casi tan inesperado como la Resurrección de Cristo. Pero hay muchos otros ejemplos del mismo caso. La afluencia de misioneros de Irlanda, por ejemplo, tiene todo el aire de un inesperado irrumpir de hombres jóvenes en un mundo anciano y en una Iglesia que mostraba síntomas de envejecimiento. Algunos de ellos fueron martirizados en las costas de Cornualles. Y hablando en cierta ocasión con la máxima autoridad en antigüedades de Cornualles, me dijo que estaba convencido de que aquellos misioneros no fueron martirizados por ser paganos sino —como expresaba con cierto humor— por ser «cristianos un tanto pacíficos».

Ahora bien, si buceáramos bajo la superficie de la historia —lo que no es nuestra intención— sospecho que nos encontraríamos en varias ocasiones un cristianismo aparentemente vaciado por la duda y la indiferencia y únicamente con su viejo caparazón cristiano, igual que el viejo caparazón pagano había permanecido tanto tiempo. Con la diferencia de que en cada uno de esos casos, allí donde los padres se habían relajado en la fe, los hijos eran fanáticos de la misma. Es un hecho patente en la transición del Renacimiento a la Contrarreforma. Y es también patente en la transición del siglo XVIII a los muchos renacimientos católicos de nuestro tiempo. Podríamos citar muchos otros ejemplos, pero merecerían ser tratados separadamente.

La Fe no es una supervivencia. No es como si los druidas se las hubieran arreglado de alguna manera para sobrevivir en algún lugar por espacio de dos mil años. Esto es lo que podía haber sucedido en Asia o en la antigua Europa, sumidas en esa indiferencia o tolerancia en que las mitologías y las filosofías podían convivir indefinidamente. La Fe no ha sobrevivido, ha vuelto repetidas veces a este mundo occidental de vertiginosos cambios y de instituciones en perpetuo derrumbamiento. Europa, en la tradición de Roma, se encontraba siempre sumida en la revolución y la reconstrucción, tratando de edificar una república universal. Y empezó por rechazar siempre esta vieja piedra, hasta que terminó por convertirla en piedra angular, rescatándola de los escombros para hacer de ella la corona del Capitolio. Algunas piedras de Stonehenge permanecen en pie y otras han caído, y tal como la piedra cae, así permanece. No se ha producido un renacimiento de druidas cada uno o dos siglos, con los jóvenes druidas coronados de muérdago fresco, danzando al sol, en la llanura de Salisbury. Stonehenge no se ha reconstruido de acuerdo a los diferentes estilos de arquitectura, desde el rudo arco normando al tardío *rococó* del Barroco. El lugar sagrado de los druidas se ha conservado a salvo del vandalismo de la restauración.

Pero, la Iglesia en Occidente no se encontraba precisamente en un mundo donde las cosas eran demasiado viejas para morir, sino en un mundo en el que eran siempre lo suficientemente jóvenes como para morir asesinadas. En consecuencia, más de una vez, la Iglesia fue asesinada de forma superficial y externa, y no sólo eso, sino que a veces se extinguió sin ser asesinada. Y de aquí se sigue un hecho difícil de describir, que, sin embargo, considero un hecho real e importante. Lo mismo que un espíritu es como la sombra de un hombre, y en ese sentido, es como la sombra de la vida, de igual manera, a intervalos, pasó a través de esta vida interminable una especie de sombra de muerte. Esa sombra llegó en un momento en el que habría perecido, si hubiera sido susceptible de perecer. Fulminó todo lo que era perecedero. Si viniera al caso hacer un paralelismo con determinados animales, podríamos decir que la serpiente se estremeció, se despojó de su piel y salió pitando, o que el gato comenzó a convulsionarse al perder una de sus novecientas noventa y nueve vidas. Y verdaderamente podríamos decir, con una imagen un poco más digna, que se oyó el tañido de una campana y no sucedió nada, o que se escuchó el toque de una ejecución que fue pospuesta eternamente.

¿Qué sentido tenía esa sombría y amplia inquietud del siglo XII, cuando, como se ha expresado tan finamente, Juliano se agitó en medio de su sueño? ¿Por qué apareció curiosamente tan temprano, en el crepúsculo del amanecer tras el oscuro periodo de la Edad Media, un escepticismo tan profundo como el que supuso el impulso del nominalismo contra el realismo? Pues la lucha entre realismo y nominalismo fue realmente un enfrentamiento entre realismo y racionalismo, o algo más destructivo que lo que llamamos racionalismo. La respuesta es que, así como algunos pudieron pensar que la Iglesia era una simple parte del Imperio Romano, otros, más adelante, pudieron pensar que la Iglesia era sencillamente una parte de un periodo oscuro de la Edad Media. La Edad Oscura terminó, como terminó el Imperio, y la Iglesia debería haber desaparecido con ella si no hubiera sido algo más que una de las sombras de la noche. Se trata de otra de esas muertes espectrales o simulaciones de muerte a las que antes me he referido. Quiero decir que si el nominalismo hubiera triunfado, habría sido como si el arrianismo hubiera triunfado, y habría supuesto el fracaso del cristianismo. Porque el nominalismo es un escepticismo mucho más fundamental que el mero ateismo. Ésta fue la cuestión que se planteó abiertamente cuando ese periodo oscuro dio paso a esa luz del día que llamamos el mundo moderno. Pero, ¿cuál fue la respuesta? La respuesta fue Tomás de Aquino en la silla de Aristóteles, adquiriendo todos los conocimientos de su competencia, y los miles de jóvenes de las clases más bajas de entre los campesinos y los siervos, vestidos de andrajos y alimentados de mendrugos, alrededor de las grandes universidades para escuchar la filosofía escolástica.

¿Qué significaba todo ese susurro aterrador que se extendió por Occidente bajo la sombra del Islam, y que llena tantas viejas historias con imágenes incongruentes de caballeros sarracenos presumiendo en Noruega o en las Hébridas? ¿Por qué hombres del extremo occidental tales como el rey Juan, si no recuerdo mal, fueron acusados de ser secretamente musulmanes, de la misma forma que acusan a los hombres de ser secretamente ateos? ¿Por qué se produjo tanta alarma entre algunas de las autoridades, sobre la versión racionalista árabe de Aristóteles? Las autoridades no se alarman de esa forma salvo cuando ya es demasiado tarde. La respuesta es que cientos de personas creyeron probablemente que el Islam conquistaría al cristianismo; que Averroes era más racional que Anselmo; que la cultura sarracena era realmente, como lo era aparentemente, una cultura superior. Aquí de nuevo encontraríamos probablemente una generación entera, la generación más vieja, con una actitud escéptica, deprimida y cansada. La llegada del Islam sólo habría significado la llegada del unitarismo con mil años de antelación. Es posible que a muchos les pareciera muy razonable, probable y verosímil que esto sucediera. Si así fuera, se quedarían sorprendidos por lo que sucedió. Porque lo que ocurrió fue un estallido como el trueno de miles de hombres jóvenes, arrojando toda su juventud en un contrataque exultante: las Cruzadas. Eran los hijos de san Francisco, los Juglares de Dios, cantando en sus marchas por todos los caminos de la tierra. Era el gótico elevándose hacia el cielo como un vuelo de flechas. Era el despertar del mundo. Al considerar la guerra de los albigenses, llegamos a la brecha en el corazón de Europa y al triunfo de una nueva filosofía que casi acabó con el cristianismo para siempre. En este caso la nueva filosofía era también una filosofía muy nueva: el pesimismo. Sin embargo, no dejaba de ser como las ideas modernas, ya que era tan vieja como Asia, cosa que ocurre con la mayoría de las ideas modernas. Era el retorno de los gnósticos. Y, ¿por qué volvían los gnósticos? Porque era el final de una época, como el final del Imperio, y debería haber sido el final de la Iglesia. Era Schopenhauer revoloteando sobre el futuro, pero era también Maniqueo alzándose de entre los muertos para recordar que los hombres podían alcanzar la muerte y que la podían alcanzar con más abundancia.

Es bastante más obvio en el caso del Renacimiento, simplemente porque es un período más cercano a nosotros y la gente sabe mucho más acerca de él. Pero, en este ejemplo, se encierran muchas más cosas de las que sabe la mayoría de la gente. Aparte de las controversias particulares, que prefiero reservar para un estudio aparte, el periodo era bastante más caótico de lo que normalmente se desprende de aquellas controversias. Cuando los protestantes llaman a Latimer[14] mártir

---

[14] Hugh Latimer, sacerdote católico (1472-1555). Escribió contra el luteranismo y después fue uno de los fundadores de la Reforma protestante en Inglaterra y obispo de Worcester. Fue ajusticiado como hereje por María Tudor.

del protestantismo y los católicos responden que Campion[15] fue un mártir del catolicismo, con frecuencia se olvidan que muchos de los que fallecieron en tales persecuciones sólo pueden ser considerados como mártires del ateísmo, del anarquismo o incluso del diablo. Aquel mundo era casi tan salvaje como el nuestro. Los hombres que lo componían eran de ese tipo de personas que dicen que no existe Dios, el tipo de persona que dice que él mismo es Dios, el tipo de persona que dice cosas que nadie es capaz de comprender. Si pudiéramos escuchar las conversaciones de la época que siguió al Renacimiento, probablemente nos quedaríamos asombrados de sus vergonzosas negaciones. Las observaciones atribuidas a Marlowe son probablemente típicas de la tertulia de muchas tabernas de intelectuales. La transición de la Europa de la pre-reforma a la Europa de la post-reforma se realizó mediante un vacío de aburridas preguntas. Y, sin embargo, a la larga, la respuesta fue siempre la misma. Era uno de esos momentos en los que, mientras Cristo caminaba sobre las aguas, el cristianismo caminaba sobre el aire.

Pero, todos estos casos son lejanos en el tiempo y sólo podrían probarse profundizando en ellos. Podemos ver el hecho con mayor claridad en el caso en el que el paganismo del Renacimiento acabó con el cristianismo y el cristianismo inexplicablemente renació de nuevo. Pero aún podemos verlo más claramente en un caso más cercano a nosotros y de una evidencia más manifesta y minuciosa, como es el caso del gran declive de la religión en la época de Voltaire. Ciertamente, se trata de nuestro propio caso y nosotros mismos hemos

---

[15] Edmund Campion (1540-1581), jesuita inglés. Pastor de la Iglesia Anglicana convertido al catolicismo. En 1581 fue detenido, acusado de traición y encarcelado en la Torre de Londres. Hasta tres veces fue invitado a retractarse y mantuvo su fe discutiendo públicamente con los protestantes. Juzgado por haber intentado inducir al pueblo a la sedición, fue ahorcado, arrastrado y descuartizado. Fue beatificado por el papa León XIII en 1886.

podido contemplar el declinar de este declive. Los años transcurridos desde Voltaire no pasan por delante de nuestra vista con tanta rapidez como los siglos IV y V, o los siglos XII y XIII. En nuestro propio caso, podemos ver este proceso —tantas veces repetido— al alcance de la mano. Sabemos cómo una sociedad puede perder totalmente su religión principal sin abolir su religión oficial. Sabemos cómo los hombres pueden hacerse agnósticos mucho antes de abolir los obispos. Y sabemos también que en este último final, que parecía el final definitivo, volvió a ocurrir lo increíble: la Fe tiene mejores adeptos entre los jóvenes que entre los más ancianos. Cuando Ibsen se refirió a la nueva generación que llamaba a la puerta, nunca sospechaba que se trataría de la puerta de la Iglesia.

Al menos cinco veces, por tanto: con los arrios y los albigenses, con el escéptico humanista, después de Voltaire y después de Darwin, la Fe fue aparentemente arrojada a los perros. Pero en todos estos casos fueron los perros los que perecieron. Su cabal derrumbamiento y el extraño giro de los acontecimientos, es algo que sólo podemos ver con detalle en el caso más cercano a nuestro tiempo.

Se han dicho muchas cosas sobre el movimiento de Oxford y el resurgir católico francés paralelo, pero pocas han conseguido reflejar el hecho más simple en relación con ellos: que fue una sorpresa. Fue una sorpresa y un rompecabezas, porque a la mayoría de la gente le pareció como un río retornando desde el mar e intentando subir nuevamente hacia las montañas. Cualquiera que haya leído la literatura de los siglos XVIII y XIX se dará cuenta de que casi todo el mundo había llegado a la convicción de que la religión era una realidad que había de ensancharse continuamente, como un río hasta desembocar en un mar infinito. Algunos esperaban que se precipitara como una catarata de catástrofe; la mayoría esperaba que se ensanchara formando un estuario de igualdad y moderación, pero todos consideraban su retorno un prodigio tan increíble como las artes de hechicería. En otras palabras, los más moderados pensaba que la fe, como la libertad, se vería frenada lentamente, mientras que otros más radicales pensaban que se vería rápidamente frenada, por no decir completamente aplastada. Todo ese mundo de Guizot[16] y de Macaulay[17] y de la liberalidad comercial y científica, estaba quizás más seguro que cualquier hombre lo estuvo antes o lo estaría después, de la dirección que había tomado el mundo. Tan seguros estaban de ello que sólo tenían dudas acerca del ritmo de los pasos. Muchos anticiparían con preocupación —y algunos con cierta complacencia— una revuelta jacobina que habría de llevar al Arzobispo de Canterbury a la guillotina, o una revuelta cartista[18] que habría de colgar a los sacerdotes de los postes de la luz. Pero resultaba como una convulsión de la naturaleza que el Arzobispo, en vez de perder su cabeza, anduviera buscando su mitra, y que, en vez de disminuir, se hiciera más sólido el respeto debido a los sacerdotes. Aquello revolucionaba su mismo concepto de revolución y daba la vuelta a su mismo mundo al revés.

En resumen, mientras el mundo se encontraba dividido debatiendo si la corriente iba más lenta o más rápida, comenzó a darse cuenta de que algo vago pero de grandes dimensiones oponía resistencia a la corriente. Tanto en sentido real como figurado hay algo profundamente preocupante en este hecho, que es debido a una razón fundamental. Una cosa muerta puede ser arrastrada por la corriente, pero sólo algo vivo puede ir contra ella. Un perro muerto puede ser alzado

---

[16] Historiador y estadista francés (1787-1874). Publicó varias historias sobre la civilización francesa y europea.
[17] Thomas Babington, lord Macaulay (1800-1859), historiador, crítico y político inglés. En 1848 publicó una Historia de Inglaterra.
[18] El cartismo fue un partido político de ideas muy avanzadas, formado principalmente por obreros, que figuró mucho en Inglaterra durante los primeros años del reinado de Victoria. Recibió este nombre porque pedía una Constitución democrática o Carta del Pueblo basada en 6 puntos principales, entre ellos el sufragio universal para los varones adultos, el escrutinio secreto, la inmunidad parlamentaria, etc.

sobre la corriente del agua encrespada con toda la viveza del sabueso, pero sólo un perro vivo es capaz de nadar contracorriente. Un barco de papel puede flotar sobre las aguas de una terrible inundación con la complaciente arrogancia de un barco encantado, pero si aquel barco navega contra la corriente es señal de que sus remos son movidos por algún espíritu encantado. Y entre las cosas que se veían arrastradas por la marea del progreso y del desarrollo, se podía distinguir a más de un demagogo y de un sofista, cuyos violentos gestos tenían tan poca vida como los miembros de un perro muerto agitándose sobre las aguas revueltas; y más de una filosofía, como un barco de papel de los que no se destruyen fácilmente. Pero aun las cosas vivas o portadoras de vida arrastradas por la corriente no demostraban por ello que estuvieran vivas o que dieran la vida. Era esa otra fuerza la que, indiscutible e inexplicablemente, estaba viva; esa misteriosa e inconmensurable energía que impulsaba el río en sentido contrario. Parecía ser el movimiento de un monstruo y, necesariamente había de tratarse de un monstruo vivo, puesto que la misma gente lo consideraba un monstruo prehistórico. Se trataba, no obstante, de un movimiento poco natural, incongruente, y para algunos cómico; como si la Gran Serpiente del Mar hubiera surgido repentinamente de las aguas —a menos que consideremos la Serpiente del Mar como una realidad más cercana a la Serpentina—. Este insustancial elemento de la fantasía no debe faltar, pues fue uno de los testimonios más claros de la naturaleza inesperada del cambio de situación. Aquella época sentía realmente que una cualidad absurda de los animales prehistóricos era común también a los rituales históricos; que las mitras y tiaras eran como cuernos o crestas de criaturas antediluvianas, y que apelar a una Iglesia Primitiva era como vestirse como un Hombre Primitivo.

El mundo está todavía desconcertado ante ese movimiento, pero, sobre todo, porque todavía se mueve. En otro lugar hice ya referencia a los reproches de todo tipo que aún se dirigen contra ella y contra las grandes consecuencias que implica. Basta decir aquí, que cuantos más reproches le dirijen esos críticos, menos lo explican. En cierto sentido me interesa, si no explicarla, al menos sugerir la dirección de la explicación. Pero, sobre todo, me interesa señalar un aspecto particular en relación con ello, y es éste: que todo ello había sucedido antes, no una sino muchas veces.

En suma, si bien es cierto que en los siglos recientes hemos asistido a una atenuación de la doctrina cristiana, no hemos asistido más que a lo que ya se produjo en los siglos más remotos. Y aun el caso moderno ha acabado de la misma forma que acabaron los medievales y los anteriores a este periodo. Se ve claro a estas alturas, y cada vez con más claridad, que la doctrina cristiana no va a acabar convirtiéndose en un credo encogido, sino que retomará aquellas partes de su doctrina que habían desaparecido. Va a acabar como acabó el compromiso arriano, como acabaron los intentos de establecer un compromiso con el nominalismo o con los albigenses. Pero, lo importante en el caso moderno, como en el resto de los casos, es que lo que vuelve no es, en ese sentido, una teología simplificada o, según ese punto de vista, una teología purificada, sino simplemente una teología: ese entusiasmo por los estudios teológicos que marcó las épocas más doctrinales: la ciencia divina. El antiguo título de «Don» unido al de «Doctor» pudo convertirse en su día en una expresión típica asociada al aburrimiento, pero no sería sino porque el mismo «don» se sentiría aburrido de su teología, no porque estuviera entusiasmado con ella. Sería seguramente porque estaría más interesado en el latín de Plauto que en el latín de Agustín, en el griego de Jenofonte que en el griego de Crisóstomo. Sería seguramente porque estaría más interesado en una tradición muerta que en una tradición decididamente viva. En pocas palabras, sucedería aquello, seguramente, porque él mismo era un arquetipo de un periodo en el que la fe cristiana era débil. No sería porque los hombres no acogieran, si pudieran, la maravillosa y casi impetuosa visión de un Doctor de la Divinidad.

Hay gente que dice desear que el cristianismo permaneciera como un espíritu. En el fondo, lo que quieren decir, casi literalmente, es que su deseo es que permaneciera como un fantasma. Pero no va a permanecer como tal. Lo que sigue a este proceso de muerte aparente no es la permanencia de la sombra, sino la resurrección del cuerpo. Ese tipo de gente está dispuesta a verter piadosas y reverentes lágrimas sobre el Sepulcro del Hijo del Hombre, pero no están preparados para ver al Hijo de Dios caminando una vez más sobre las montañas de la mañana. Esa gente, como la gran mayoría, estaban en aquel momento acostumbrados a la idea de que la luz del viejo candelero cristiano se desvanecería ante la luz del día. Muchos de ellos veían la luz del cristianismo como la pálida llama de una vela que se deja quemar a la luz del día. Por eso, fue de lo más inesperado e indiscutible que los siete brazos del candelero se elevaran repentinamente al cielo como un árbol milagroso y se inflamaran hasta hacer palidecer al sol. Pero otras épocas contemplaron cómo el día conquistaba la luz del candelero y, a continuación, la luz del candelero conquistaba el día. Una y otra vez, antes de nuestra época, los hombres se han contentado con una doctrina diluida. Y, una y otra vez, a esta doctrina le ha seguido, como saliendo de la oscuridad en forma de una catarata carmesí, la fuerza del vino original. Y una vez más decimos hoy, como repetidas veces dijeron nuestros padres: «hace muchos siglos nuestros propios padres o los fundadores de nuestro pueblo bebieron, mientras soñaban, de la sangre de Dios. Muchos años y siglos han pasado desde que, de toda la fuerza de esa gigantesca vendimia, no ha quedado sino una leyenda de la época de los gigantes. Han transcurrido siglos ya desde la época oscura de la segunda fermentación, cuando el vino del catolicismo se convirtió en el vinagre del calvinismo. Ha pasado mucho tiempo desde que esa misma bebida amarga se ha diluido, bañada por las aguas del olvido y la marea del mundo. Nunca volveremos a probar aquel sabor amargo de sinceridad y de espíritu, y menos todavía la riqueza y dulcedumbre de los viñedos púrpura de nuestros sueños de la edad del oro. Día tras día y año tras año hemos rebajado nuestras esperanzas y menguado nuestras convicciones; nos hemos acostumbrado cada vez más a ver esas barricas y viñedos anegados por las aguas desmadradas, y a que el último aroma y regusto de este elemento especial se desvanezca como una mancha de púrpura sobre un mar de gris. Nos hemos acostumbrado a la dilución, a la disolución, a este continuo rebajar el vino. Pero, «Tú has guardado el buen vino para el final».

Éste es el hecho definitivo y el más extraordinario de todos. La fe ha muerto muchas veces y a menudo de vieja. Ha sido muchas veces asesinada y otras muchas ha fallecido de muerte natural, en el sentido de llegar a su fin natural y necesario. Es notorio que ha sobrevivido a las persecuciones más salvajes y universales, desde la embestida de la furia de Diocleciano al embate de la Revolución francesa. Pero mayor y más extraña es su terca permanencia. Ha sobrevivido no sólo a la guerra sino también a la paz. Ha muerto muchas veces, y otras muchas decayó y degeneró. Ha sobrevivido a su propia debilidad y hasta a su propia rendición. Huelga repetir algo tan obvio como la belleza del final de Cristo al hermanar la juventud y la muerte. Casi podríamos decir que Cristo abrazó con su vida los contrarios: como un sabio anciano centenario fallecido de muerte natural y luego resurgido joven entre trompetas y homenaje de los cielos. Es lugar común que la cristiandad, con su recurrente debilidad, ha desposado los poderes del mundo, pero también lo es su frecuente viudez y desamparo. Una viuda curiosamente inmortal. Un enemigo podría presentarla como uno de los brazos del poder de los Césares, lo cual suena tan extraño a nuestro oídos como decir que fue uno de los brazos del poder de los Faraones. Otro enemigo podría afirmar que constituyó la fe oficial del feudalismo, pero hoy día esto suena tan convincente como decir que estaba destinada a perecer con la antigua villa romana. Todas estas cosas siguieron su curso hasta su final normal, y parecía no haber otro curso para la religión que extinguirse con ellas. Mas cuando la fe cristiana pareció acabarse, volvió otra vez a empezar.

«Los cielos y la tierra pasarán pero mis palabras no pasarán». La civilización de la antigüedad constituía el entero mundo, y el hombre no soñaba con su acabamiento, lo mismo que no se le pasaba por la cabeza que se acabara la luz del día. No podían imaginar un orden diferente, a menos que fuera en un mundo diferente. Pasó, sin embargo, esa civilización, mientras que aquellas palabras aún permanecen. En la larga noche de la Edad Oscura, el feudalismo era algo tan familiar que no podía imaginarse ningún hombre sin su señor; y la religión estaba hasta tal punto enredada en esa madeja que era impensable que pudieran llegar a separarse. El feudalismo se vió desgarrado y desgajado de la vida social de la verdadera Edad Media; y el poder principal y más lozano de aquella nueva libertad sería la antigua religión. El feudalismo había pasado, y las palabras no. El entero orden medieval —en muchos sentidos un hogar perfecto y casi universal para el hombre— se fue degradando a su vez, y entonces se pensó que las palabras pasarían con él. Pero éstas se abrieron camino a través del abismo radiante del Renacimiento y, en cincuenta años, toda su luz y sabiduría se incorporaba a nuevas fundaciones religiosas, a la nueva ciencia apologética y a los nuevos santos. Se imaginó a la religión definitivamente marchita ante la seca luz de la Edad de la Razón. Se la imaginó por fin desaparecida tras el terremoto de la Revolución francesa. La ciencia pretendió obviarla, pero aún estaba allí. La historia la enterró en el pasado, pero Ella apareció repentinamente en el futuro. Hoy la encontramos en nuestro camino y, mientras la observamos, continúa su crecimiento.

Si nos atenemos a la continuidad de nuestros relatos y

testimonios; si el hombre aprende a aplicar la razón ante tal cantidad de hechos acumulados en una historia tan chocante, es de esperar que tarde o temprano sus enemigos escarmentarán ante las continuas decepciones de estar siempre aguardando su muerte. Pueden seguir con su guerra particular, que será una guerra contra la naturaleza, contra el paisaje, contra los cielos. «Los cielos y la tierra pasarán pero mis palabras no pasarán». Estarán al acecho para proclamar sus yerros y tropiezos, pero no esperarán ya su desaparición. De una forma insensible, incluso inconsciente, ya no contemplarán la extinción de la que tantas veces dieron por extinguida, y aprenderán, instintivamente, a esperar antes la caída de un meteorito o el oscurecimiento de una estrella.

CONCLUSIÓN

Me he tomado la libertad, una vez o dos veces, de hacer mía la expresión: «Esbozo de la Historia», aunque el presente estudio, que trata de una verdad o de un error concretos, no puede compararse con la rica y polifacética enciclopedia de la historia para el que tal nombre estaba destinado. Sin embargo, hay razones que justifican la referencia, pues, en cierto modo, están relacionados y aun llegan a cruzarse entre sí. La historia del mundo tal como la concibe H. G. Wells sólo puede criticarse en cuanto que es un esbozo. Curiosamente, creo que su único error es el de ser un esbozo. Es admirable como acumulación de hechos; espléndida como almacén o tesoro, fascinante como disquisición y extraordinariamente interesante como amplificación de la historia, pero es absolutamente falsa en cuanto esbozo de la historia. Lo único que me parece equivocado es el esbozo, esa especie de perfil que puede llegar a constituir una única línea, como en una caricatura donde las características que sobresalen dan forma a la simplicidad de la silueta. No hay en ese esbozo una correcta proporción entre lo cierto y lo incierto, lo que juega un papel importante y lo que no tiene relevancia, lo normal y lo extraordinario.

No lo digo como una pequeña crítica a un gran escritor, pues no estoy en condiciones de hacerla, teniendo en cuenta que, en mi propio trabajo, de dimensiones tan reducidas, creo que he fracasado, en gran parte, de la misma manera. Dudo mucho de haber transmitido al lector los puntos principales que pretendía acerca de las proporciones de la historia y de por qué me he detenido más en unas cosas que en otras. No sé si he llevado a cabo con la suficiente claridad el plan que me propuse en el capítulo introductorio y por eso añado estas líneas, como una especie de resumen conclusivo del libro. Creo que los temas sobre los que he insistido son más esenciales para un esbozo de la historia que aquéllos a los que he dado una importancia menor o que he omitido. Por otra parte, no creo que sea el reflejo más auténtico del pasado afirmar que la Humanidad se desvanece en la naturaleza, que la civilización se diluye en la barbarie, que la religión se funde con la mitología, o que nuestra propia religión se confunde con las religiones del mundo. En pocas palabras, no creo que la mejor manera de hacer un esbozo de la historia sea borrar las líneas. Creo que se acercaría más a la verdad contar la historia con toda sencillez, como el mito primitivo de un hombre que hizo el sol y las estrellas o de un dios que se introdujo en el cuerpo de un mono sagrado. Resumiré, por tanto, todo lo anterior, en lo que considero una afirmación realista y razonablemente proporcionada: la breve historia de la humanidad.

En la tierra iluminada por esa estrella vecina, cuyo resplandor es la amplia luz del día, hay muchas y muy variadas cosas móviles e inmóviles. Entre ellas, existe una raza que, en relación con las otras, es una raza de dioses; realidad no aminorada sino acentuada por el hecho de poder comportarse como una raza de demonios. La suya no es una distinción individual, como un pájaro que alardea de sus propias plumas, sino algo sólido y de cierta complejidad, como lo demuestran las especulaciones que han conducido a su negación. Los hombres, dioses de este mundo inferior, ciertamente están ligados a él de diversas maneras, pero ése es otro aspecto de la misma verdad. Que crecen como la hierba crece y caminan como las bestias caminan es una necesidad secundaria que agudiza la distinción primaria. Es como decir que un mago puede tener, después de todo, la apariencia de un hombre, o que las hadas no podrían bailar sin los pies. Últimamente, ha estado de moda centrar toda la atención en estas semejanzas superficiales y secundarias y olvidar el hecho principal. Se acostumbra a insistir en que el hombre se parece a las otras criaturas, y es cierto, pero esa misma semejanza sólo es capaz de percibirla el hombre. El pez no busca un modelo de estructura ósea parecido al suyo en las aves del cielo, ni se paran a comparar sus esqueletos el elefante y el emú. Aun en ese sentido en que tienden a identificarse hombre y universo, su universalidad es completamente singular. Lo mismo que le une a todas las cosas es suficiente para separarlo de todas ellas.

Mirando a su alrededor bajo esta luz única, tan solitario como la llama que solo él ha sabido encender, este semidios o demonio del mundo visible, hace visible el mundo. Ve a su alrededor un mundo concreto que parece proceder según ciertas reglas o que presenta, al menos, procesos que se repiten. Contempla una verde arquitectura que se construye a sí misma, sin manos visibles, pero siguiendo un plan o un modelo muy exacto, como el diseño trazado previamente en el aire por un dedo invisible. No se trata, como sugerimos ahora vagamente, de algo vago. No se trata de un crecimiento o del andar a tientas de una vida ciega. Cada cosa busca su fin, un fin glorioso y radiante, hasta las margaritas o los dientes de león que vemos al tender la vista sobre los campos. En la misma forma de las cosas hay algo más que el mero crecimiento natural: hay una finalidad. La misma flor tiene un fin, llenando el mundo de coronas. Esta impresión, sea o no una ilusión, influyó tan profundamente en la raza de pensadores y maestros del mundo material, que la gran mayoría se vieron impulsados a adoptar un cierto punto de vista acerca de este mundo. Y llegaron a la conclusión, correcta o incorrecta, de que el mundo obedece a un plan, de la misma forma que el árbol parece tener un plan, un fin y una corona, como la flor. Pero en cuanto que la raza de pensadores era capaz de pensar, resultaba obvio que la admisión de esta idea de un plan implicaba otro pensamiento más estremecedor y aun terrible. Había alguien más, un ser extraño e invisible, que había diseñado estas cosas, si realmente se admitía que fueron diseñadas. Había un extranjero que era al mismo tiempo amigo; un benefactor misterioso que había sido antes que ellos y había construido los bosques y las montañas para cuando ellos llegaran y había anticipado el sol del amanecer a su nacimiento, como un criado enciende el fuego para su señor. Ahora bien, esta noción de una mente que da significado al universo se ha visto cada vez más reafirmada en las inteligencias de los hombres a través de experiencias y reflexiones mucho más sutiles y profundas que cualquier argumentación sobre el plan externo del mundo. Como se trata ahora de exponer la historia en términos sencillos y concretos, basta con señalar que la mayoría de los hombres, incluyendo los más sabios, llegaron a la conclusión de que existe un propósito y, por tanto, una primera causa, para el mundo. Pero a la hora de enfocar esta idea, se produjo, en cierto sentido, una separación entre una mayoría y los más sabios. Nacieron dos formas de considerar esa realidad, que vinieron a constituir los mayores pilares de la historia religiosa del mundo.

La mayoría —como la minoría— tuvo siempre este fuerte sentido de un segundo significado en las cosas, de un extraño maestro que conocía el secreto del mundo. Pero la mayoría, la multitud o la masa de los hombres, tendió naturalmente a considerar esta idea como una habladuría, lo que dio lugar, como ocurre con toda habladuría, a una idea con gran parte de verdad y de falsedad. El mundo comenzó a contarse a sí mismo cuentos sobre aquel ser desconocido o sobre sus hijos, siervos o mensajeros. Algunos podríamos considerarlos cuentos de viejas, pues no son otra cosa que recuerdos muy lejanos de los albores del mundo: mitos de la luna-niña o de las montañas a medio cocer. Otros harían mejor en llamarse cuentos de viajes, no tratándose más que de cuentos curiosos y contemporáneos extraídos de determinadas experiencias que hablan de curaciones milagrosas o de lo sucedido a los muertos. Muchos de ellos, probablemente sean historias verdaderas y con la suficiente carga de verdad como para que una persona con auténtico sentido común, se vuelva más o menos consciente de que existe algo maravilloso tras la cortina del universo. Pero, en cierto sentido, lo único que hace es dejarse llevar por las apariencias, aun cuando a estas apariencias se les llame apariciones. En el fondo es una cuestión de apariciones... y desapariciones. En su mayoría, estos dioses son fantasmas, visiones pasajeras. Para muchos de nosotros no son más que chascarrillos de visiones pasajeras. Y para el resto, el mundo entero está lleno de rumores, la mayoría de los cuales son prácticamente novelas de aventuras. La gran mayoría de las historias de dioses, fantasmas y reyes invisibles, se cuentan, si no por el placer de contarlas, al menos por el interés de los temas. Son una prueba evidente del interés eterno por los temas, pero no prueban ninguna otra cosa ni pretenden hacerlo. Son, en definitiva, mitología o poesía no encerrada en los libros o en alguna otra parte.

Entretanto, la minoría, los sabios o pensadores, se habían retirado aparte y se traían entre manos un negocio similar. Elaboraban los planes del mundo, de un mundo que todos creían sujeto a un plan. Intentaban disponer el plan seriamente y escalonarlo. Dirigían sus mentes hacia la inteligencia que había creado el misterioso mundo, considerando de qué clase de inteligencia podría tratarse y cuál podría ser su finalidad última. Algunos hicieron de aquella inteligencia algo mucho más impersonal de lo que la humanidad estaba acostumbrada. Otros, la simplificaron hasta reducirla prácticamente a un espacio en blanco. Otros, muy pocos, pusieron en duda su existencia. Entre los más enfermizos los hubo que imaginaron un ser malvado y enemigo, de los cuales los más degenerados adoraron a los demonios en lugar de a los dioses. Pero la mayoría de estos teóricos eran teístas, y no solamente veían un plan moral en la naturaleza, sino que trazaron un plan moral para la humanidad. En su mayoría se trató de hombres buenos que hicieron un buen trabajo y serían recordados y reverenciados de diversas maneras. Los hubo que fueron escribas y sus escrituras llegaron a ser escrituras más o menos santas. Los hubo legisladores y su tradición llegó a ser no sólo legal sino también ceremonial. Podríamos decir que recibieron honores divinos, en el sentido en que algunos reyes y grandes capitanes recibieron honores divinos. En una palabra, allí donde entró en juego el espíritu popular, el espíritu de la leyenda y de las habladurías, aquellos hombres se vieron rodeados de la más mística atmósfera de los mitos. La poesía popular convirtió a los sabios en santos, pero nada más. Siguieron siendo ellos mismos. Los hombres nunca olvidaron que eran hombres, convertidos en dioses por su consideración de héroes. «Divino» Platón, lo mismo que «Divo» César, era un título, no un dogma. En Asia, donde la atmósfera era más mitológica, algunos hombres eran considerados como un mito, pero seguían siendo hombres. Hombres pertenecientes a una cierta clase social o a una determinada escuela, mereciendo y recibiendo grandes honores por parte de la humanidad. Es la orden o escuela de los filósofos, hombres dedicados a buscar seriamente el orden en medio del aparente caos acerca de la visión de la vida. En vez de vivir de rumores imaginarios, remotas tradiciones y excepcionales experiencias acerca de la inteligencia y el significado escondido tras la realidad de las cosas, intentaron establecer *a priori* el proyecto primario de esa inteligencia. Trataron de plasmar sobre papel un posible plan del mundo, como si el mundo aún no hubiera sido creado.

En medio de toda esta situación, se alza justamente una enorme excepción; un hecho absolutamente diferente a cualquier otra cosa; con carácter definitivo, como las trompetas del Juicio Final, y que, al mismo tiempo, constituye una buena noticia, una noticia demasiado buena para ser cierta. Se trata, nada menos, que de la rotunda afirmación de que el misterioso creador del mundo lo ha visitado en persona. De que, real e incluso recientemente, o justo en la plenitud de los tiempos, caminó por la tierra este original Ser invisible, sobre el que los pensadores hacen teorías y los mitologistas mitos: el Hombre Que Hizo el Mundo. La existencia de una personalidad tan excelsa detrás de todas las cosas es algo que siempre estuvo implícito en el pensamiento de los grandes pensadores y en las más hermosas leyendas. Pero, nunca, nada parecido estuvo implícito en ningún tipo de pensamiento o de leyenda.

No es verdad que los sabios y héroes se hubieran arrogado los derechos de ese misterioso dueño y hacedor con quien el mundo soñó y sobre el que debatió tantas veces. Ninguno de ellos hizo jamás una demanda semejante. Ninguna de sus sectas o escuelas reclamó jamás para sí este privilegio. Lo más que llegaría a decir algún profeta religioso es que él era el verdadero siervo de dicho Ser. Lo más que llegó a decir algún visionario es que los hombres podían vislumbrar la gloria de aquel Ser espiritual y, con más facilidad, de seres menos espirituales. Lo más que llegó a insinuarse en los mitos primitivos es que el Creador estaba presente en la Creación. Pero que el Creador estuviera presente en escenas ligeramente posteriores a las celebraciones que refiere Horacio, hablando con los recaudadores de impuestos y los oficiales del gobierno en el día a día habitual del Imperio Romano, y que este hecho se reafirmara con extraordinaria firmeza en toda esa gran civilización por espacio de más de mil años, es algo sin parangón alguno en la naturaleza. Es, sin duda, la afirmación más sorprendente que el hombre ha hecho desde que articuló sus primeras palabras en lugar de ladrar como un perro. Tiene un carácter único, que puede ser utilizado como argumento en contra tanto como a favor. Sería fácil centrarse en él como un caso de locura aislada, pero no sería más que polvo, y sin sentido como un elemento de religión comparada.

Llegó al mundo con el viento y el ímpetu de unos mensajeros que proclamaban aquel apocalíptico portento, y no supondría un exceso de imaginación decir que todavía están corriendo. Lo que desconcierta al mundo, a sus sabios filósofos y a sus imaginativos poetas paganos, respecto a los sacerdotes y personas que forman parte de la Iglesia Católica es que todavía se comportan como si fueran mensajeros. Un mensajero no se para a considerar o discute cuál podría ser el sentido de su mensaje, lo entrega tal cual es. No se trata de una teoría o una suposición sino de un hecho. No nos interesa en este esbozo, deliberadamente rudimentario, probar con detalle que se trata de un hecho, sino señalar que estos mensajeros tratan su mensaje de la misma forma que se trata un hecho. Todo lo que se condena en la tradición católica: su autoritarismo, su dogmatismo y su rechazo a retractarse y a modificar, no son sino las cualidades humanas naturales de un hombre con un mensaje referido a un hecho. Me gustaría evitar en este resumen final todas las complejidades polémicas que pueden nublar, una vez más, los trazos simples de esta curiosa historia a la que he denominado —con palabras demasiado pobres— la historia más extraña del mundo. Simplemente quiero resaltar esas líneas principales y, especialmente, dónde debe trazarse la línea más importante. La religión del mundo, en sus proporciones correctas, no está dividida en finas sombras de misticismo o formas más o menos racionales de mitología, sino que se encuentra dividida por la línea entre los hombres que traen el mensaje y los que todavía no lo han oído o aún no pueden creer en él.

Pero cuando traducimos los términos de esa extraña historia a la concreta y complicada terminología de nuestro tiempo, la encontramos cubierta de nombres y memorias cuya misma familiaridad supone una falsificación. Cuando decimos, por ejemplo, que un país contiene tantos musulmanes, lo que realmente queremos decir con ello es que contiene tantos monoteístas, y con esto queremos decir que contiene tantos hombres viviendo bajo la antigua suposición de que el invisible Gobernador del mundo sigue siendo invisible. Sostienen esto en consonancia con las costumbres de una cierta cultura y bajo las simples leyes de un cierto legislador, pero harían lo mismo si su legislador fuera Licurgo o Solón. Son testigos de una verdad noble y necesaria, pero que nunca fue una verdad nueva. Su credo no es un nuevo color, es el tinte neutral y normal que constituye el fondo de la vida multicolor del hombre. Mahoma no encontró, como los Magos, una nueva estrella. Vislumbró en su propia ventana el gran campo gris de la antigua luz estelar. De igual forma, cuando decimos que el país contiene tantos seguidores de Confucio o tantos budistas, queremos decir que contiene tal número de paganos, cuyos profetas les han dado una versión diferente y algo más vaga, del Poder invisible, convirtiéndolo no sólo en algo invisible sino prácticamente impersonal. Cuando decimos que ellos también tienen templos, ídolos, sacerdotes y celebraciones periódicas, queremos decir, sencillamente, que este tipo de paganos es lo suficientemente humano como para admitir el elemento popular de la pompa, de lo pictórico, de lo festivo y de lo puramente imaginario. Con esto, únicamente queremos decir que los paganos tienen más sentido que los puritanos. Pero lo que se supone que son los dioses o lo que los sacerdotes tienen el encargo de decir, no es un secreto tan extraordinario como el que hubieron de comunicar los mensajeros del Evangelio. Ningún otro, salvo estos mensajeros, posee un Evangelio; ningún otro es portador de una Buena Noticia, por la sencilla razón de que ningún otro tiene ninguna noticia.

El ímpetu de aquellos mensajeros aumenta mientras corren a extender su mensaje. Siglos después todavía hablan como si algo acabara de suceder. No han perdido la frescura y el ímpetu de los mensajeros. Sus ojos apenas han perdido la fuerza de los que fueron auténticos testigos. En la Iglesia Católica, que es el heraldo del mensaje, se dan todavía impetuosos actos de santidad que nos hablan de algo rápido y reciente, un espíritu de abnegación que asombra al mundo como si le hablaran del suicidio. Pero no es un suicidio; no es algo pesimista. Sigue siendo tan optimista como el san Francisco de las flores y de los pájaros. Es más novedoso en espíritu que las más recientes escuelas de pensamiento y se encuentra, casi con toda seguridad, a las puertas de nuevos triunfos. Pues estos hombres sirven a una madre que parece hacerse más hermosa a medida que surgen nuevas generaciones y la llaman bendita. Y muchas veces nos dará la impresión de que la Iglesia se hace más joven a medida que el mundo envejece.

Ésta es la última prueba del milagro: que algo tan sobrenatural se haya convertido en algo tan natural. Quiero decir, que algo tan único visto desde fuera, pueda parecer universal sólo visto desde dentro. No he reducido la escala del milagro, como algunos de nuestros teólogos más laxos creen prudente hacer. Más bien, me he detenido deliberadamente en esa increíble irrupción, como un golpe que quebrara la espina dorsal de la historia. Tengo mucha simpatía hacia los monoteístas, los musulmanes y los judíos, a quien esto les parece una blasfemia; una blasfemia que podría hacer estremecer el mundo. Pero no lo hizo estremecer, sino que lo reafirmó. Cuanto más consideremos este hecho, más sólido y más curioso lo encontraremos. Creo que es de estricta justicia con los no creyentes insistir en el audaz acto de fe que les exige. Reconozco que se trata de una idea frente a la que cabría esperar que el cerebro de los no creyentes sintiera vértigo, al darse cuenta de su propia creencia. Pero la mente del creyente no siente vértigo, es la de los no creyentes la que lo padecen. Podemos contemplar sus inteligencias tambaleándose a ambos lados, entre todo tipo de éticas y psicologías extravagantes, en una atmósfera de pesimismo y negación de la vida, de pragmatismo y negación de la lógica; buscando sus presagios en pesadillas y sus cánones en contradicciones, estremeciéndose de terror ante la lejana visión de cosas más allá del bien y del mal, o comentando en susurros la posible existencia de extrañas estrellas donde dos y dos son cinco. Mientras tanto, esta realidad solitaria cuyo perfil parece, al principio, tan extraño, sigue siendo sólida y sana en su sustancia. Sigue siendo el moderador de todas estas manías, rescatando la razón de los pragmáticos, lo mismo que rescató la risa de los puritanos. Repito que he acentuado deliberadamente su carácter intrínsecamente desafiante y dogmático. El misterio está en cómo algo tan sorprendente puede ser tan desafiante y dogmático y, sin embargo, convertirse en algo perfectamente normal y natural. Como ya dije, considerando el hecho en sí mismo, un hombre que dice ser Dios puede compararse a un hombre que diga ser cristal. Pero el hombre que dice ser cristal no es un cristalero capaz de hacer ventanas para todo el mundo. No es alguien que permanezca todas las épocas como una figura brillante y cristalina a cuya luz todo resulta tan claro como el cristal.

Pero esta locura ha seguido dando muestras de cordura. Ha perdurado en su cordura mientras todo lo demás enloquecía. El manicomio ha resultado ser una casa a la que, siglo tras siglo, los hombres vuelven continuamente como retornando al hogar. Éste es el gran enigma: que algo tan abrupto y anormal se considere aún un lugar habitable y acogedor. No me importa si el escéptico dice que se trata de una historia increíble. No me cabe en la cabeza cómo una torre tan frágil podría permanecer tanto tiempo en pie sin un fundamento firme. Y, aún menos, cómo pudo convertirse, cómo se convirtió de hecho, en el hogar del hombre. Si, simplemente, hubiera aparecido y desaparecido, podría haber sido recordada o explicada como el último salto de un arrebato de ilusión: el último mito de la última inspiración, en el que la mente golpeó el cielo y se quebró. Pero la mente no se quebró. La mente católica es la única que permanece intacta frente a la desintegración del mundo. Si fuera un error, no hubiera podido durar más que un día. Si se tratara de un mero éxtasis, no podría aguantar más de una hora. Sin embargo, ha aguantado dos mil años, y el mundo, a su sombra, se ha hecho más lúcido, más equilibrado, más razonable en sus esperanzas, más sano en su instintos, más gracioso y alegre ante el destino y la muerte, que todo el mundo que no se acoge a ella. Pues fue el alma del cristianismo lo que emanó del increíble Cristo, y el alma del cristianismo era sentido común. Aunque no nos atreviéramos a mirar Su rostro, podríamos contemplar Sus frutos, y por Sus frutos le conoceríamos. Los frutos son sólidos y su fecundidad mucho más que una metáfora; y en ninguna parte de este triste mundo son más felices los muchachos a la sombra del manzano, o los hombres mientras pisan la uva y entonan alegres canciones, que bajo el fijo resplandor de esta luz repentina y cegadora. El relámpago se hizo eterno como la luz.

Apéndice I

RESPECTO AL HOMBRE PREHISTÓRICO

Al releer estas páginas me he dado cuenta de que he intentado decir en muchos lugares y con muchas palabras algo que podría decirse con una sola palabra. En cierto sentido, este estudio tiene la intención de ser superficial. Es decir, no está concebido como un estudio de cosas que necesitan ser estudiadas. Es más bien un recordatorio de cosas que se ven con tanta rapidez, que prácticamente se olvidan con la misma celeridad. La moraleja de este libro, según una forma de hablar, es que los primeros pensamientos son los mejores, de la misma forma que un resplandor nos podría revelar la existencia de un paisaje, con la torre Eiffel o el Cervino alzándose sobre él, como nunca volvería a alzarse a la luz del día. Terminé el libro con una imagen del relámpago eterno y, en un sentido muy diferente, este pequeño resplandor ha durado demasiado tiempo. Pero el método tiene también ciertas desventajas prácticas sobre las que creo conveniente añadir estas dos notas finales. Puede parecer que he simplificado demasiado y he dejado de decir muchas cosas por ignorancia, como parece indicar, especialmente, el comentario acerca de las pinturas prehistóricas. Este punto no se refiere a todo lo que una persona culta puede aprender de las pinturas prehistóricas, sino a lo que cualquier persona podría aprender del hecho de que estén allí. Soy consciente de que este intento de expresarlo en términos de inocencia acentúa incluso la impresión de mi propia ignorancia. Sin ninguna pretensión de investigador científico, lamentaría que la gente pensara que no sé más que lo que era necesario, en aquel apartado, acerca de los etapas en las que se ha dividido la humanidad primitiva. Soy consciente, por supuesto, de que la historia está elaboradamente estratificada, y que hubo muchas etapas antes del Cromagnon o de la gente con la que asociamos tales pinturas. Los estudios recientes sobre el Neanderthal y otras razas tienden más bien a reiterar la idea más destacada de este libro. El concepto de algo necesariamente lento o tardío en el desarrollo de la religión, no saldrá muy enriquecido de estas recientes revelaciones acerca de los precursores de aquéllos que pintaron los renos en las cavernas. Los hombres más cultos parecen sostener que, tuvieran o no aquellas pinturas un sentido religioso, la gente que los precedió poseía ya el sentido religioso, enterrando sus muertos con los significativos signos del misterio y la esperanza. Esto, obviamente, nos devuelve al mismo argumento, un argumento al que no nos acercamos midiendo la calavera de ningún hombre primitivo. Es inútil comparar la cabeza del hombre con la cabeza del mono si, ciertamente, nunca pasó por la cabeza del mono enterrar a otro de su especie en una tumba con nueces para ayudarle a alcanzar el celestial hogar de los simios. Y hablando de cráneos, soy también consciente de la historia del cráneo de Crogmagnon, mucho más grande y estilizado que cualquier cráneo moderno. La historia tiene su gracia, porque, he aquí, que un eminente evolucionista, tomando quizá una precaución un poco tardía, protestó contra la manía de sacar conclusiones partiendo de un solo especimen. Es deber de un solitario cráneo probar que nuestros padres fueron inferiores a nosotros. Y cualquier cráneo solitario que pretenda probar que eran superiores será considerado como un caso de auténtica hinchazón patológica de cabeza.

Apéndice II

RESPECTO A LA AUTORÍA Y LA PRECISIÓN

En este libro, en el que sólo se pretende hacer una crítica popular de falacias populares —que con frecuencia resultan ser falacias muy vulgares—, creo que a veces he dado la impresión de burlarme de la seriedad del trabajo científico. Mi intención fue precisamente la contraria. No pretendo discutir con el científico que explica el elefante, sino con el sofista que lo justifica. Porque el sofista trabaja de cara a la galería, como ocurría en la antigua Grecia. Parece dirigirse al hombre culto cuando en realidad se dirige al ignorante. Pero en ningún momento he pretendido que mi propia crítica suponga una impertinencia para el hombre culto. Todos tenemos una deuda infinita con las investigaciones, especialmente las realizadas más recientemente por gente especializada en la materia, y confieso haber picoteado un poco de unos y de otros. No he recargado mi argumentación con citas y referencias, que sólo sirven para dar la apariencia de que un hombre es más culto de lo que es, pero, en algunos casos, reconozco que mi propio procedimiento de alusión, un poco desmadejado, puede inducir a confusión a la hora de interpretar el sentido auténtico de mis palabras. El pasaje sobre Chaucer y el niño Mártir está mal expresado. Lo único que quiero decir es que el poeta inglés probablemente tenía en mente al santo inglés, de cuya historia nos da una especie de versión extranjera. De la misma manera, en el capítulo sobre mitología, hay dos afirmaciones que siguen la una a la otra y puede parecer que la segunda historia sobre el monoteísmo se refiere a los mares del Sur. Debo explicar que Atahocan no pertenece a los salvajes australianos sino a los del continente americano. Igualmente, en el capítulo titulado: «La Antigüedad de la Civilización» —que es el que menos me satisface—, al dar mi impresión sobre el significado del desarrollo de la monarquía egipcia, parece que lo identifico con los hechos en los que se fundó, como se defiende en algunas obras como las del profesor J. L. Myres[1]. Pero la confusión no fue intencionada. Y menos aún fue mi intención decir, en el resto del capítulo, que las especulaciones antropológicas sobre las razas tienen menos valor del que indudablemente tienen. Mi crítica es estrictamente relativa. Puedo decir que las pirámides son más llanas que las sendas del desierto, sin negar que hombres más sabios que yo pueden ver sendas en donde yo no veo más que un arenal informe.

---

[1] Arqueólogo inglés, lector y profesor de Oxford.

EDICIONES CRISTIANDAD, S. A.
Gabriel Lobo 6, 1º dcha.
28002 Madrid

Teléfono: 91 781 99 70

www.edicionescristiandad.es
info@edicionescristiandad.es